Araucaria de Chile

(1978-1990) – a intelectualidade chilena no exílio

Araucaria de Chile

(1978-1990) – a intelectualidade chilena no exílio

ÊÇA PEREIRA DA SILVA

Grafia atualizada segundo o Acordo Ortográfico da Língua Portuguesa de 1990, que entrou em vigor no Brasil em 2009.

Publishers: Joana Monteleone/Haroldo Ceravolo Sereza/Roberto Cosso
Edição: Joana Monteleone
Editor assistente: Vitor Rodrigo Donofrio Arruda
Assistente acadêmica: Danuza Vallim
Projeto gráfico, capa e diagramação: Vitor Rodrigo Donofrio Arruda
Revisão: Liana Martins/João Paulo Putini
Assistente de produção: Felipe Lima Bernardino

Este livro foi publicado com o apoio da Fapesp

CIP-BRASIL. CATALOGAÇÃO NA PUBLICAÇÃO
SINDICATO NACIONAL DOS EDITORES DE LIVROS, RJ

S579a

Silva, Êça Pereira da
ARAUCARIA DE CHILE: (1978-1990): A INTELECTUALIDADE CHILENA NO EXÍLIO
Êça Pereira da Silva. 1ª ed.
São Paulo: Alameda, 2013.
248p.

Inclui bibliografia
ISBN 978-85-7939-220-7

1. Araucaria de Chile (Revista). 2. Chile – Política e governo – 1973-1988. 3.
Imprensa e política – Chile – História. 4. Cultura – Chile – História. 5. Chile
– Vida intelectual – Séc. xx. 6. Escritores exilados – América Latina. 1. Título.

13-02483   CDD: 079.83
                            CDU: 070 (83)

ALAMEDA CASA EDITORIAL
Rua Conselheiro Ramalho, 694 – Bela Vista
CEP 01325-000 – São Paulo-SP
Tel. (11) 3012-2400
www.alamedaeditorial.com.br

SUMÁRIO

PREFÁCIO

Araucária de Chile foi uma revista criada em Paris por intelectuais chilenos membros do Partido Comunista do Chile, que foram obrigados a se exilar após o Golpe de 11 de setembro de 1973. Ela foi publicada entre 1978 e 1990 e tinha como objetivo estabelecer elos de ligação entre exilados chilenos dispersos em vários países da Europa e América e também com os que permaneceram no país sob a mira dos agentes da repressão. Acabou se tornando uma publicação engajada na luta contra o regime militar e pela volta da democracia, não só no Chile, mas também em outros países da América Latina onde imperavam regimes similares.

Apesar da importância desse periódico – considerado um dos que mais contribuíram para a divulgação da produção cultural e das ideias políticas relacionadas à América Latina –, o estudo desenvolvido por Êça Pereira da Silva é pioneiro. Como tal abriu portas para que outros pesquisadores se interessassem em pesquisar aspectos dessa publicação que, além de análises políticas, apresentava textos importantes sobre a produção cultural da época no campo da literatura, teatro, cinema, música e artes plásticas.

Nesta pesquisa, o periódico foi tomado, ao mesmo tempo, como objeto e fonte da pesquisa e a autora discutiu, com muita propriedade, o que significa, para um historiador, esse tipo de escolha. As revistas, sobretudo as de natureza cultural e intelectual, como é o caso de *Araucaria de Chile*, têm sido alvo de vários estudos porque permitem a abordagem de vários aspecto, como sua relação com a história da impressa, história dos impressos e da edição, mas também com a história das ideias, história intelectual, história cultural e história política. Todos esses aspectos foram analisados pela autora que mostra a riqueza e importância do periódico para a compreensão do contexto no qual ele circulou.

Cabe, portanto, valorizar o trabalho da historiadora que, nesta ampla pesquisa, não se furtou a explorar o objeto na sua totalidade. Para realizar esta tarefa diversificada teve que recorrer a um elenco de bibliografia que permitiu fundamentar suas análises sobre a natureza da revista, os inúmeros aspectos relacionados à sua editoração, o papel dos intelectuais que nela colaboravam, a compreensão das análises sobre os diferentes tipos de produção cultural da época e, sobretudo, acompanhar os debates de ideias políticas que nela foram publicados, a respeito das diretrizes emanadas do Partido Comunista, que provocavam polêmicas, e também as discussões sobre temas específicos da América Latina, que giravam em torno das alternativas: socialismo ou revolução e das estratégias e táticas de luta correspondentes às duas opções. Além de todos esses aspectos, a historiadora teve que acompanhar "pari passu" os debates travados entre os responsáveis pela revista em torno das posições a serem assumidas frente à luta contra a ditadura chilena e aos problemas a serem enfrentados no momento da transição democrática.

Não menos importante do que os aspectos positivos já salientados em relação ao trabalho, cabe destacar as interpretações sobre o exílio desenvolvidas no 2º. Capítulo. Os temas abordados nos diferentes itens permitem perceber a sensibilidade da autora no tratamento de um assunto complexo, que precisa ser abordado a partir de vários ângulos, sem perder de vista os aspectos emocional e psicológico de uma experiência dessa natureza. Êça abordou o assunto a partir de uma perspectiva acadêmica, mas sempre demonstrando grande respeito pelo drama daqueles que viveram o exílio, atualmente definido como "tragédia coletiva".

Araucária é uma bela árvore que floresce no Chile. Este livro faz jus à beleza dessa imagem que inspirou os criadores a revista.

Maria Helena Rolim Capelato

INTRODUÇÃO

Esta pesquisa de mestrado procurou investigar as ideias culturais e políticas difundidas pela revista *Araucaria de Chile*, publicada em 1978 por um grupo de intelectuais chilenos exilados, ligados ao Partido Comunista Chileno (PCCH), e encerrada em 1990 após o resultado do plebiscito que pôs fim à ditadura. Tratava-se de uma revista cultural com um claro posicionamento político contra o regime pinochetista e demais ditaduras que assolaram o continente sul-americano entre os anos 1960 e 1980.

A *Araucaria de Chile* tinha como objetivo ser uma revista cultural que servisse de elo entre a comunidade chilena dispersa pelos mais distantes rincões do planeta, incluindo aqueles que permaneceram no país sofrendo o isolamento do "apagão cultural" promovido pela junta militar. Contudo, a própria situação do exílio, resultado do posicionamento público em defesa do governo de Salvador Allende (1970-1973) e da via pacífica ao socialismo fez com que a cultura – em suas mais diversas manifestações artísticas (música, cinema, teatro, literatura, artes plásticas etc.) – estivesse muito presente na revista, sobretudo nos debates relacionados às luta política contra a ditadura chilena e o imperialismo estadunidense.

A revista *Araucaria* demonstrou ser uma fonte-objeto muito rica para a compreensão de um período de fértil produção artística e de importantes mudanças na configuração dos projetos políticos para o país e também de todo o continente, dos regimes militares às transições para os governos civis. As revistas apenas recentemente foram incorporadas aos objetos de estudos históricos. Ana Luiza Martins Camargo de Oliveira fez um importante histórico deste tipo de publicação em seu doutorado.[1] No presente trabalho, a revista *Araucaria* foi objeto de investigação e também fonte privilegiada.

As revistas são publicadas tendo sempre como foco determinados temas e através deles buscam ampliar seu público leitor. No caso da *Araucaria*, trata-se de uma revista intelectual que publicou textos relativos ao universo cultural. Muitos pesquisadores de diferentes áreas do conhecimento se debruçaram sobre revistas com semelhante perfil intelectual: Maria Helena Rolim Capelato analisou a difusão do ideário franquista na revista *Cuadernos Hispanoamericanos*;[2] Rodrigo Cajka sobre a revista *Civilização Brasileira*;[3] Ana Cecília Olmós comparou as revistas *Novos Estudos Cebrap* e *Punto de Vista*;[4] Idália Arnaíz

1   OLIVEIRA, Ana Luiza Martins Camargo de. *Revistas em revista... Imprensa e práticas culturais em tempos de república 1890-1922*. Tese de doutorado. São Paulo: Departamento de História, FFLCH-USP, 1997.

2   CAPELATO, Maria Helena. "Cuadernos Hispanoamericanos. Idéias políticas numa revista de cultura". *Varia História*. Belo Horizonte: UFMG, vol. 21, nº 34, p. 344-370, julho 2005.

3   CAJKA, Rodrigo. *Páginas de resistência: intelectuais e cultura na revista Civilização Brasileira*. Dissertação de mestrado. Campinas: Departamento de Sociologia/Unicamp, 2005.

4   OLMÓS, Ana Cecília. *Revistas culturales de la transición: prácticas políticas y estrategias de intervención cultural – uma lectura comparada de Punto de Vista y Novos Estudo Cebrap*. Tese de doutorado. São Paulo: Departamento de Literatura Espanhola e Hispanoamericana, FFLCH-USP, 2000.

Morejón comparou *Casa de las Americas* e *Mundo Nuevo*[5] e Sílvia Miskulin investigou o semanário *Lunes de revolución*.[6] Em cada uma destas pesquisas as revistas foram o principal objeto de análise dos debates intelectuais focados, e há ainda muitas outras pesquisas nesta mesma linha em andamento.[7] Cabe destacar o pioneirismo de Tânia Regina de Luca ao investigar os projetos nacionais defendidos pela geração de intelectuais que ficaram conhecidos como "pré-modernos" na *Revista do Brasil*.[8]

Para a definição do campo metodológico desta análise sobre *Araucacaria de Chile* foi fundamental a leitura do artigo de Tânia Regina de Luca "História dos, nos e por meio dos periódicos" no qual a autora detalhou os principais aspectos para os quais deveriam atentar aqueles que se aventuram a investigar uma revista: histórico do surgimento da publicação e da trajetória de seus responsáveis, os propósitos da publicação, como era financeiramente viabilizada, quais as características físicas da revista (dimensões, papel, presença de ilustrações etc.), levantamento das seções (quais temas, quantas vezes aparecem etc.) e

---

5   MOREJÓN ARNAÍZ, Idalia. *Política e polêmica na América Latina: Casa de las Américas e Mundo Nuevo.* Tese de doutorado. São Paulo: Departamento de Literatura Espanhola e Hispanoamericana, FFLCH-USP, 2004.

6   MISKULIN, Silvia Cezar. *Cultura ilhada. imprensa e revolução cubana (1959-1961).* São Paulo: Xamã, 2003.

7   Os seguintes trabalhos em andamento investigam debates intelectuais em revistas: André Navajas Madio investiga o semanário uruguaio *Marcha*; Maria Antonia Dias Martins compara *Cuadernos Americanos* (do México) e *Cuadernos Hispanoamericanos* (da Espanha); Raphael Nunes Nicolitti Sebrian investiga a revista argentina *Punto de Vista*.

8   DE LUCA, Tânia Regina. *Revista do Brasil: um diagnóstico para a (n)ação.* São Paulo: Unesp, 1999.

o levantamento dos autores que mais publicaram na revista são dados essenciais para quem deseja investigar um periódico.[9]

Esta pesquisa aborda uma revista intelectual produzida numa conjuntura política muito delicada: o exílio provocado pelo golpe de Pinochet; portanto foi imprescindível analisar o papel dos intelectuais em relação à política e a cultura com o auxílio de alguns autores.

No texto que abre o *Índice General de la Araucaria de Chile* lançado em 1994, seu Secretário de Redação Carlos Orellana descreveu as pequenas salas onde funcionaram as redações de *Araucaria*, primeiro em Paris e depois em Madri, onde se reuniam intelectuais chilenos exilados, e também seu trabalho de manter-se em comunicação constante com intelectuais das diversas áreas do saber estabelecidos em distintos pontos do globo com vistas a conseguir seus trabalhos para serem publicados na *Araucaria*.[10] Este dado permite pensar a revista *Araucaria* como um "viveiro de intelectuais", na expressão de Jean--François Sirinelli.[11]

A inserção dos intelectuais como campo de estudo para os historiadores foi repensada nas últimas décadas. A História Intelectual foi se diferenciando da História das Ideias e das Mentalidades. Nesse sentido, o artigo *"Os intelectuais"* assinado por Jean-François Sirinelli se tornou um verdadeiro referencial para a historiografia. Apesar deste texto não ter sido o primeiro a tratar da história intelectual, apontou

9   DE LUCA, Tânia Regina. "História dos, nos e por meio dos periódicos". In: PINSKY, Carla Bassanezi (org.). *Fontes Históricas*. São Paulo: Contexto, 2005, p. 113-153.

10   ORELLANA, Carlos. "Bitácora personal de uma historia colectiva". Índice General de la *Revista Araucaria de Chile*. 1978-1989, Santiago: Ediciones del Litoral, 1994, p. 9-32.

11   SIRINELLI, Jean-François. "Os intelectuais". In: RÉMOND, René. (org). *Por uma História Política*. Rio de Janeiro: FGV, 2003, p. 231-269.

caminhos e demarcou as características deste campo:[12] autônomo e aberto – no encontro entre a história política, social e cultural.[13] A história da revista *Araucaria* encontra-se com a história intelectual, em razão dos agentes que a produziram e pelos temas publicados em suas páginas. As ideias dos intelectuais que nela se manisfestaram, os debates que provocaram as sociabilidades construídas a partir da revista serão objeto de reflexão. Além de Sirinelli, outros autores que se dedicaram a identificar quem são e qual o papel exercido pelos intelectuais, também contribuíram para esta análise e são referenciais para este trabalho: Antonio Gramsci, Noberto Bobbio e Edward Said apontaram questões importantes para a compreensão da revista.

A reflexão sobre o que são e o que fazem os intelectuais tem como marco os escritos de Antonio Gramsci. O pensador italiano destacou os intelectuais por fornecerem certa homogeneidade ideológica aos grupos aos quais pertencem. Para o autor, intelectuais eram todos aqueles que fazem o uso do conhecimento tanto para legitimar como para questionar a estrutura de poder das sociedades capitalistas. A função de todo intelectual está ligada à construção de um pensamento hegemônico que legitima o exercício do poder de forma não coercitiva em uma sociedade. Caberia, segundo o autor, àqueles que defendem uma organização social distinta da sociedade burguesa e liberal – a socialista – construir e difundir um pensamento contra-hegemônico, até que este último se tornasse hegemônico, e passasse a ser a forma de legitimação do novo poder socialista.

Gramsci apontou diversos espaços de atuação para o trabalho intelectual: Igreja, escolas e tabelionatos são exemplos citados pelo autor que também incluiu a imprensa como um espaço privilegiado para o trabalho intelectual por sua função de irradiação de ideias, e por não estar necessariamente atrelada ao Estado. A imprensa, segundo

---

12   *Ibidem*, p. 231-269.

13   *Ibidem*, p. 232.

o autor, poderia reunir intelectuais orgânicos, ou seja, aqueles que se propõem a questionar a ordem burguesa criando condições para o surgimento e legitimação de uma nova cultura da classe trabalhadora que pudesse vir a ser hegemônica. Este questionamento da ordem capitalista está presente nos autores que publicaram em *Araucaria*, o que possibilita inseri-los na categoria de intelectuais orgânicos na perspectiva do autor.

Gramsci, para explicar a particularidade do trabalho intelectual – o exercício público da reflexão – referiu-se ao par trabalho intelectual/ trabalho manual, e acrescentou que os homens exercem os dois tipos de trabalho, mas há aqueles que se especializam em apenas um tipo; o autor não opôs os dois modos de trabalho, ao contrário, atribuiu aos intelectuais críticos da hegemonia burguesa a tarefa de, baseados no mundo do trabalho manual, construir uma nova cultura na qual os trabalhadores pudessem exercitar a função intelectual.[14]

Mais recentemente, Noberto Bobbio se propôs a refletir sobre as relações entre os intelectuais e o poder, definindo-os como:

> alguém que não faz coisas, mas reflete sobre coisas, que não maneja objetos, mas símbolos, alguém cujos instrumentos de trabalho não são máquinas, mas idéias[15]

Essa definição de Bobbio delineia um espaço de atuação do intelectual distante do mundo do trabalho manual, com o qual o autor não estabeleceu vinculações diretas, mas o ligou intimamente ao universo cultural, principalmente ao uso da palavra escrita.[16] A definição do autor contempla o trabalho de confecção de uma revista cujo conteúdo principal são suas ideias.

---

14   GRAMSCI, Antonio. *Os intelectuais e a organização da cultura*. Rio de Janeiro: Civilização Brasileira, 1988.

15   BOBBIO, Noberto. *Os intelectuais e o poder*. São Paulo: Editora Unesp, 1997, p. 68.

16   *Ibidem*.

Bobbio, ao tratar das relações entre intelectuais e a política optou por salientar o que eles deveriam fazer e não o que fazem. Neste sentido, afirmou que os intelectuais deveriam ser uma força não política, mas uma força moral em defesa de valores universais; lembrou que o poder do intelectual se exerce no campo ideológico e, num contexto de expansão das democracias, haveria uma tendência à ampliação dos espaços para a atuação dos intelectuais. Para o autor, o engajamento numa causa é consequência da justeza desta causa para o intelectual, da mesma forma que o distanciamento é dado quando esta causa não logra ser considerada justa. Chamo atenção para o fato de que o autor deslocou a discussão do engajamento em si para a causa do envolvimento do intelectual com as questões políticas.

As definições tanto de Bobbio como de Gramsci dizem respeito ao intelectual em seu trabalho com as ideias que circulam na sociedade, em todos os campos políticos – e é assim que compreendo esta categoria.

Também levei em conta as considerações do intelectual palestino Edward Said. Ele analisou o papel do intelectual na contemporaneidade em suas Conferências Reith em 1993, publicadas com o título de *Representações do Intelectual*.[17] Para Said o intelectual é, antes de tudo, alguém que ousa dizer a verdade ao poder, com base em princípios universais mínimos como a liberdade e a justiça. A função principal do intelectual é representar certo ponto de vista no espaço público, de modo independente (*out sider*), com o objetivo de promover a liberdade humana e o conhecimento. Consequentemente, sua atuação, seu discurso são necessariamente políticos, pois se dão na esfera pública, ao empenhar todo seu senso crítico na denúncia da opressão, causando mais incômodo que consenso. A significação que Said deu à palavra "intelectual" compreende apenas aqueles que denunciam a violência do poder como é o caso dos intelectuais de *Araucaria*

---

17   SAID, Edward. *Representações do Intelectual. As conferências Reith de 1993*. São Paulo: Companhia das Letras, 2005.

A opção por se estudar a história dos intelectuais obriga o pesquisador a enfrentar a problemática da relação sujeito/objeto de uma maneira peculiar, pois o historiador também é um intelectual e analisa um objeto com o qual, de certa maneira, se identifica. A relação entre os intelectuais e a política, apesar de desconfortável, não pode ser ignorada por aqueles que pretendem estudar os intelectuais, sobretudo os que atuaram no tempo presente.

Os estudos históricos sobre o tempo presente cresceram muito nos últimos anos, principalmente após a fundação do Instituto de História do Tempo Presente, cuja ênfase recai sobre pesquisas que se valem de novas fontes surgidas no século XX, como o rádio e a televisão. O grande desafio dos historiadores que se debruçam sobre o contemporâneo é analisar, sem perder de vista toda a virulência política deste século e a sua interface com a história cultural, que neste período se mostra mais multifacetado.[18]

Desta relação entre produção cultural e debates políticos é que surge o conceito de engajamento, proposto pelo filósofo francês Jean Paul Sartre. Para Sartre, a relação entre escritor e leitor está pautada na escolha generosa de ambos pela liberdade para, através da literatura, carregar a sociedade de significados de modo a denunciar e acabar com as opressões. A fruição estética do atos de escrever e ler são entregues à luta pela liberdade que, para Sartre, deveria ser historicamente situada, mas jamais sectária, fazendo com que o leitor se indigne tanto com a opressão aos negros estadunidenses como aos judeus alemães, porque deve sentir-se portador do mesmo desejo de libertação de ambos.[19]

O engajamento da literatura para Sartre estava relacionado à responsabilidade que o escritor deveria ter de imergir seu leitor nas

---

18   RIOUX, Jean Pierre. "Introdução: um domínio e um olhar". In: RIOUX, Jean Pierre e SIRINELLI, Jean François. (dir). *Para uma história cultural*. Lisboa: Estampa, 1998, p. 11-22.

19   SARTRE, Jean-Paul. *Que é a literatura?* São Paulo: Ática, 2004.

lutas da sociedade, de assumir uma posição nelas, portanto o ato de engajar-se significava assumir uma responsabilidade e arcar com as suas consequências, e ao recusar tal tarefa, automaticamente, o escritor estaria se alinhando àqueles que praticavam e perpetuavam as injustiças e a opressão. O próprio Sartre tornou-se um modelo de intelectual engajado manifestando-se sobre diversos temas como a ocupação da Argélia, a Revolução Cubana, as manifestações do maio de 1968, entre outras causas.[20]

A História Intelectual ainda é considerada um campo em desbravamento, localizada entre a as já consagradas História Cultural e a História das Ideias e, no caso desta pesquisa, também entre a História Política. A possibilidade de analisar "as ideias políticas numa revista cultural" foi dada pela renovação que os estudos de História Política sofreram nos últimos anos desde a publicação em 1988, na França. do livro organizado por René Remond *Por uma história política*, onde os autores ao demonstrarem a presença da política, em todas as esferas da sociedade, evidenciaram que a História Política não se restringe à história do Estado.[21]

Nesta pesquisa sobre as ideias culturais e políticas veiculadas numa revista de intelectuais comunistas chilenos no exílio, serão recuperados os debates com outros grupos de intelectuais (que se colocavam em oposição à ditadura) à medida que passam a disputar qual o caminho deveria ser seguido para pôr fim ao regime de Pinochet.

---

20 Helenice R. Silva relacionou o surgimento dos debates sobre os intelectuais à crise do modelo intelectual, encarnado por Sartre, qualificado pela autora como "intelectual-profeta". Afirmou que a função deste tipo de intelectual deveria ser a produção de conhecimento, mas ele se deixava levar por uma "verdade" (a autora usa aspas) ao se filiar a uma causa, caindo numa "tentação ideológica" que comprometia sua perspectiva crítica. Os intelectuais objeto deste estudo não tinham esta preocupação – estavam engajados na luta contra a ditadura chilena. SILVA, Helenice Rodrigues. *Fragmentos da História Intelectual.* Campinas: Papirus, 2002, p. 17.

21 REMOND, René (org.). *Por uma história política.* Rio de Janeiro: FGV, 2003.

A partir dos atores mencionados, esta pesquisa sobre as ideias políticas e culturais veiculadas e debatidas na revista *Araucaria* pretende ser uma contribuição para a compreensão do imenso e complexo caleidoscópio do mundo intelectual latino-americano dos anos 1970 a 1990.

A situação de exílio que motivou a criação da revista afastou os produtores de cultura no Chile da realidade na qual atuavam. O golpe militar obrigou uma geração inteira de artistas, intelectuais e profissionais das mais diversas áreas, que haviam entregado suas melhores energias à construção do socialismo pela via democrática, a abandonar o país para continuar seu trabalho sem correr risco de morte. Muitos se preocuparam em debater e analisar o fenômeno massivo da diáspora chilena cujas menores cifras apontam 250 mil e as maiores um milhão de exilados.[22] O intelectual palestino Edward Said ajudou-me a compreender melhor a situação do exílio, sobretudo como uma tragédia social concomitante à imensa produção de intelectuais nesta condição.[23]

A historiadora Denise Rollemberg caracterizou o exílio como uma condição necessariamente política, pois a exclusão do meio social se deve ao enfrentamento com o poder constituído, o que pode ser considerada uma situação paradoxal: é justamente seu envolvimento com a sociedade que motiva sua exclusão.[24]

O exílio chileno apenas recentemente passou a ser tema de investigações. Isso se deve ao fato de que os exilados foram estigmatizados por muitos anos pela esquerda como covardes por terem deixado o país "fugindo" da ditadura, e pela direita por terem vivido um exílio "dourado" na Europa. Dentre as investigações publicadas destacam-se:

---

22   A dificuldade de quantificar o exílio chileno será discutida no Capítulo 2.

23   SAID, Edward. *Reflexões sobre o exílio e outros ensaios.* São Paulo: Companhia das Letras, 2003.

24   ROLLEMBERG, Denise. *Exílio: entre raízes e radares.* Rio de Janeiro: Record, 1999.

os artigos organizados por Jose del Pozo Artigas,[25] onde se pode encontrar uma visão panorâmica desde a década de 1970, quando o Chile era um país receptor de exilados até os primeiros anos do século XXI, quando se contam aos milhões os chilenos residentes no exterior; o livro da jornalista e historiadora Loreto Rebolledo, *Memorias del desarraigo*, que discorre sobre a história da diáspora chilena entre 1973 e 1989 a partir de memórias de exilados. Cabe destacar que esta pesquisadora valeu-se de muitas memórias e entrevistas publicadas na *Araucaria de Chile*, e a autora destacou a importância da revista pelo seu trabalho de registrar e divulgar as manifestações culturais dos exilados;[26] e, por último, há a coletânea de artigos organizada pelo jornalista Rody Oñate e pelo historiador Thomas Wright publicada pela editora LOM na série *Nosotros los chilenos*, com a finalidade de popularizar as discussões sobre o tema do exílio.[27]

Com o fim do exílio muitos materiais produzidos pelos chilenos no exterior – principalmente na França, onde a revista *Araucaria* foi produzida durante anos – foram doados à Biblioteca Nacional. Dentre todo o material doado estava a coleção completa da revista *Araucaria*. Poucos anos depois, com o surgimento e popularização da internet, uma equipe da biblioteca, visando facilitar o acesso ao acervo e às obras referencias da cultura chilena, criou o site *memoria chilena* (www. memoriachilena.cl), onde disponibilizaram on-line, entre muitas outras obras (que são atualizadas todos os meses) todos os 48 números da revista *Araucaria* que foram escaneados página por página. Graças a essa iniciativa, tive acesso à revista e pude contar com o objeto-fonte escolhido em sua totalidade.

---

25   POZO ARTIGAS, Jose del (coord). *Exiliados, emigrados y retornados: chilenos en América y Europa* (1973-2004). Santiago: RIL, 2006.

26   REBOLLEDO, Loreto. *Memorias del desarraigo: testimonios de exilio y retorno de hombres y mujeres de Chile*. Santiago: Catalonia, 2006.

27   OÑADE, Rody, *et. alli. Exilio y retorno*. Santiago: LOM, 2005.

A dissertação está dividida em cinco capítulos, cuja organização foi pautada de acordo com os temas mais recorrentes na *Araucaria*

O primeiro capítulo explica as razões e as circunstâncias da criação da *Araucaria* e nele são apresentados os intelectuais responsáveis pala publicação durante seus 12 anos de circulação. Neste capítulo são destacadas as características que delinearam o perfil da publicação: a distribuição de suas seções e os temas mais recorrentes presentes em cada uma delas, as críticas dos leitores e a repercussão da revista entre os exilados. O segundo capítulo foca as discussões sobre o exílio. O exílio apareceu na *Araucaria* em entrevistas, artigos, contos e ensaios, e também foi abordado numa seção exclusiva: "Un millón de chilenos". A revista destacou também muitos eventos que reuniram intelectuais exilados com o objetivo de dar visibilidade a tal condição e também demonstrar que, mesmo fora do país, seguiam mobilizados para por fim à ditadura.

O terceiro capítulo está dedicado à cultura chilena, eixo da publicação que se propôs a divulgar e discutir o que estava sendo feito por artistas chilenos nos mais longínquos pontos do globo, mesmo no Chile, apesar da repressão. Naquele momento, sob um regime ditatorial, as manifestações artísticas assumiam o papel de bastião da resistência contra a ditadura e pelas liberdades negadas por ela. A revista *Araucaria* publicou reflexões de artistas e críticos sobre literatura, teatro, música, cinema e artes plásticas. A cultura chilena foi abordada em entrevistas com seus produtores, ensaios e artigos de intelectuais e artistas, divulgação de eventos (como exposições de arte, premiações e debates) e publicação de trabalhos como contos, trechos de romances e poesias; também foram reproduzidos trabalhos de renomados artistas plásticos chilenos nas capas da *Araucaria* e como ilustrações de suas páginas interiores.

O capítulo seguinte mostra a presença da América Latina na *Araucaria de Chile*. Segundo o próprio secretário de redação, Carlos Orellana, foi após o golpe militar que grande parte da esquerda chilena descobriu-se como parte da América Latina, pois, até então, a longa tradição de institucionalidade (a Constituição rasgada por Pinochet estava em vigor desde 1925) fazia com que grande parte dos chilenos não se visse como parte do continente sempre às voltas com ditaduras.[28] Algumas das questões continentais que tocaram os chilenos naqueles anos foram: o imperialismo estadunidense, a revolução na Nicarágua e a luta pela aliança continental em defesa do não pagamento das dívidas externas impostas pelo imperialismo. *Araucaria* contou com a participação de destacados artistas e intelectuais latino-americanos em suas páginas.

O quinto e último capítulo foi dedicado aos debates políticos da esquerda chilena que, apesar de não terem sido o foco da revista, pela própria conjuntura dos anos 1970 e 1980 eram inevitáveis, mesmo numa revista cultural. A *Araucaria* não era, obviamente, uma revista apolítica, mas apresentava-se como apartidária, apesar de mantida pelo pcch e seu comitê de redação ser formado por intelectuais membros ou então próximos a este partido. O esforço de alguns de seus membros de dialogar com as diversas tendências da esquerda não era bem aceito por alguns setores do Partido Comunista, que inclusive se opunham ao "dispêndio" com a publicação de uma revista cultural como era o caso de *Araucaria*. Por este e outros motivos, gradualmente muitos membros do comitê editorial da revista se afastaram de posições tomadas pelo partido, principalmente depois de assumida a linha que ficou conhecida como Rebelião Popular de Massas. Debates sobre essa tendência apareceram nos editoriais da revista, nas seções "Exámenes", "Nuestro Tiempo" e "Cartas de Chile". Para analisar com mais clareza as dificuldades em estabelecer alianças entre o que fora a Unidade Popular, e também entre os membros do pcch, vali-me das biografias de Volodia Teitelboim, Carlos Orellana, do secretário geral do pcch, Luis Corvalán, além de trabalhos de analistas sobre o período; tais documentos permitiram acompanhar os debates internos suscitados pela derrubada da up, pela definição da linha a ser adotada no combate à ditadura, bem como pela definição do lugar a ser ocupado pela *Araucaria* em meio a estas intrincadas discussões.

---

28   ORELLANA, *op. cit.*

1

O SURGIMENTO DA REVISTA E DA EDITORA

O objetivo deste capítulo é mostrar a trajetória dos intelectuais que formaram a revista *Araucaria* e também as opiniões e críticas que alguns de seus colaboradores emitiram sobre esta publicação. A partir das biografias de Luis Corvalán, Volodia Teitelboim, Carlos Orellana, da apresentação do Índice da revista (também de Orellana) e dos os textos referentes aos aniversários da publicação, onde seus colaboradores mais ilustres analisaram o papel exercido pela revista chilena, pretendo mostrar os fatores que levaram à criação da *Araucaria*, suas características e sua recepção no meio intelectual.

1.1 OS CRIADORES E OS PARTICIPANTES DA REVISTA

A proposta de lançar uma revista cultural, segundo Luis Corvalán então secretário geral do Partido Comunista Chileno (PCCh),[1] foi feita pelo militante Carlos Jorqueira durante a primeira reunião da direção do PCCh depois do golpe de Estado que derrubou o governo de Salvador Allende em 1973, reunião realizada em Moscou em agosto de 1977. Segundo Carlos Orellana,[2] secretário de redação de *Araucaria*

---

1   CORVALÁN, Luis. *De lo vivido y lo peleado*. Santiago: LOM, 1997, p. 248.

2   ORELLANA, *op. cit.*, p. 14.

(que, na verdade exercia a função de editor), a iniciativa partiu da direção do Partido Comunista Chileno no Exterior, coordenada por Volodia Teitelboim,[3] que reuniu um grupo de intelectuais em maio de 1977 em Roma com o objetivo fundar a revista. Apesar da não coincidência das datas, ambos atribuem a realização de *Araucaria* a Volodia Teitelboim, que se definia como um homem "casado com a política e amante da literatura" e tinha mais de 40 anos de trajetória pública naquele momento.

Volodia nasceu em 1916 em Curicó, perto de Chillán, centro-sul do Chile. Em 1932 foi para Santiago estudar direito na Universidade do Chile e, no mesmo ano, ingressou na Juventude Comunista. Desde a adolescência dedicou-se à literatura e chegou a ganhar um concurso de poesias em sua cidade natal. Em 1935, com a *Antologia de poesía chilena nueva* publicada em parceria com o escritor Eduardo Anguita, inseriu-se nos debates literários da época.

Esteve durante toda a sua vida profundamente envolvido, em primeiro lugar, com a militância comunista e em segundo, com seu trabalho literário. Entre as atividades desenvolvidas por ele cabe mencionar a fundação do diário *El Siglo* (1940), das revistas *¿Qué hubo en la semana?* (1939), *Aurora* (1954) e *Araucaria* (1978); no campo propriamente literário, além da *Antologia de poesía chilena nueva*, escreveu os romances *Hijo del salitre* (1952), *La semilla en la arena* ou *Piságua* (1957) e *La Guerra Interna* (1979), entre outros. Todos tocam de algum modo no tema da violência política, sendo que *Piságua* tem como cenário o governo de Gabriel González Videla (1946-1952) e *La Guerra Interna*, a ditadura de Pinochet (1973-1989). Dedicou-se também às biografias de personalidades literárias que admirava como Neruda (1983),

3   A informação específica sobre este cargo ocupado por Volodia Teitelboim consta nas biografias de Orlando Millas (membro da Comissão Política do PCCh. MILLAS, Orlando. *Una digresión 1957-1991* (vol. IV). Santiago: CESOC, 1996, p. 173. E na do secretário geral do Partido Luis Corvalán: CORVALÁN, *op. cit.*, p. 214.

Gabriela Mistral (1991), Vicente Huidobro (1993), e Jorge Luis Borges (1996).⁴ Sua última obra foi a autobiografia intitulada *Antes del olvido*, formada por quatro volumes publicados entre 1997 e 2004. Faleceu em 31 de janeiro de 2008 aos 91 anos.

A reunião que fundou a revista ocorreu em Roma porque parecia ser o melhor local para a reunião dos exilados residentes em diversos países da Europa, e também, segundo Volodia, porque ali se realizava um importante trabalho de solidariedade aos chilenos.⁵ Para a escolha desta cidade deve ter pesado também o fato de que ali se editava desde setembro de 1974 a importante revista de debates políticos e teóricos *Chile América*, dirigida pelo destacado intelectual do Partido Socialista Antonio Vieira Gallo, e outros que representavam a ala "esquerda" da Democracia Cristã (DC) como Bernardo Leighton, Esteban Tomic, Julio Silva e Fernando Murillo.⁶

Na reunião de fundação da revista *Araucaria* estiveram presentes: o próprio Volodia, estabelecido na União Soviética; Orellana, exilado na França; o poeta Omar Lara, na Romênia; Hernán Loyola, na Hungria; o professor e poeta Sergio Muñoz Riveros; na Holanda; além do escritor Héctor Pinochet (que devido ao constrangimento causado por seu sobrenome assinava Jose Ramirez) e do desenhista Agustín

---

4   As informações biográficas sobre Volodia Teitelboim foram retiradas dos quatro tomos de sua autobiografia *Antes del Olvido*: TEITELBOIM, Volodia. *Un muchacho del siglo XX (Antes del Olvido I)*. Santiago: Sudamericana/Señales 1997. TEITELBOIM, Volodia. *Un hombre de edad media (Antes del Olvido II)*. Santiago: Sudamericana/Señales 1999. TEITELBOIM, Volodia. *La vida, una suma de historias (Antes del Olvido III)*. Santiago: Sudamericana/Señales 2003 e TEITELBOIM, Volodia. *Un soñador del siglo XXI (Antes del Olvido IV)*. Santiago: Sudamericana/Señales 2004.

5   TEITELBOIM, Volodia. Entrevista concedida à autora deste trabalho. Santiago, 04 de outubro de 2007.

6   ARRATE, Jorge e ROJAS, Eduardo. *Memoria de la Izquierda chilena, Tomo II* 1970-2000. Santiago: Javier Vergara Editor, 2003, p. 411.

Olivarría, ambos residentes na Itália. Após a criação da revista ficou decidido que sua sede seria em Paris onde funcionava o Comitê de Cultura do partido e também vivia Carlos Orellana, escolhido como secretário de redação da revista.

O editorial de lançamento esclareceu que o título escolhido para a revista foi uma referência a três ícones da identidade chilena: à árvore tradicional, ao poema épico *La Araucana* e aos indígenas araucanos. Em relação aos exilados, a metáfora da árvore é utilizada para evidenciar a relação com as raízes, ou seja, com a terra natal com a qual tentam manter os vínculos apesar da distância que o exílio impunha. Embora não desejassem enveredar pelo caminho do folclorismo, a alusão aos indígenas araucanos sugere a equiparação da resistência destes aos projetos civilizatórios que duraram três séculos, à resistência à ditadura de Pinochet; além disso, a araucária simboliza a esperança no país mais ao sul do globo. Quanto ao poema *La Araucana*, de autoria de Alonso de Ercilla, escrito no século XVI cabe esclarecer que ele consiste numa grande ode à união dos povos ibéricos e indígenas.[7] A referência ao poema de Ercilla se deve ao signo do "reencontro" proposto pelo poeta, e o desejo dos produtores da revista de estabelecer o diálogo entre os chilenos que estavam no Velho e os que ficaram no Novo Mundo.[8]

Com sua sede estabelecida em Paris, numa pequena sala cedida pelo jornal *L'Humanité* (pertencente ao PC francês), e impressa em Madri, a *Araucaria de Chile* foi lançada no primeiro trimestre de 1978. No primeiro número constavam apenas os nomes do diretor Volodia Teitelboim e do secretário de redação Carlos Orellana; não foi publicada qualquer referência a um comitê de redação, e na última página

---

7   Cabe lembrar que este poema data do século XVI, mas os araucanos só foram derrotados no século XIX.

8   Editorial. *Araucaria de Chile* nº 1. Madri: Ediciones Michay, 1º trimestre 1978, p. 6-7.

foram devidamente apresentados todos os colaboradores daquele número: o poeta Alfonso Alcaide; os renomados escritores Mario Benedetti, Julio Cortázar e Luis Enrique Delano; o médico e escritor Alfonso Gonzalez Dagnino; o jornalista Eduardo Labbarca Goddard e o professor de literatura e ensaísta Hernán Loyola; o historiador e membro do Comitê Central do PCCh Hernán Ramírez Necochea; e os consagrados artistas plásticos Jose Balmés, Roberto Matta e Guillermo Nuñez. A autora da capa do primeiro número foi Gracia Barrios. O rosto impresso na capa de estreia de *Araucaria* evoca uma de suas obras mais conhecidas intitulada *Multitud III*, que depois do golpe desapareceu e, somente 29 anos depois, foi reencontrada. No desenho desta capa pode-se identificar a influência do expressionismo tanto no traço da artista, muito marcado no desenho, quanto na expressão de violência do grito expresso no rosto desenhado.

Ilustração1:
Capa da
Araucaria de
Chile n° 1,
autoria de
Gracia Barros

O editorial de lançamento da revista *Araucaria* expôs o objetivo de torná-la um espaço de difusão da cultura chilena naquele momento em que o país vivia uma verdadeira expulsão em massa de cérebros. Através dessa revista cultural com clara orientação política, seus editores se propunham a lutar contra o "fascismo" imperante no Chile. A ideia era ser uma luz em meio ao "apagão cultural" existente no país e, ao mesmo tempo, servir como uma ponte entre os chilenos de "dentro" e os de "fora". Para alcançar tais objetivos, Volodia reuniu um grupo de destacados intelectuais para participarem do comitê editorial, além de colaboradores reconhecidos internacionalmente, majoritariamente chilenos, mas contaram também com intelectuais de outras nacionalidades, principalmente latino-americanos. Todos – membros do comitê e colaboradores – aceitaram participar dessa publicação sem receber remuneração por seus trabalhos, o que era uma forte demonstração de solidariedade com a causa chilena, tendo em vista que muitos eram intelectuais renomados e viviam de seus escritos. O único que recebia remuneração para confeccionar *Araucaria* era Orellana, dedicando-se exclusivamente a este labor durante seu exílio. Segundo ele, os recursos para a manutenção da revista eram oriundos do pcch e os das assinaturas eram escassos.

O personagem mais importante desta publicação foi Carlos Orellana, que exerceu o cargo de secretário de redação que, na prática, era o editor da revista. Cabia a ele estabelecer contatos com colaboradores, organizar as reuniões do comitê editorial, ler os textos de colaboradores e leitores, organizar os números da revista; além disso, era membro do Comitê de Cultura do pcch. Já o diretor da *Araucaria*, Volodia, estabeleceu-se na União Soviética e desempenhou dentro do pcch importante papel como membro do Comitê Central, da Comissão Política, e coordenador da Direção Exterior. Tantas responsabilidades não o impediram de estar presente na maioria dos eventos referentes à *Araucaria* como diretor da publicação. Volodia, devido ao seu renome nos meios políticos e intelectuais, era o rosto público da revista, mas na oficina quem a fazia era Orellana.

Carlos Orellana nasceu em 1928 na Guatemala, e muito jovem, em 1941, emigrou para o Chile com a família onde titulou-se professor de castelhano pelo Instituto Pedagógico da Universidade do Chile. Iniciou sua militância na Juventude Comunista em 1948, contudo sempre se manteve profissionalmente vinculado às questões literárias e culturais fazendo destas sua ocupação principal: em 1954 (mesmo ano da intervenção armada dos Estados Unidos em seu país de origem que impossibilitou seu retorno,) começou a trabalhar na Editorial Universitaria (pertencente à Universidade Técnica do Estado – UTE) e no início dos anos 60 fundou a Ediciones del Litoral, que publicou obras importantes para a geração de jovens intelectuais chilenos dos anos 60 como *Agua de Arroz*, do poeta Enrique Lihn em 1964, *El relato de la pampa salitrera*, de Yerko Moretic em 1962 e, no mesmo ano, *El cuento realista chileno*, de sua autoria em parceria com Yerko Moretic. Na ocasião do golpe de Estado era o responsável pela Editorial Universitaria.

Orellana, no fatídico 11 de setembro de 1973, estava na sede da UTE onde Allende faria um discurso no qual convocaria um plebiscito para solucionar o impasse legal que havia paralisado seu governo. O local estava repleto de estudantes, professores e funcionários quando ocorreu o golpe e, na manhã seguinte, foi invadido pelo exército e todos que ali se encontravam, inclusive Orellana e o compositor e cantor Víctor Jara, foram levados para o estádio Chile que se transformou num campo de concentração. Orellana ficou preso durante três meses nos Estádios Chile e Nacional e, quando foi libertado, recebeu orientação do dirigente do partido na clandestinidade, o historiador Fernando Ortiz (desaparecido desde o final de 1976), para deixar o país. Depois de um período em que ficou asilado com sua família na casa do embaixador francês, desembarcou na França em 14 de dezembro de 1973.

Os nomes dos membros do comitê de redação somente foram publicados no quinto número da revista, no primeiro trimestre de 1979, e dele faziam parte: os professores de literatura, críticos e ensaístas Soledad Bianchi e Luis Bocaz; o jornalista cultural Luiz Alberto Mansilla; o arquiteto Carlos Martínez e o filósofo Osvaldo Fernández. No decorrer dos 12 anos da publicação, o comitê editorial passou por uma série de transformações.[9]

Apesar das mudanças ocorridas no comitê editorial, ali permaneceu um grupo mais estável que, segundo Orellana, teve influência decisiva na revista, constituído por Luiz Bocaz, Alberto Martínez, Luis Alberto Mansilla e Osvaldo Fernández.

Luis Bocaz[10] foi o principal responsável pela seção "Capítulos de la cultura chilena" publicada em 10 das 47 revistas; cada publicação era

---

9   Na revista número 7, Carlos Martínez saiu do comitê; e na revista 12 (final de 1980) ingressou o poeta Julio Moncada, porém por pouquíssimo tempo, pois o agravamento de seu estado de saúde o levou a morte em 1983. Na revista 17 (início de 1982), saiu Soledad Bianchi e ingressaram no comitê o geofísico e sismólogo Armando Cisternas e o poeta Omar Lara. Na revista 22 ingressou o renomado jornalista Leonardo Cáceres que, a partir do número 35. deixou o comitê editorial, mas permaneceu como colaborador. A revista 33 (início de 1986) trouxe uma mudança na apresentação do sumário que ao seu lado passou a publicar a longa lista com todos os colaboradores da revista, e também contou com algumas inclusões no comitê de redação: o especialista em teatro latino-americano Pedro Bravo Eliozondo; o crítico literário Jaime Concha, o escritor e crítico literário Guillermo Quiñones; o jornalista José Miguel Varas e a também crítica literária Virgina Vidal. No segundo trimestre de 1988, quando foi publicado o número 42 da revista, a participação no plebiscito havia sido acertada pelo PCCh e o fim do exílio parecia mais próximo, assim o comitê editorial deste número apresentou novos nomes, incluindo alguns intelectuais que se encontravam no do país: as jornalistas Pamela Jiles e Ligea Balladares (esta também poeta), o analista político e escritor Hernán Soto e o retorno de Omar Lara.

10   Orellana e Bocaz se conheceram no início dos anos 60, quando o primeiro dirigia as Ediciones del Litoral e o segundo era professor de francês na Escuela Consolidada D`Ávila de San Miguel; algum tempo depois, Bocaz foi

dedicada a uma determinada área da cultura (artes plásticas, música, cinema, teatro, universidades, humanidades e ciências). A ideia era reunir materiais produzidos por especialistas em cada área do saber e apresentar um balanço da cultura chilena, especialmente no século XX. A grande questão era compreender sob o ponto de vista da cultura, como num país pode surgir um projeto político tão avançado como a Unidade Popular, contudo incapaz de estabelecer uma hegemonia a ponto de evitar a explosão de autoritarismo no II de setembro. Segundo Bocaz, tratava-se de compreender a particularidade chilena, de um projeto cultural autônomo que teve seu início com Andrés Bello,[11] ainda no século XIX, e consolidou-se no século XX a ponto de resistir na clandestinidade ou no exílio naquele momento de baixa.

---

contratado pela Universidad de Concepción como professor de literatura hispano-americana e, pouco antes da eleição de Allende, foi lecionar no Canadá e em 1971 dirigiu-se para a França onde realizou sua pós-graduação em Literatura. Quando Pablo Neruda assumiu a embaixada chilena na França o nomeou adido cultural, cargo que ocupou sem remuneração financeira até quando o embaixador se afastou de seu cargo por motivos de saúde, no início de 1973. Bocaz vivia há dois anos no ambiente acadêmico europeu quando começou a ditadura. Os dados biográficos de Luis Bocaz estão em ORELLANA, Carlos. *Penúltimo Informe. Memória de un exilio*. Santiago: Sudamericana/Señales, 2002, p. 238.

11   Um dos intelectuais latino-americanos mais importantes do século XIX. Nasceu em Caracas, Venezuela, em 1781, mas foi no Chile onde chegou em 1829, depois de 19 anos em Londres, Inglaterra, que exerceu maior influência, pois em 1843 fundou e foi o primeiro reitor da Universidade do Chile e redigiu o primeiro Código Civil chileno promulgado em 1855. Bello participou de diversas polêmicas intelectuais cuja motivação era a busca de uma identidade para as diversas nações latino-americanas, recém independentes. Faleceu em Santiago, Chile, em 1865. Cronologia de Andrés Bello. Doscientos Años de Andres Bello. *Araucaria de Chile* nº 16, 4º trimestre de 1981, p. 117-123.

Bocaz não se definia como um militante, mas como um intelectual em quem o PCCH podia confiar.[12] Sua concepção sobre a construção de um país autônomo a partir do desenvolvimento do legado de uma cultura democrática deixado por Andrés Bello, fazia com que se identificasse com as propostas culturais de intelectuais ligados ao PCCH. Segundo Orellana, Bocaz sempre foi um crítico da burocracia e do autoritarismo partidário, como aparece em alguns poemas seus publicados na *Araucaria* que foram muito criticados pelas altas esferas do Partido. Por ser bastante ilustrativo, vale a pena reproduzir um trecho intitulado "Presidium", publicado na revista número 15:

> mediodía: "compañeros, seré breve"
> medianoche: "eso es todo, compañeros. ¿hay preguntas?"[13]

O título "presidium"e a fala do "companheiro"que teve início ao meio dia e terminou meia noite são críticas agudas aos procedimentos das reuniões partidárias.

A trajetória de Luis Alberto Mansilla foi bem distinta. Desde muito jovem interessou-se por temas culturais, era sobretudo um auto-didata, e apesar de não ter tido a oportunidade de cursar uma universidade devido às dificuldades financeiras, ainda jovem conseguiu inserção profissional no jornalismo. No último número de *Araucaria*, publicou uma crônica onde contou como aos quinze anos, motivado pelo sentimento de indignação contra a perseguição ao poeta Pablo Neruda levada a cabo pelo governo Videla, decidiu filiar-se ao Partido Comunista. No Chile, trabalhou no diário *El Siglo* e na revista de atualidades *Vistazo*, sempre se ocupando das páginas de jornalismo cultural. No exílio, foi responsável pela edição do *Boletín da CUT* (Central

---

12   BOCAZ, Luis. Entrevista concedida à autora deste trabalho. Santiago, 17 de outubro de 2007.

13   BOCAZ, Luis. "Psitacismos Presidium". Textos. *Araucaria de Chile* nº 15. Madri: Ediciones Michay, 3º trimestre de 1981, p. 137.

Unica de los Trabajadores) em Berlín (na RDA); esteve também em Paris e Moscou, sempre envolvido em tarefas jornalísticas. Regressou ao Chile em 1989 e passou a trabalhar na Fundação Pablo Neruda.[14] Na revista *Araucaria* publicou em suas "Notas en blanco y negro", eventos culturais, notícias de intelectuais que enfrentavam a ditadura, e entrevistou personalidades do mundo cultural (como o pianista Claudio Arrau e o conjunto Inti-Illimani) e político (como Rafael Agustín Gumúcio, presidente do partido Izquierda Cristiana).

Outro importante membro do comitê de redação foi o filósofo Osvaldo Fernández Díaz, titulado pela Universidade do Chile em Valparaíso, onde chegou a diretor de departamento em 1971.[15] Quando esteve exilado na França, trabalhou como professor em Nanterre. Suas contribuições para a revista *Araucaria* concentraram-se nos debates sobre marxismo, tanto em relação a sua história no Chile como em outros países da América Latina, e sobre outros temas teóricos que foram fundamentais para a reflexão sobre o momento atravessado pela esquerda chilena que procurava refazer-se teoricamente para enfrentar a ditadura pinochetista.

O economista Alberto Martínez também fez parte do grupo permanente da *Araucaria*. Graduou-se em Engenharia Civil em 1956, exerceu o ofício por pouco tempo e logo passou a dedicar-se à Economia. Nos primeiros tempos da revolução cubana foi Director Nacional de la Coordinación del Plan en la Junta Central de Planificación e também vice-ministro de Planificación Global. Paralelamente

---

14   MANSILLA, Luis Alberto. "El poeta y el entrevistador. Temas: los rostros de Neruda". *Araucaria de Chile* nº 47/48. Madri: Ediciones Michay, 4º trimestre de 1989, p. 169-184, e ORELLANA, *Penúltimo Informe... op. cit.*, p. 287.

15   Entre suas principais publicações estão *Teoría de ambigüedad* (1965), em parceria com Sergio Vuskovic, e uma coletânea de textos de Antonio Gramsci intitulada *Maquiavelo y Lenin* (1971). Alcançou o doutorado em filosofia pela universidade de París 1 (Sorbonne) onde defendeu a tese *El concepto de ideologia en El Capital de Marx.*

lecionou Economia Política del Socialismo na Universidade de Havana. Em 1969 retornou ao Chile onde foi professor de Sociologia na Universidade do Chile. Durante o governo da UP esteve à frente da DIRINCO (Dirección Nacional de Industria y Comercio) e depois foi responsável pela planificação da CORFO (Corporación para el Fomento de la Producción). No exílio tornou-se professor associado da París IX (Dauphine).[16]

Produzida por esta equipe tão experimente quanto diversificada, a *Araucaria* foi uma revista cultural, cuja qualidade não se equipara a de nenhuma revista chilena editada após o período do exílio. A cada aniversário da revista eram organizados atos, saraus e conferências nas diversas cidades onde circulou, que contaram com a presença de membros do comitê editorial, colaboradores e seus admiradores. Estas ocasiões não serviram apenas para festejar a publicação, mas para o debate em torno dela com críticas e sugestões.

1.2 AS CARACTERÍSTICAS DA REVISTA

Segundo indicou Tânia Regina de Luca, para estudar um periódico tipo revista há conjunto de características físicas e organizacionais às quais se deve atentar.[17] Estas características de *Araucaria* serão elencadas a seguir.

A revista *Araucaria* era uma publicação trimestral que circulou do início de 1978 até 1990. Cada número continha, em média, 220 páginas em formato de livro (13,5 cm de largura por 21 cm de altura).

---

16   As informações biográficas sobre Alberto Martínez e Osvaldo Fernandez, estão na abertura da seção "Capítulos de la cultura chilena". Ver: BOCAZ, Luis. "Las ciencias sociales: algunos aspectos de sudesarrollo. Capítulos de la Cultura Chilena". *Araucaria de Chile* n° 10. Madri: Ediciones Michay, 2° trimestre de 1980, p. 85-89.

17   DE LUCA, *História dos, nos e por meio dos periódicos... op. cit.*, p. 113-153.

Era impressa em papel simples e apenas a capa era colorida.[18] Todos os seus números continham ilustrações assinadas por grandes nomes das artes plásticas chilenas como Jose Balmés e Roberto Matta, entre outros, e fotografias em menor número, geralmente do Chile sob Pinochet. A organização das ilustrações estava a cargo do fotógrafo Fernando Orellana, filho de Carlos Orellana. Era dividida em seções nem sempre constantes em todos os números. A única presente em todas as edições foi "Textos" onde eram publicados poemas, contos, trechos de romances e de obras teatrais: correspondia à parte literária propriamente. A seção "Cronicas" trazia textos sobre atualidades do mundo cultural como eventos, premiações, efemérides relacionadas a grandes nomes da cultura chilena e membros da própria revista, esteve presente em 45 dos 48 números da revista. A seção "Temas" foi publicada em 44 números e continha ensaios, entrevistas, artigos relacionados à produção cultural chilena contemporânea ou especiais dedicados a figuras literárias de proa como Neruda e Mistral. A seção "Examenes" presente em 42 edições continha, sobretudo, análises políticas e econômicas sobre o Chile e demais países da América Latina, mas em alguns números publicou também análises culturais. Muitas notícias do que acontecia no Chile e denúncias de crimes da ditadura foram divulgados por meio da seção "Cartas de Chile": em 38 números da revista foram publicadas denúncias por meio destas cartas.

A importância do registro das experiências pessoais foi fundamental para que se pudesse dimensionar a tragédia que foi o golpe militar: os testemunhos foram publicados na seção "La historia vivida" que continha relatos de pessoas que vivenciaram momentos importantes da história chilena, tanto no que se refere à repressão das

---

18   Apenas o primeiro número de *Araucaria* publicou imagens coloridas nas páginas internas. Eram reproduções de algumas obras de importantes artistas plásticos, dentro da seção "Capítulos de la cultura chilena" sobre artes plásticas.

lutas populares, como durante o governo González Videla (1946-1952) e a própria ditadura pinochetista, e também aos avanços da luta dos trabalhadores na "Frente Popular" (1938-1941); a ideia desses registros era impedir que a Junta Militar impusesse sua versão da História para as gerações futuras. A seção "Conversaciones" continha entrevistas de personalidades do mundo cultural e político. A ideia era mostrar a trajetória e as reflexões dos entrevistados sobre o momento delicado que o Chile atravessava; esta seção esteve em 24 publicações. Houve seções que foram publicadas menos vezes, mas se destacam por suas propostas: cabe mencionar "Capítulos de la cultura chilena" publicada em 10 números, que tinha o objetivo de compor uma série de estudos sobre o desenvolvimento de diversas áreas da cultura chilena considerada espinha dorsal do desenvolvimento social, e "Calas de la Historia de Chile" que, publicada em 14 números, divulgou pesquisas históricas contemporâneas consideradas importantes para se compreender a sociedade chilena.

Além das seções mencionadas, havia os editoriais, as cartas dos leitores e as notas de discos e livros. A revista publicou em doze anos de existência mais de 10 mil páginas. Segundo Orellana, o PCCH não mediu esforços, inclusive financeiros, para constituir uma frente cultural na guerra contra a ditadura.[19] Além de financiar a publicação, disponibilizou sua infra-estrutura em vários países para distribuí-la, mas foi o esforço dos militantes que possibilitou a circulação da revista em condições excepcionais.[20]

---

19   Orellana não soube precisar o custo de produção da revista *Araucaria*, da qual retirava seu salário (era o único dedicado integralmente ao labor na revista), a impressão e distribuição. Mansilla fez uma estimativa de que cada número custava 20 mil dólares, quantia esta não completamente recuperada com as vendas. ORELLANA, Carlos. Entrevista concedida à autora deste trabalho. Santiago, 01 de outubro de 2007. MASILLA, Luis Alberto. Entrevista concedida à autora deste trabalho. Santiago, 28 de setembro de 2007.

20   ORELLANA, *Penúltimo Informe, op. cit.*, p. 344.

A *Araucaria* podia ser adquirida também através de assinatura anual de quatro números. De acordo com o informe publicado no número 6, de meados de 1979, ela custava Us15, e segundo o número 38, de meados de 1987, custava Us29. No segundo aniversário da revista, Orellana publicou uma crônica informando aos leitores que *Araucaria* havia duplicado sua tiragem em relação ao primeiro número[21] e que já chegava a mais de 40 países, incluindo alguns poucos números enviados ao Chile. Informou ainda sobre os festejos do aniversário da publicação na cidade do México, que contou com a presença de intelectuais e escritores como Pablo González Casanova, Pedro Orgambide, René Zabaleta e Luis Cardoza y Aragón; houve também festejos no Pen Club de Madri e em Roma, neste último estiveram presentes os escritores Carmelo Sañoná, Savério Tuttino e Dario Puccini.[22]

No terceiro ano de sua existência, a revista deu provas de seu sucesso com o lançamento da revista *Araucaria i norge*, uma versão em norueguês da *Araucaria*, que consistia numa seleção de artigos, ensaios e ilustrações já publicados pela revista chilena. A iniciativa partiu da norueguesa Wenke Einarsen e das chilenas exiladas Maria Eugenia Escobar e Nancy Sanchéz que fizeram esta versão da revista com o intuito de divulgar a cultura chilena para a sociedade que recebeu tantos exilados.[23] Nesse ano, foram registrados ainda dois eventos

---

21 A tiragem não era informada na publicação, mas em conversa com Mansilla e Orellana, fui informada que a tiragem média era de 3 mil exemplares, porém os primeiros números, devido à alta procura, chegaram aos 5 mil exemplares. ORELLANA, Carlos. Entrevista concedida à autora deste trabalho. Santiago, 01 de outubro de 2007. MASILLA, Luis Alberto. Entrevista concedida a autora deste trabalho. Santiago, 28 de setembro de 2007.

22 ORELLANA, Carlos. "Dos años de Araucaria. Cronicas". *Araucaria de Chile* nº 8. Madri: Ediciones Michay, 4º trimestre 1979, p. 203.

23 ORELLANA, Carlos. "Araucaria de Noruega". *Araucaria de Chile* nº 12. Madri: Ediciones Michay, 4º trimestre 1980, p. 221.

organizados para comemorar o aniversário da revista: o primeiro em Paris e o segundo na cidade do México.

Em 21 de janeiro de 1981, ocorreu um evento no Instituto de Estudos Hispânicos em Paris (Sorbonne), cidade sede do comitê de redação da revista, com a presença de seu diretor Volodia Teitelboim e Luis Bocaz. O diretor salientou que a revista não interessava apenas aos chilenos exilados, mas a todos os intelectuais revolucionários do mundo. Lembrou que a experiência do exílio deveria representar um momento de luta e reflexão sobre possíveis concepções equivocadas e também de definição de caminhos adequados àquele momento. No entanto, *Araucaria* não deveria ser entendida como uma revista acadêmica e sequer partidária, ou seja, não se tratava de um órgão oficial do PCCH visando a doutrinação política.

Nessa ocasião houve intervenções dos leitores/colaboradores que apresentaram críticas à publicação. Sergio Spoerer, sociólogo especialista em América Latina, propôs que a revista se aprofundasse em temas candentes como a crise da esquerda chilena após o golpe e apontou a ausência de reflexão sobre as posições que os partidos estavam assumindo diante da ditadura. O escritor salvadorenho Roberto Armijo pediu mais espaço para a temas continentais. O ex-senador da Izquierda Cristiana e colaborador Rafael Agustín Gumúcio e o presidente da CUT no exílio Mario Navarro pediram que *Araucaria* desse maior divulgação às manifestações culturais que ocorriam dentro do Chile e analisasse mais detidamente as transformações sociais impostas pelos militares em oito anos de ditadura.[24]

No México, a homenagem à revista chilena ocorreu no encerramento da Feira Internacional do Livro, evento paralelo ao Encontro Internacional de Escritores, em 11 de abril de 1981. Contou com as presenças de Mario Toral (artista plástico), dos cineastasMiguel

---

24 TEITELBOIM, Volodia. "La fiesta de las *Araucaria*s. Tres años de la Revista". *Araucaria de Chile* nº 14. Madri: Ediciones Michay, 2º trimestre 1981, p. 201-206.

Littín, Tomas Gutiérrez Alea e Felipe Casals e dos escritores Luis Enrique Delano, Mario Benedetti, Arturo Azuela (presidente da Associação de Escritores do México) e de Alfredo Bryce Eceñique (escritor peruano). Segundo o relato, o encontro teve uma audiência de mais de mil pessoas.[25]

Apesar de muito festejada nos meios intelectuais que se interessavam pela cultura chilena, a diretriz de *Araucaria* nem sempre foi unânime entre os próprios militantes do PCCH. Na edição 14 da revista, na seção "De los lectores" que publicava as cartas enviadas à redação, foi publicada uma carta assinada por C. F. De Frankfurt de Meno. Começava elogiando a iniciativa da publicação de se dirigir à comunidade chilena exilada e explicava que fora redigida após uma reunião de exilados chilenos em Frankfurt e sua finalidade era discutir iniciativas para que pudesse melhorar os conteúdos e ampliar o acesso à publicação. A partir destas justificativas seguiam-se uma série de críticas autodeclaradas como "construtivas": seus textos eram difíceis e direcionados para um público culto e muito específico, além disso, não abria espaço para o leque de partidos que se opunham à ditadura no Chile. A carta afirmou também que se tratava de uma publicação muito luxuosa para um povo tão pobre como o chileno e que as suas ilustrações eram incompreensíveis quando não pornográficas e, por fim, acusava seus responsáveis de estarem se "afrancesando".[26]

De modo incomum, a redação da revista respondeu à carta, primeiro garantindo que ela foi publicada na íntegra, depois, ratificando seu interesse em receber críticas, porque não queria incorrer na autocomplacência e também queria melhorar a revista a cada número. E anunciou que responderia mais detalhadamente nas próximas

25   GOMEZ LOPEZ, Mario. "Más sobre los tres años de la revista". Cronicas. *Araucaria de Chile* nº 15. Madri: Ediciones Michay, 3º trimestre 1981, p. 202.

26   C. F. De Frankfurt de Meno. "De los lectores". *Araucaria de Chile* nº 14. Madri: Ediciones Michay, 2º trimestre 1981, p. 6-7.

edições. A resposta ao grupo de Frankfurt de Meno foi dividida em duas partes: na primeira publicada no número 15, explicava que os responsáveis pela publicação não queriam cair nos extremos de fazer concessões ao "facilismo", nem ser uma revista elitista, e que em cada número havia textos "difíceis" mas também "acessíveis" (como entrevistas e crônicas); o problema seria se não houvesse nenhum artigo de interesse, ou se caísse nos extremos (facilismo didático/elitismo); e quanto ao pouco espaço dedicado aos acontecimentos chilenos, creditam isso à dificuldade de acesso às informações.[27] A segunda parte da resposta foi publicada no número 16 e contesta a falta de militância da qual era acusada, afirmando que uma revista cultural séria era, em si mesma, um ato contra um regime que proibia e perseguia as melhores tradições culturais do país, e que a cultura dentro de sua lógica própria era também uma arma de luta contra o regime; em relação à crítica às ilustrações, esclareceu que publicava o que havia de melhor nas artes plásticas chilenas e que o critério em jogo estava além das possibilidades de discussão entre "gostar" ou "não gostar". Porém antes de qualquer crítica, os leitores de Frankfurt deveriam dispor-se a olhar.[28]

Em sua autobiografia, Orellana fez menção ao episódio de uma carta anônima deixada em Moscou sobre a mesa de Luis Corvalán, secretário geral do Partido: a data do fato coincide com a carta publicada na revista, 1981. Contudo há algumas diferenças: no livro, Orellana contou que a carta foi deixada por alguém que dizia estar na França e que mencionava artigos (que ele desconhecia terem sido publicados na revista), estes dois últimos dados diferem da carta publicada na edição 14, pois esta fora assinada por C. F. De Frankfurt, Alemanha e não critica nenhum artigo específico. Apesar destes detalhes,

27 "Primera respuesta al lector de Frankfurt de Meno". *Araucaria de Chile* n° 15. Madri: Ediciones Michay, 3° trimestre 1981, p. 7-8.

28 Respuesta a los lectores de Frankfurt II. *Araucaria de Chile* n° 16. Madri: Ediciones Michay, 4° trimestre 1981, p. 11-12.

é certo que se trate da mesma carta pois a crítica moralista e dogmática à revista é o tom dominante, embora se apresentasse como uma "crítica construtiva" para melhorar a qualidade de *Araucaria* e também porque já havia passado mais de 20 anos do ocorrido quando Orellana escreveu suas memórias. Segundo Orellana, este ataque à revista teria partido de Orlando Millas, "antigo zelador da pureza ideológica do partido" e adversário de Volodia na Comissão Política do PCCh. Ao final, esta tentativa de desestabilizar a publicação no sentido de encerrá-la ou fazer com que o PCCh interferisse diretamente em sua redação para mudar sua linha não obteve êxito.[29]

Apesar dos contratempos, a circulação ampla da revista foi mantida e seu quinto aniversário mereceu comemorações em Paris, Bruxelas, Madri e Berlim Oriental. Em Paris, foi realizado um coquetel ao qual esteve presente Julio Cortázar que havia acabado de receber o prêmio Rubén Dario na Nicarágua. Em Bruxelas, Marcos Álvarez, diretor do Centro de Estudos Latino-americanos da Universidade Livre de Bruxelas, promoveu um evento em homenagem à revista *Araucaria* que contou com a presença de aproximadamente trezentas pessoas.[30] Nos eventos de Berlim Oriental e de Madri, houve comparações, por parte dos participantes locais, entre a resistência dos exilados chilenos contra o pinochetismo e aquela outrora empreendida por alemães contra o nazismo e por espanhóis contra o franquismo.

Em Berlim Oriental, a homenagem à revista aconteceu no clube de intelectuais Johannes Becher, uma casa situada no centro da cidade, dedicada à cultura, que abrigou Berthold Brecht em seu retorno à Alemanha. Nessa ocasião, estiveram presentes chilenos exilados e pesquisadores alemães ligados à literatura e cultura hispanoamericanas. Todos fizeram sugestões à revista, entre elas cabe mencionar a

---

29 ORELLANA, *Penúltimo Informe… op. cit.*, p. 280-284.

30 "*Araucaria* en Bruselas, París y Madri. Cronica". *Araucaria de Chile* nº 22. Madri: Ediciones Michay, 2º trimestre 1983, p. 7.

dos alemães Hans Otto Dill, professor da Universidade Humboldt de Berlim que sugeriu a publicação de mais artigos sobre estética do exílio e da resistência, e Monika Walter, pesquisadora da Seção de Literatura Estrangeira da Academia de Ciências, que pediu a publicação de artigos sobre o cotidiano e condições de trabalho dos intelectuais chilenos exilados. Mas além das sugestões e críticas houve elogios: o chileno Guillermo Quiñones destacou a projeção coletiva nunca antes alcançada por uma revista chilena e Guarani Pereda afirmou que *Araucaria* significava um grande triunfo dos exilados chilenos no apoio à resistência popular no Chile contra a ditadura, que era um sinal de novos tempos do "derretimento do gelo do sectarismo entre as forças democráticas".[31]

Nesta mesma ocasião, o escritor e roteirista Antonio Skármeta fez uma intervenção lamentando que uma revista cultural do nível de *Araucaria* não tivesse surgido antes, durante o governo da Unidade Popular. Skármeta argumentou que a destruição das conquistas democráticas e a imposição da lógica do consumo pela ditadura implicara na destruição dos valores nacionais. Constatando o florescimento da cultura dentro e fora do país, sob condições tão difíceis, como demonstrava *Araucaria*, permitia o surgimento de um trabalho artístico sério, independentemente de vinculações políticas, que recuperava as tradições nacionais; por isso concluía que, naquele momento, resistência e tradição caminhavam unidas.[32]

Na comemoração do quinto aniversário da *Araucaria*, celebrada em março de 1983, no salão do Instituto de Cooperação Iberoamericana em Madri, as intervenções gravitaram em torno da antiga relação de solidariedade entre Espanha e Chile. O poeta espanhol

---

31   "*Araucaria* en Berlín. Cronica". *Araucaria de Chile* nº 20. Madri: Ediciones Michay, 4º trimestre 1982, p. 10-13.

32   SKÁRMETA, Antonio. "La rotunda raiz de *Araucaria*". *Araucaria de Chile* nº 20. Madri: Ediciones Michay, 4º trimestre 1982, p. 12-13.

Francisco Giner de los Rios, que durante o franquismo esteve exilado no Chile, comparou a revista *Araucaria de Chile* às revistas *Litoral, España Peregrina, Romance e Boletín de la Unión de Intelectuales Españoles* e outras publicações produzidas por exilados espanhóis na América, ressaltando que a principal diferença era a duração de *Araucaria* em contraste com a efemeridade das publicações espanholas.[33] O poeta espanhol Rafael Alberti discorreu sobre seus 40 anos de exílio (24 na Argentina e 16 na Itália) e o que isso representou para a identidade de sua obra.[34] Volodia Teitelboim[35] encerrou o evento relembrando a antiga relação literária entre Espanha e Chile, desde Ercilla[36] até Neruda, e sua solidariedade provada pela operação de salvamento dos republicanos espanhóis com o barco Winnipeg e os poemas de *España en el Corazón*.[37]

---

33 GINER DE LOS RIOS, Francisco. Revistas de Exilio. Documentos. *Araucaria de Chile* n⁰ 23. Madri: Ediciones Michay, 3⁰ trimestre 1983, p. 171-173.

34 ALBERTI, Rafael. Revistas de Exilio. Documentos. *Araucaria de Chile* n⁰ 23. Madri: Ediciones Michay, 3⁰ trimestre 1983, p. 174-177.

35 TEITELBOIM, Volodia. Revistas de Exilio. Documentos. *Araucaria de Chile* n⁰ 23. Madri: Ediciones Michay, 3⁰ trimestre 1983, p. 178-184.

36 Alonso de Ercilla, poeta espanhol (1533-1594) autor de *La Araucana*, obra poética sobre a tentativa dos espanhóis de ocupar a região que atualmente é o sul do Chile, conhecida como Araucania, cujos ocupantes os indígenas mapuches ou araucanos, resistiram até o século XIX.

37 No final da Guerra Civil Espanhola (1936-1939), o poeta chileno Pablo Neruda (1904-1973) ocupava um cargo diplomático na embaixada de seu país na Espanha e utilizou todos os recursos ao seu alcance para salvar o máximo de republicanos da repressão fascista de Franco. Neruda conseguiu que seu país enviasse o barco *Winnipeg* e salvasse a vida de cerca de 2 mil refugiados espanhóis, pouco antes da explosão da 2ª Guerra e fechamento dos mares europeus. Como resultando de seu testemunho da Guerra Civil e de sua solidariedade à Republica Espanhola, Neruda escreveu diversos poemas publicados no livro *España en el Corazón*.

1.3 O TRASLADO DA REVISTA PARA MADRI E A CRIAÇÃO DA EDITORA

A aproximação intelectual entre Espanha e Chile se fortaleceu com o translado da redação da revista *Araucaria* de Paris para Madri em 24 de junho de 1984, momento do lançamento do número 27. Nesta oportunidade, Orellana fez um balanço do que havia sido a etapa francesa do exílio e afirmou que, no Hexágono, havia aprendido a fazer uso da crítica sem se tornar um cético, o que o levou a desmistificar a intelectualidade francesa e a refletir, com mais profundidade, sobre sua condição de latino-americano. Reconheceu que as manifestações culturais chilenas se desenvolveram muito, apesar da dispersão do exílio e da repressão no país, desenvolvimento esse que explicava o sucesso da *Araucaria*.[38]

Vale lembrar que, desde seu início, *Araucaria* foi impressa em Madri, o que obrigava Orellana a viajar a cada três meses para finalizar e imprimir a revista. A mudança definitiva para Madri deveu-se ao fato de que Ediciones Michay (a editora de *Araucaria)* começava a atuar na edição de livros de chilenos exilados. Surgiu assim a Ediciones del Meridion e a coleção Libros del Meridión. A intenção era difundir obras sobre a sociedade, a cultura e a política no Chile.[39]

No número 28, a revista *Araucaria* publicou uma crônica sobre o início dos trabalhos da editora: o primeiro livro publicado foi *Neruda*, de autoria de Volodia, que consistia num extenso volume com mais de 400 páginas além de fotografias inéditas do poeta. Em seguida foi lançado *El libro mayor de Violeta Parra*, organizado por sua filha Isabel Parra, que consistia num conjunto de testemunhos, documentos e parte da correspondência pessoal da maior artista popular chilena.

---

38   ORELLANA, Carlos. "El cierre de una etapa del exilio. Cronica". *Araucaria de Chile* nº 27. Madri: Ediciones Michay, 3º trimestre 1982, p. 203-206.

39   ORELLANA, *Penúltimo Informe... op. cit.*, p. 41-100.

E depois *Dawson*, escrito por Sergio Vuskovic Rojo, filósofo e ex-*alcaide*[40] de Valparaíso, que nesta obra contou sua experiência como prisioneiro no campo de concentração na ilha Dawson; neste livro foram publicados também os testemunhos de Luis Corvalán (secretário geral do PCCH) e Orlando Letelier (ex-ministro da UP) sobre suas experiências nos campos de concentração pinochetistas.[41]

Como o lançamento do livro de Volodia ocorreu na estreia da editora, a revista publicou as intervenções feitas nesta ocasião pelo editor Carlos Orellana, pelo escritor espanhol Manuel Vazquez Montalbán e pelo autor. Orellana explicou o nome da editora del Meridión e sua relação com o Chile, o país mais ao sul do mundo. A seguir, o escritor espanhol apresentou Volodia para o público, lembrando sua militância comunista desde os anos 30, sua relação pessoal com Neruda e o fato de sua biografia estar a altura de dialogar com a "confissão[42]" do poeta. Para encerrar o evento, Volodia comentou a obra de Neruda e sua relação com a Espanha.[43]

Muitos anos depois, ao escrever sua autobiografia, Volodia Teitelboim lembrou que seu livro sobre Neruda havia sido uma encomenda de Orellana por ocasião da comemoração dos 80 anos do poeta, em 1983. Acrescentou que ele exercia a função de editor da revista *Araucaria*, contudo se referiu à editora que publicou seu livro apenas como

---

40   Optei por manter o termo *alcaide* em espanhol porque não corresponde à tradução mais próxima em português que seria prefeito. A jurisdição de poder do alcaide no Chile é a *comuna* (bairro no Brasil) e a do prefeito, toda a cidade.

41   O cineastaMiguel Littín lançou em 2009 o filme *Dawson Isla 10*, baseado no livro *Isla 10* de Sérgio Bittar.

42   Referência à autobiografia de Neruda, *Confeso que he vivido*, publicada pouco antes do golpe militar no Chile.

43   "De la revista *Araucaria* a los libros del Meridión. Cronica". *Araucaria de Chile* nº 28. Madri: Ediciones Michay, 4º trimestre 1984, p. 191 a 197.

"*una editorial madrileña*"[44] sem sequer citar o nome *del Meridión* e muito menos o seu objetivo de difundir obras de chilenos exilados. A própria revista *Araucaria* da qual foi diretor durante os 12 anos de sua existência mereceu pouca atenção em suas memórias: mencionou a revista em apenas três passagens, que somadas não completam uma página do conjunto dos quatro volumes de sua autobiografia (que possui 1.738 páginas).[45] O único comentário que teceu acerca da *Araucaria* foi:

> Proyectamos en Italia una revista cultural del exilio llamada Araucaria de Chile, de la cual fui su director. También se le prohibió entrar a su país y Pinochet la mostró por la televisión como uma publicación maldita. No lo era en verdad. En ella colaboraban muchos de los más destacados intelectuales latinoamericanos, pero estaba vedada su entrada a Chile. Solían ingresar de contrabando unos cuantos números aunque se vendía en treinta países. En la revista, cuyo secretario de redacción era Carlos Orellana, colaboraban Roberto Matta, Julio Cortázar y García Marquez, entre otros. Querían hacer cosas líricas y prácticas contra la dictadura, no sólo chilena.[46]

Muito diferente do tom de distanciamento de Volodia em relação à revista, revelado na expressão "*querían*" que coloca a *Araucaria* como algo de "*ellos*", Orellana fez de *Araucaria* o eixo de suas memórias de exílio. Em suas palavras:

> El trabajo en la revista es lo más enriquecedor y gratificante desde el punto de vista profesional y político que yo haya hecho. Con el agregado de que nunca tampoco me sentí, como entonces, realizando una tarea de alcance político tan en pleno acuerdo con

---

44   TEITELBOIM, Volodia. *La vida, una suma de historias* (*Antes del Olvido III*) Santiago: Sudamericana/Señales 2003, p. 131.

45   As referências a *Araucaria* estão em: TEITELBOIM, Volodia *La vida, una suma de historias* (*Antes del Olvido III*) Santiago: Sudamericana/Señales 2003, p. 124 e 130 e TEITELBOIM, Volodia. *Un soñador del siglo XXI* (*Antes del Olvido IV*) Santiago: Sudamericana/Señales 2004, p. 129.

46   TEITELBOIM, *La Vida...op. cit.*, p. 124-125.

mis capacidades y mis aspiraciones. Quienes me acompañaban en *Araucaria* disparábamos contra Pinochet con aquello que era lo nuestro, com las armas propias de nuestros saberes e intereses.[47]

A diferença de tratamento que a revista recebeu nas memórias de Volodia e de Orellana comprova que apesar de ser o diretor da revista, Volodia pouco se envolveu com a confecção da publicação, trabalho que ficou a cargo de Orellana. Volodia, por sua militância antiga era uma figura central na Comissão Política do PCCH, e seu nome conferia confiabilidade à revista nos círculos comunistas, "blindando-a" contra as tentativas de intervenção de setores pouco afeitos às discussões culturais. Como contrapartida, *Araucaria* conferia a Volodia legitimidade nos círculos intelectuais, uma vez que se tratava de uma revista de qualidade reconhecida, que contava com colaboradores de peso. Apesar de não "dirigir" efetivamente a revista, era Volodia quem a representava nos atos públicos: apesar dos grandes deslocamentos que sua presença implicava, uma vez que estava estabelecido em Moscou, tal atitude mostra que para ele era importante apresentar-se nas reuniões frequentadas por intelectuais.

No número 34 de *Araucaria* foram anunciados os lançamentos de outros títulos del Meridión, a saber: no final de 1985, *Actas de Alto Bío Bío*, novela do conhecido músico Patrício Manns; em 1986, Pedro Bravo Eliozondo lançou *Cultura y teatro obreros en Chile (1900-1930)* e, no mesmo ano, a obra de Grinor Rojo *Muerte y resurreicción del teatro chileno (1973-1983)*, sendo estas duas últimas obras frutos das pesquisas acadêmicas de seus autores, em suas especialidades. Rojo era um dos mais importantes críticos literários chilenos e Bravo Eliozondo, historiador especialista em cultura operária; naquele momento, ambos lecionavam em universidades estadunidenses.

Mansilla informou ainda que El Meridión, havia lançado outra série, a coleção Bogavante, que estreou com quatro títulos, o primeiro

---

47   ORELLANA, *Penúltimo Informe, op. cit.*, p. 258.

foi o livro de fotografias *Chileno de Chile en Chile*, cujo material era resultado do retorno, após 12 anos de exílio, do jovem fotógrafo Fernando Orellana, que também era responsável pela parte gráfica da revista *Araucaria*. Na mesma coleção foi lançada a novela *Vitales mireciéndolo* de Fernando Quilodrán, que também havia retornado ao Chile, e os dois livros de contos *Inevitable Universo* de Agustín Olavarría e *El hipodromo de Alicante* de Héctor Pinochet.[48] Como se pode notar, o intercâmbio com os que retornavam era significativo.

Um dos objetivos da *Araucaria* era instalar, quando possível, sua redação no Chile. Desde seu segundo número aparecem, constantemente, nas seções de cartas "De los lectores", "Documentos" ou ainda "Cartas de Chile", cartas enviadas à redação informando sobre a leitura da revista através de empréstimos ou de cópias de seus artigos que corriam de mão em mão. Segundo Orellana, em agosto ou setembro de 1979, Pinochet exibiu uma revista *Araucaria* em um pronunciamento na televisão como prova de que ideias subversivas entravam no país de forma clandestina.[49] Este fato foi muito importante para os membros da revista, pois provava a eficácia de seu trabalho. Na seção "De los lectores" da revista 28 (4º trimestre de 1984) há uma fotografia enviada pelo leitor "AC", de Santiago, de uma livraria em cuja vitrine estavam expostas revistas *Araucaria* e livros que traziam nas capas as figuras de Allende e de Víctor Jara. A revista agradeceu a foto esclarecendo que, após a declaração do Estado de Sítio, fora novamente proibida a entrada do periódico no país.[50]

---

48   RUIZ, Martin. "Los libros del Meridión. Cronicas". *Araucaria de Chile* nº 34. Madri: Ediciones Michay, 2º trimestre 1986, p. 201-203. (Marín Ruiz era um pseudônimo utilizado por Luis Alberto Mansilla)

49   ORELLANA, Índice General... *op. cit.*, p. 26 e *idem, Penúltimo Informe... op. cit.*, p. 339.

50   AC. "De los lectores". *Araucaria de Chile* nº 28. Madri: Ediciones Michay, 4º trimestre 1984, p. 7.

Ilustração 2: fotos enviadas pelo leitor "AC" de Santiago,
publicadas na *Araucaria* 28, p. 7

Em 19 de abril de 1985, a revista *Araucaria* passou a ser distribuída em Buenos Aires, através da livraria Dirple, gerenciada por Alejandro Madero. No ato de lançamento foram feitas intervenções do próprio Madero, Volodia e da escritora chileno-argentina Margarita Aguirre que foram publicadas na seção "Documentos" da revista número 31.[51]

Quando *Araucaria* completou dez anos, Orellana novamente fez um balanço da publicação. A mudança da sede da redação da revista de Paris para Madri foi analisada pelo editor, principalmente no tocante à diferença de tratamento recebido pelos exilados chilenos nos dois países devido às circunstâncias políticas diversas: enquanto na França o governo e os partidos de esquerda criaram uma ampla estrutura para abrigar os exilados, tendo à frente o embaixador no Chile

---

51   *"Araucaria* en Buenos Aires. Documentos". *Araucaria de Chile* n° 31. Madri: Ediciones Michay, 3° trimestre 1985, p. 179-184.

Pierre de Menthon,[52] que, na ocasião do golpe não mediu esforços para asilar perseguidos políticos, teve como resultado o fato de que França (junto com a Suécia) receberam a maior parte dos chilenos que deixaram o país após o golpe. Já a Espanha, em 1973 governada pelo "generalíssimo" Franco, não era um lugar seguro para aqueles que fugiam do seu admirador Augusto Pinochet. Após sua morte em 1975, teve início o processo de redemocratização que possibilitou a realização de atos em solidariedade ao povo chileno, vindos de alguns grupos, especialmente da esquerda: a revista *Araucaria* foi testemunha e objeto desta solidariedade, como relata Orellana.[53]

Houve ainda comemorações pelos dez anos de *Araucaria* em Londres, Estocolmo e Madri. O evento organizado em Estolmo foi o de maior dimensão, pois na abertura da seção "Cronicas" da revista número 40 foi publicado o cartaz vencedor do concurso para homenagear a revista de autoria do artista plástico Elias Morales. Este cartaz é uma colagem com fragmentos de papel, no qual o artista utilizou técnica mista e destacou o logotipo da revista como objeto central acima dos outros elementos. O evento foi realizado no mesmo salão onde era entregue o Prêmio Nobel; a dimensão desta comemoração deveu-se à grande quantidade de chilenos exilados na Suécia[54] e também à existência, nesta cidade, de um círculo de leitores da revista

52   Há trechos do diário de sua esposa publicados na *Araucaria*. DE MENTHON, Françoise. "Paginas de diário. La historia vivida". *Araucaria de Chile* nº 12. Madri: Ediciones Michay, 4º trimestre 1980, p. 85-104.

53   ORELLANA, Carlos. "Al cabo de diez años da revista". *Araucaria de Chile* nº 40. Madri: Ediciones Michay, 4º trimestre 1987, p. 24-31.

54   Segundo Rody Oñate e ThomasWright (*et. alli*), 9% dos 200 mil exilados chilenos, o que significa que 18mil chilenos se encontravam na Suécia. Lembro que esta cifra de 200 mil é a mais baixa entre os estudos sobre o exílio, sendo que outros estudos chegam a um milhão. OÑATE, Rody *et al. Exilio y retorno*. Santiago: LOM, 2005, p. 43.

Araucaria com função de analisar e discutir coletivamente os artigos e ensaios publicados sobre diversos temas.[55]

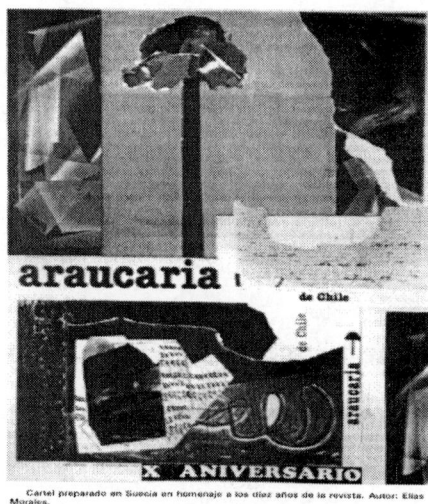

Ilustração 3: cartaz vencedor do concurso para homenagear *Araucaria*, realizado na Suécia, autoria Elias Morales. Publicado na *Araucaria* n° 40, p. 180

Além dos eventos já relatados, os dez anos da publicação foram festejados em Colônia (RDA), Moscou e Madri: nesta cidade, o local foi o Ateneo, então dirigido pelo ex-combatente republicano e membro do Partido Socialista Obrero Español, Jose Pratt.[56] Os dez anos da publicação foi ainda noticiado no Chile por Poli Delano na revista *La Epoca*; por Pamela Jiles em *Analisis*; por Carlos Cerda em *Ictus Informa* e anonimamente em *Apsis*. Vários intelectuais enviaram saudações à publicação: Fernando Alegria, Enrinque Kirberg, Jaime

55   BASCUR, Rodolfo. "*Araucaria* en Suecia". *Araucaria de Chile* n° 28. Madri: Ediciones Michay, 4° trimestre 1984, p. 201-202.

56   ORELLANA, Carlos. "*Araucaria* do Chile em España. Cronicas". *Araucaria de Chile* n° 42. Madri: Ediciones Michay, 2° trimestre 1988, p. 189-193.

Concha, Grinor Rojo, Virginia Vidal, Antonio Skármeta, Miguel Rojas Mix entre outros.[57]

Na metade de 1988, com o acerto da participação da oposição no plebiscito anunciado pelo governo Pinochet, crescia a expectativa em relação ao fim do exílio. O comitê de amigos da revista *Araucaria* instalado no Chile e presidido por Fernando Castillo Velasco, ex-reitor da Universidade Católica, organizou uma homenagem à revista relizada em 27 de maio de 1988, onde foi anunciado o ingresso no comitê de redação de um grupo de intelectuais que haviam retornado ao Chile como Ligea Baladares, Virginia Vidal, Omar Lara, Guillermo Quiñones, e também com Hernán Soto e Pamela Jiles, que não estiveram exilados. A ideia era facilitar a transferência da publicação para o país logo que saísse o resultado do plebiscito.[58]

Depois da confirmação do resultado do plebiscito, a edição 44 da revista publicou uma pequena nota intitulada "Araucaria de Chile *en* Chile", lamentando o atraso daquela edição que estava prevista para o último trimestre de 1988, mas apenas publicada no início de 1989, e informou que aquele seria o último número da revista publicado no exílio.[59] Contrariamente ao anunciado, foram publicadas ainda mais três revistas no exílio. Segundo Orellana, houve muitas dificuldades em relação a essas publicações porque havia caído sensivelmente o número de assinantes em virtude das expectativas de retorno ao país.[60]

A última revista foi publicada com atraso e apenas chegou ao público no início de 1990. O número duplo 47/48 pôde ser publicado

---

57 "Cronica de aniversario. Cronicas". *Araucaria de Chile* nº 40. Madri: Ediciones Michay, 4º trimestre 1987, p. 181-187.

58 TEITELBOIM, Volodia. "*Araucaria de Chile* en Chile. Cronicas". *Araucaria de Chile* nº 42. Madri: Ediciones Michay, 2º trimestre 1988, p. 185-189.

59 "*Araucaria de Chile* en Chile". *Araucaria de Chile* nº 44. Madri: Ediciones Michay, 4º trimestre 1988 en Chile, p. 6.

60 ORELLANA, Carlos. Entrevista concedida à autora deste trabalho. Santiago, 1º.

apenas graças à solidariedade dos espanhóis, pois os fundos necessários foram arrecadados por meio de um evento realizado em Barcelona cujo organizador foi o escritor Manuel Vazquez Montalbán.[61] Segundo Orellana e Mansilla, quando lançaram o último número já tinham consciência de que seria muito difícil dar continuidade a uma publicação daquele caráter no Chile dos anos 1990, pois numa "sociedade de mercado" não haveria público interessado e nenhuma editora comercial apostaria numa revista cultural de cunho político tão claro, naquela transição em que prevaleceu a tese da "culpa compartilhada"[62] do golpe. Por outro lado, no Partido Comunista, apesar de Volodia ter assumido o cargo de secretário geral em 1989, o grupo de intelectuais da *Araucaria* acabou se afastando, pois não havia mais espaço no partido para seus projetos.

A relação dos leitores com a revista pôde ser melhor apreciada na seção "Cartas al director" que na revista número 13 passou a chamar--se "De los lectores". Neste espaço foram publicados elogios, críticas, correções de algumas informações, desacordos com artigos, eventos de solidariedade ocorridos nos muitos países onde havia chilenos

---

61 O evento contou com as participações do instrumentista chileno Eulogio Dávalos e do representante da Nova Canção Catalã Lluis Llach, e com a colaboração, inclusive financeira, da deputação e do Ayuntamento de Barcelona, Ayuntamientos de Sant Feliú y el Prat de Llobregat, Ayuntamiento de Córdoba e da Universidade de Málaga. "Los adioses a/de España". *Araucaria de Chile* nº 47/48. Madri: Ediciones Michay, 4º trimestre 1989, p. 7-11.

62 Esta tese indica que "todos" foram responsáveis pelo golpe de Estado, pelo radicalismo tanto da esquerda quanto da direita, o que escamoteia o fato de quem atropelou a legalidade foi a direita. Os defensores desta tese omitem sua principal implicação: se todos foram responsáveis, logo ninguém deveria ser punido, porque seria "injusto" punir apenas um lado. Esta tese valoriza a necessidade de unificar o país em detrimento da necessidade de se fazer justiça, punindo os crimes cometidos pela ditadura. Esta tese foi defendida pelos intelectuais/políticos que formaram a Concertación e acordaram a transição com a ditadura.

exilados, denúncias das atrocidades cometidas e atos de resistência à ditadura no Chile, além de poemas escritos pelos leitores. A maior parte das cartas publicadas pela redação era de exilados, mas havia também as que chegavam do Chile, sempre informando a leitura da revista por muitas pessoas por meio de empréstimos e fotocópias. A carta de Cortázar enviada para parabenizar o quarto aniversário da revista exprime a sensação causada aos leitores mais sensíveis:

> Cada vez que me llega un nuevo número de *Araucaria de Chile*, su lectura me alienta y me deprime simultáneamente, aunque la lógica no acepte esa simultaneidad y a mí mismo me cueste decierla sin sentirme absurdo. (...) Tener en manos y avanzar em la lectura de una revista tan exigente consigo misma – quiero decir con sus lectores –, tan hermosa em su factura y contenido, tan incintante em su variadísimo espectro, es uma experiencia poco frecuente em materia de publicaciones latinoamericanas. Hay como uma fiesta a la vez intelectual y sensual a cada página, un contacto por lo más alto con el follaje del esplendido árbol que su título asume y simboliza.[63]

E explicando a "depressão" ao receber a revista:

> Como cualquier fructo de un exilio que se quiere fecundo contra viento y marea, contra distancia tiempo, está obligado a germinar y a madurar lejos de sus destinatarios naturales, lejos de quienes quisieran y no puede ser sus destinatarios naturales, lejos de quienes quieren y no pueden morder de lleno su pulpa perfumada. Por eso me duele *Araucaria*, como si al recibirla le estuviera quitando sus frutos a un chileno lejano, y entonces me trato de tonto y sigo leyendo, sigo verificando que nada ha muerto em la cultura de un país que amo tanto, míentras me ahoga la amargura de esa espera que ha traido ya tantos numeros de *Araucaria* a mis manos y no a las que deberían recibirlos por legitimo derecho.[64]

---

63 CORTÁZAR, Julio. "Mensaje de un amigo". "De los lectores". *Araucaria de Chile* nº 17. Madri: Ediciones Michay, 1º trimestre 1982, p. 8-9.

64 *Ibidem*, p. 9.

Esta mensagem de Julio Cortázar à revista *Araucaria* desperta, no mínimo, curiosidade sobre esta publicação realizada na condição de exílio: tão provocadora intelectualmente e simultaneamente tão angustiante do ponto de vista pessoal. O intuito da publicação foi reunir os focos de luz da cultura chilena espalhados pelo mundo, inclusive dentro do próprio Chile e reuni-los numa publicação de modo a apontar um verdadeiro holofote cultural contra a ditadura.

Deste modo, neste capítulo procurei mostrar a trajetória dos intelectuais que capitanearam a revista *Araucaria*: profissionais do mundo das letras no Chile que não apenas apoiaram, mas de alguma forma trabalharam para o governo da Unidade Popular, o que os obrigou a sair do país após o golpe. Considero que a experiência do exílio, em sua dupla dimensão de drama coletivo e individual registrados na revista cultural *Araucaria*, tem muito a contribuir para a compreensão da experiência chilena sob a ditadura. Cabe agora analisar seu conteúdo.

2

O EXÍLIO

E ste capítulo tem como objetivo compreender o fenômeno do êxodo chileno e como este tema foi abordado na *Araucaria*. Para tanto, cabe recorrer a alguns autores que analisaram o fenômeno do exílio e a figura do exilado. Como o surgimento da revista foi fruto do exílio de intelectuais chilenos, este tema foi constantemente evocado na publicação sob diversos aspectos: em entrevistas, trabalhos médicos sobre seus impactos e ensaios. A situação de exílio produziu também uma série de encontros intelectuais com o objetivo de reafirmar seus elos com a terra natal e com a causa chilena, denunciando violências e arbitrariedades; muitos destes encontros foram noticiados pela *Araucaria* como iniciativas contra a ditadura.

2.1 O EXÍLIO COMO PROBLEMA

O exílio é uma das penalidades mais antigas aplicadas àqueles que ousam contestar o poder vigente. A historiadora que investigou o exílio brasileiro, Denise Rollemberg, esclareceu:

> O exílio tem, na história, a função de *afastar/excluir/eliminar* grupos ou indivíduos que, manifestando opiniões contrárias ao *status quo*, lutam para alterá-lo. O exilado é motivado pelas questões do país, envolve-se em conflitos sociais e políticos, diz não a uma

realidade (...) ao mesmo tempo o exílio aparece como uma possibilidade, quando a resistência interna é impossível.[1]

Deste modo, o exilado vive uma situação paradoxal: sua inserção
na sociedade é a causa de seu afastamento. As investigações e ensaios
que abordam o tema do exílio[2] apontam como característica comum
aos indivíduos ou grupos nesta condição o envolvimento numa causa
derrotada pela violência de um poder que se afirma primeiramente
pela força, fazendo com que o exílio fosse uma opção pela sobrevivência ou uma condenação, o que, neste caso, desrespeita uma série
de direitos reconhecidos internacionalmente desde a criação da ONU,
a começar pelo direito de viver na pátria.[3]

Segundo a jornalista e historiadora chilena Loreto Rebolledo, o
tema do exílio chileno ainda é pouco estudado se comparado a outros temas referentes ao período da ditadura militar (como os desaparecidos, a tortura, as transformações econômicas e culturais). Para a
historiadora chilena, isto se deu porque os exilados sofreram estigma-
tizações tanto da direita como da esquerda. Por um lado, a direita os
acusou de serem agentes do "comunismo internacional", difamadores
do país no exterior, criou e difundiu com certo êxito a ideia do *exílio*

---

1   ROLLEMBERG, Denise. *Exílio: entre raízes e radares*. Rio de Janeiro: Re-
     cord, 1999, p. 25.

2   As principais referências sobre o tema do exílio foram: ROLLEBERG,. *Exílio:
     entre raízes e radares*. Rio de Janeiro: Record, 1999, p. 25 e SAID, Edward. *Re-
     flexões sobre o exílio e outros ensaios*. São Paulo: Companhia das Letras, 2003.
     Reflexões sobre o exílio... op. cit., p. 46-60.

3   RIOS ÁLVAREZ, Lautaro. "El exilio chileno". *Revista de Ciencias Sociales*. Fa-
     culdad de Ciencias Jurídicas, Económicas y Sociales. Universidad de Val-
     paraíso, nº 29, 2º semestre de 1986. Este jurista publicou ainda durante a
     ditadura este estudo sobre as bases legais da pena de exílio e concluiu que,
     mesmo nas leis feitas pela ditadura, a aplicação desta pena dependia sobre-
     tudo da interpretação do juiz.

dourado;[4] por outro, parte da esquerda os acusou de covardia, de não ter oferecido resistência aos golpistas.[5] Essa dificuldade de tratar o tema durou muito tempo, mesmo após a democratização e apenas recentemente, após mais de 30 anos do golpe, investigações pontuais sobre o fenômeno do exílio estão sendo realizadas.[6] Para muitos, o exílio foi uma alternativa de sobrevivência no momento em que a perseguição e a eliminação física dos partidários da Unidade Popular era a estratégia utilizada pela ditadura para impor seu controle sobre o país. No momento do golpe, a Junta Militar esforçou-se para impedir a saída de militantes e simpatizantes do governo da UP porque pretendia punir a esquerda pelos "danos" que havia causado ao país. Dois meses depois, em novembro de 1973, foi ditado o primeiro decreto sobre expulsão e proibição de retorno ao país, contudo, apenas um ano depois a ditadura começou a política de expulsão maciça como meio de esvaziar as cadeias e desarticular a oposição. Segundo os estudos de Rebolledo, o grande período de saída de chilenos foi de 1973 a 1978; daí em diante, lentamente, começou o movimento de retorno, e desde 1979, o Comité Nacional Pró Retorno de Exiliados pôs em prática um programa de acolhida e orientação aos retornados, porém a grande onda de retorno apenas teve início na segunda metade dos anos 1980, com o horizonte da volta dos civis ao poder.[7]

---

4   Esta é uma ideia presente até a atualidade no imaginário de muitos chilenos: que os exilados foram tomados por um frenesi turístico e por isso viviam viajando pela Europa. BARUDY, Jorge (*et al*). *Exílio, derechos humanos y democracia: el exilio chileno en Europa*. Santiago: Servicios Gráficos Caupolicán, 1993, p. 27.

5   REBOLLEDO, Loreto. *Memorias del desarraigo: testimonios de exilio y retorno de hombres y mujeres de Chile*. Santiago, Catalonia, 2006.

6   Referências específicas sobre o exílio chileno: Loreto Rebolledo (2006), Rody Oñade (2005) e Jose Pozo (2006).

7   REBOLLEDO, *op. cit.*, p. 4-10.

O exílio chileno foi um fenômeno massivo, que abarcou diversos setores da população (impossíveis de precisar até a atualidade, as cifras mais baixas indicam 200 mil e as mais altas um milhão de exilados). Tais números permitem refletir sobre a extensão da tragédia que se abateu sobre um país que contava, na época, com menos de 10 milhões de habitantes.[8] Uma das razões da dificuldade de quantificar o exílio chileno é a diferenciação entre exilados "políticos" e emigrantes "econômicos".

A socióloga Veronica Patrícia Cortés, em sua pesquisa sobre a comunidade chilena em São Paulo, explica que os chilenos que vivem fora de seu país se dividem entre aqueles que foram expulsos por problemas políticos com a ditadura e aqueles que saíram porque estavam desempregados e decidiram buscar fora do país melhores oportunidades de trabalho.[9] Contudo, a grande onda de desemprego no Chile teve início em 1982, com a pior crise econômica do século XX, resultado da implementação das políticas econômicas neoliberais da ditadura de Augusto Pinochet. Portanto, o "exílio econômico", na verdade, está relacionado à ditadura, confirmando a condição, sobretudo política, tanto do exílio como dos números apontados posteriormente pelos pesquisadores.[10]

8   Em 1970, o Chile contava com 8,9 milhões de habitantes. AYLWIN, Mariana et al. *Chile en el siglo XX*. Santiago: Planeta Chile, 2005, p. 257.

9   CORTÉS, Veronica Patrícia. *Chilenos em São Paulo: trajetória de uma imigração*. Tese de doutorado. São Paulo, Departamento de Sociologia, FFLCH-USP, 2000.

10   Os números não são neutros: a menor estimativa, de 200 mil exilados, tem como fonte a Oficina Nacional del Retorno (ONR), orgão especialmente criado no primeiro governo eleito pós-Pinochet para ajudar na reinserção dos exilados (Em VACCARO, Victor/ed.). *Seminario Exilio-retorno de Academicos/Intelectuales*. "El reecuentro es posible" (6-7 dez. 1990). Santiago: Prisma, 1991, p. 13). E as maiores cifras, que vão de 450 mil (HUNEEUS, Carlos. *El Régimen de Pinochet*. Santiago: Sudamericana, 2005, p. 40) a 1 milhão ("Editorial". *Araucaria de Chile* nº 7. Madri: Ediciones Michay, 3º trimestre 1979, p. 4) anunciam como fonte a entidade criada pela Igreja Católica chilena para

Os países que mais receberam exilados chilenos foram França (10%), Suécia e Canadá (com 9% cada um).[11] A receptividade dos países se deve, em grande parte, ao interesse suscitado pelo governo da Unidade Popular e pelo horror provocado pelas imagens do Palácio de la Moneda em chamas, dos estádios transformados em campos de concentração repletos de prisioneiros e das fogueiras de livros promovidas pelo exército golpista.

Apesar de ter sido um fenômeno massivo, o tema do exílio chileno ainda causa controvérsias. O ex-presidente Ricardo Lagos ajudou a popularizar o conceito de "xiv região" para referir-se aos chilenos que continuaram fora do país lutando pelo direito ao voto. Apenas recentemente os habitantes da xiv região conquistaram o reconhecimento do direito à nacionalidade dos filhos de chilenos que nascem fora do território.[12]

O tema do exílio foi expresso em *Araucaria* de forma difusa nas várias seções do periódico, e como questão central foi abordado na seção especial "Un millón de chilenos", publicada em três edições da revista, nos números 7, 8 e 9 (3º e 4º trimestres de 1979 e 1º trimestre de 1980). Esses números são especialmente relevantes para o estudo da revista sob a ótica do exílio, pois tinha como objetivo debater os principais problemas que atingiram esta parcela da população chilena,

---

ajudar perseguidos políticos e seus familiares. Nos últimos dados incluem-se aqueles denominados exilados econômicos.

11   OÑADE, Rody, *et al. Exilio y retorno.* Santiago: LOM, 2005, p. 43. Lembro que essas porcentagens variam de acordo com as fontes pesquisadas. Havia também muitos exilados chilenos em países limítrofes como Argentina e Peru, mas além destes países serem considerados lugares de trânsito, havia também o problema da situação política, que impediu muitos chilenos de se estabelecerem.

12   O território chileno é dividido em 13 regiões, que funcionam aproximadamente como os Estados no Brasil; portanto, o conceito de 14ª região refere-se aos que estão fora do território. POZO ARTIGAS, Jose del. *Exiliados, emigrados y retornados: chilenos em América y Europa (1973-2004).* Santiago: RIL, 2006, p. 10.

público leitor específico da revista. Contudo, devido ao modo disperso e variado como o exílio foi abordado nos 48 números da revista, para melhor analisá-lo, optei por agrupá-los nos seguintes tópicos: a especificidade do exílio intelectual, a percepção dos exilados dos diferentes países que os receberam, os aspectos clínicos do exílio, os dramas do exílio, a luta política e as impressões daqueles que retornaram ainda durante a ditadura.

2.2 O EXÍLIO INTELECTUAL

Logo em seu lançamento, a revista *Araucaria* mencionou, no editorial, a verdadeira "fuga de cérebros" iniciada com o golpe militar. Este editorial destacou que a perseguição política e a privatização resultaram na "*más alarmante sangría de capacidades, expatriación forzosa de sus más destacados intelectuales en todos los órdenes del saber*.[13]"

O grande número de obras de arte em diversas linguagens produzidas sobre o tema do exílio, e também – especialmente no caso chileno – a propaganda feita pela ditadura no intuito de colocar os que ficaram no país contra os exilados, resultou numa certa "glamourização" da condição de exilado, principalmente se o este estivesse ligado aos meios de produção e difusão cultural. O intelectual palestino exilado Edward Said alerta contra esta ideia de *glamour* do exílio:

> (...) poetas e escritores exilados conferem dignidade a uma condição criada para negar a dignidade – e a identidade às pessoas. A partir da história deles fica claro que para tratar o exílio como uma punição política contemporânea é preciso mapear territórios de experiência que se situam para além daqueles cartografados pela própria literatura do exílio. Deve-se deixar de lado Joyce e Nabokov e pensar nas incontáveis massas para as quais foram criadas as agências da ONU. É preciso pensar nos camponeses refugiados

---

13   "Editorial". *Araucaria de Chile* nº 1. Madri: Ediciones Michay, 1º trimestre 1978, p. 5. "Mais alarmante sangria de capacidades, expatriação forçada de seus intelectuais mais detacados em todas as áreas do saber" (tradução da autora).

sem perspectivas de voltar algum dia para casa, armados somente com um cartão de suprimentos e um número da agência. Paris pode ser a capital famosa dos exilados cosmopolitas, mas é também uma cidade em que homens e mulheres desconhecidos passam anos de solidão miserável: vietnamitas, argelinos, cambojanos, libaneses, senegaleses, peruanos [e chilenos].[14]

O exílio chileno foi, sem dúvida, muito rico em sua produção cultural, o que não minimiza a violência do desterro, apenas demonstra que muitos artistas e intelectuais conseguiram fazer da experiência da derrota e do exílio um momento para reflexão, o que certamente enriqueceu seus trabalhos. Segundo o pesquisador Luis Barrera, esta atividade cultural do exílio chileno estava relacionada ao seu importante papel de difundir e preservar manifestações culturais proibidas no país.[14]

Além da intensa produção cultural, houve intelectuais preocupados em registrar tais produções e demais manifestações do exílio chileno. O historiador Héctor Fernando Abarzúa publicou na seção *Un millón de chilenos* da *Araucaria* um ensaio-manifesto intitulado *Por una historia en el exilio*[15] que tinha o objetivo de incentivar a produção de obras historiográficas e testemunhais sobre o exílio para a informação das gerações futuras. Com esse intuito, o historiador apontou a importância de encontros, palestras e seminários sobre o tema e considerava urgente não somente escrever sobre a diáspora chilena, como também visitar arquivos no exterior com o propósito de que fosse produzida uma história das populações que, no passado, emigraram para o Chile, o que permitiria desmistificar o discurso pinochetista de enaltecimento da autenticidade da "raça chilena". Em

---

14   BARRERA, Luis. *Notas sobre el reecuentro cultural de Chile con todos los chilenos del mundo*. In: BARUDY, Jorge, et al (org.). *Exílio, derechos humanos y democracia: el exílio chileno en Europa*. Santiago: Caupolicán, 1993 p. 52-67.

15   ABARZUA, Héctor Fernando. "Por una historia en el exilio". *Un Millón de chilenos*. *Araucaria de Chile* nº 7. Madri: Ediciones Michay, 3º trimestre 1979, p. 145-157.

seu "manifesto", o autor sugeriu diversas perspectivas que poderiam ser adotadas para a escrita de uma história chilena a partir do exílio: biografias, histórias das associações, dos sindicatos, dos partidos e das manifestações culturais. Ao final, conclamou seus conterrâneos exilados a escreverem sobre este período para que a versão imposta pela Junta Militar aos que permaneceram no Chile sobre o exílio *dourado* não se tornasse hegemônica e persistisse após o fim da ditadura.

Proporcionalmente, o exílio atingiu mais a parcela da população com ensino superior completo, que exercia atividades ligadas à pesquisa e ao ensino superior. Segundo uma pesquisa realizada pelo Centro de Investigación y Desarrollo (CIDE), entre 1984-1985, com 2500 chilenos distribuídos em seis países, 46% deles eram profissionais universitários.[16] Essa porcentagem se torna ainda maior se forem acrescidos aqueles que, através de ajuda recebida de entidades internacionais, dos países de asilo, dos partidos em que militavam ou de instituições internacionais, conseguiram cursar ou completar o ensino superior no exílio. Para tentar recuperar os quadros perdidos com a expulsão de cérebros, em 1990 a Oficina Nacional del Retorno (ONR), o Servicio Universitario Mundial (SUM) e a Universidad Academia de Humanismo Cristiano (UAHC) organizaram o *Seminario exilio- -retorno de académicos/intelectuales*, com o objetivo de discutir medidas que facilitassem o retorno e a reinserção desta parcela da população na sociedade chilena.

Carlos Orellana, editor da *Araucaria*, apontou como característica do exílio chileno a segmentação: para ele, os exilados se mantiveram muito *"encerrados en su circulo del mundo"*,[17] círculo este que era subdividido em outros círculos menores de acordo com as divisões partidárias. Este encerramento é explicado por Rollemberg

---

16   VACCARO, *op. cit.*, p. 14.

17   ORELLANA, Carlos. Entrevista concedida à autora deste liro. Santiago, 1º de outubro de 2007. "Fechados em seu círculo do mundo" (tradução da autora).

como uma estratégia de sobrevivência frente a um ambiente desconhecido.[18] Deste modo, pode-se inferir que a revista *Araucaria* foi resultado do trabalho de um grupo de intelectuais chilenos ligados ao Partido Comunista que pretendia inserir os chilenos num círculo maior que acrescesse os de dentro e os de fora do país identificados com a mesma causa.

Contudo, deve-se atentar para o fato de que esta formação de comunidades de exilados e suas divisões partidárias não resultou em isolamento absoluto. Muito pelo contrário: as manifestações culturais engajadas na luta contra a ditadura funcionaram como um elo entre exilados chilenos em diferentes locais, o que formou, para Loreto Rebolledo, uma metacomunidade de exilados. Para a autora, a capacidade dos exilados chilenos de conjugar atividades políticas e criação cultural foi possível graças à grande quantidade, qualidade e engajamento de intelectuais e artistas exilados e à dedicação e habilidade destes em construir canais de comunicação, troca de ideias e experiências. A historiadora destacou o papel da *Araucaria* como um desses canais que contribuíram para a formação de um espaço de reflexão cultural e política.[19]

Outro importante canal de comunicação durante a diáspora chilena foi o programa *Escucha Chile*, veiculado pela rádio Moscu. Em ondas curtas desde Moscou até o Chile, passando por toda a comunidade de exilados, informou o país sobre as atrocidades cometidas pelos militares que a imprensa censurada ou cúmplice não informava. Este programa foi a primeira iniciativa de Volodia Teitelboim logo após o golpe.[20] Na revista *Araucaria*, foi publicada uma entrevista com

---

18   ROLLEMBERG, *op. cit.*, p. 28.

19   REBOLLEDO, Loreto. *Memorias del desarraigo: testimonios de exilio y retorno de hombres y mujeres de Chile*. Santiago: Catalonia, 2006. p. 101-106.

20   Há diversos trabalhos que abordam a importância deste programa de rádio. Entre eles: FU RODRIGUEZ, Mariela. *Impacto Comunicacional del exilio chileno:*

Katia Olevskaya,[21] a radialista ucraniana que havia aprendido a falar espanhol durante sua infância no México. Ela relatou como recebeu a notícia do golpe no Chile, que motivou a criação do programa *Escucha, Chile*; este a tornou muito conhecida entre os chilenos, que lhe enviavam postais e *souvenirs* de um país que Olevskaya apenas conhecia através das notícias que lia.

A revista *Araucaria* também era um veículo de interlocução entre a população exilada, especialmente entre os intelectuais, por isso publicou textos nos quais exilados refletiam sobre o papel dos intelectuais na luta contra a ditadura. Os escritores que fizeram uso de suas penas para provocar a consciência de seus leitores quanto à violência do imperialismo ianque para submeter a América Latina aos seus ditames podem ser identificados à postura engajada de Sartre, pois faziam da sua escrita uma arma que visava à libertação de todo um continente. Merecem destaque, pela posição que ocupavam no mundo das letras, os textos de Antonio Skármeta, Isabel Allende e Júlio Cortázar que foram publicados na revista; os textos dos dois últimos foram originalmente lidos em encontros de intelectuais exilados.

Antonio Skármeta foi um dos intelectuais chilenos que conseguiu grande projeção durante o exílio: além de manter suas atividades como contista e romancista, lançou-se como roteirista de cinema.

---

combatiendo la dictadura desde el exterior. Memoria para optar por el titulo de periodista. Escuela de Periodismo, Departamento de Investigaciones y de la comunicación, Universidad de Chile, Santiago de Chile, set. 2003; nas memórias de Volodia o capítulo "Escucha Chile" em TEITELBOIM, Volodia. *La vida una suma de historias (Antes del Ouvido III)*. Santiago: Sudamericana/ Señales 2003, p. 122. O secreário geral do PCCh Corvalán enalteceu este programa no capítulo ¡Aquí… rádio Moscú! em CORVALÁN, Luis. *De lo vivido y lo peleado*. Santiago: LOM, 1997, p. 259-262.

21   OLEVSKAYA, Katia. "Escucha, Chile: Semblanza de Kátia". La historia Vivida. *Araucaria de Chile* nº 22. Madri: Ediciones Michay, 2º trimestre 1983, p. 113-121 (entrevista concedida a Rolando Carrasco).

Para Skármeta,[22] a força moral demonstrada pelos exilados chilenos ao organizar-se rapidamente para lutar pela redemocratização de seu país advinha, sobretudo, da força do projeto da UP e especialmente das últimas palavras e do gesto de Salvador Allende de sacrificar-se em nome da manutenção da legalidade e da democracia, ou seja, a força de seu ato acabou por projetar a responsabilidade do legado democrático aos que sobreviveram.

Skármeta criticou o panfletarismo de alguns autores que banalizavam e simplificavam o momento crítico que o país atravessava e também aqueles que continuaram escrevendo como se nada tivesse acontecido no país. Para ele, o escritor exilado adquiria posição de representante de um povo e, neste sentido, como homem público, deveria tomar posição contra a ditadura, porque a opção pelo silêncio significava alinhar-se a ela. O posicionamento político expresso neste texto de Skármeta o situava no ideal sartriano de intelectual engajado. Além disso, para ele o exílio proporcionava ao artista a oportunidade de defrontar-se com outra cultura, outro público e, por extensão, outra crítica, mas isto não amenizava o fato de o escritor exilado ser, fundamentalmente, um homem em crise.

No mundo da literatura hispano-americana, despontou, naqueles anos, a escritora chilena exilada na Venezuela Isabel Allende, cujo sobrenome anunciava o parentesco, ainda que distante, com o presidente imolado. No primeiro encontro de escritores de língua espanhola realizado em Sevilha, em 1983, Isabel Allende fez uma exposição sobre o compromisso do escritor latino-americano que foi publicada na *Araucaria.*[23]

---

22   SKÁRMETA, Antonio." Ahorrar bajo el ala del sombrero una lagrima asomada". Textos. *Araucaria de Chile* n° 9. Madri: Ediciones Michay, 1° trimestre 1980, p. 137-142.

23   ALLENDE, Isabel. "El compromiso del escritor latinoamericano. Cronicas". *Araucaria de Chile* n° 25. Madri: Ediciones Michay, 1° trimestre 1984, p. 171-173.

Segundo ela, naquela conjuntura, os escritores latino-americanos originários de países que viviam os regimes ditatoriais ou estavam no exílio e, consequentemente, fora do seu ambiente, longe de seu povo, ou estavam dentro de seus países sofrendo com a censura e com fechamento de editoras, além das ameaças constantes de prisão, tortura e morte. De acordo com a autora, os escritores que colaboravam com as ditaduras eram uma minoria e considerava impossível produzir boa literatura compartilhando os valores defendidos por ditadores. Além disso, acreditava que os escritores latino-americanos, por dever de ofício, não podiam silenciar diante das tiranias que assolavam o continente.

O escritor argentino e colaborador próximo da *Araucaria*, Julio Cortázar, publicou o ensaio "America Latina, exilio y literatura" na décima edição da revista.[24] Cortázar refletiu sobre o fenômeno do exílio na literatura latino-americana a partir de sua própria condição. O escritor saiu da Argentina voluntariamente em 1951, contudo, a sensação de exílio foi experimentada apenas em 1974, quando, apesar de não existir nenhuma restrição legal à sua entrada no país, a edição de seus livros foi proibida.

Segundo Cortázar, a função do exílio era fazer calar os opositores das ditaduras, e esta medida era especialmente eficaz contra os jovens escritores que, devido às necessidades financeiras e contingências próprias da vida no estrangeiro, acabavam se afastando das letras. Diferente de outros exilados, Cortázar ousou propor uma positividade para esta situação: para ele, o exilado não deveria valorizar sua situação no sentido romântico de "beber" na cultura estrangeira, especialmente europeia, mas centrar-se mais na condição de escritor e fazer do exílio um espaço de liberdade do qual seus compatriotas não podiam dispor. Deste modo, o grande desafio do escritor no exílio seria, na sua concepção, fortalecer as denúncias dos abusos cometidos pelo governo

---

24   CORTÁZAR, Julio. "América Latina, exilio y literatura". Temas. *Araucaria de Chile* nº 10. Madri: Ediciones Michay, 2º trimestre 1980, p. 59-66.

de seu país a partir da força de seu trabalho, cuja qualidade deveria superar a dos livros queimados e censurados na América Latina.

Estes e outros intelectuais e suas respectivas produções demonstram que o exílio foi um espaço de reflexão e reorganização da luta política, causadora da situação do exílio. Uma das características do exílio chileno foi sua dispersão, explicada por múltiplos fatores, mas principalmente pelo modo como o exilado saiu do país. Assim, a revista *Araucaria* publicou as impressões que muitos chilenos tiveram dos países onde estiveram. Cabe agora mostrar algumas impressões do exílio publicadas na revista.

2.3 A DIÁSPORA CHILENA PELO MUNDO

O governo francês foi um dos que mais se esforçou para salvar perseguidos pela ditadura; consequentemente, recebeu muitos exilados. A revista *Araucaria* publicou trechos do diário de Françoise de Menthon, esposa do embaixador francês no Chile na ocasião do golpe, Pierre de Menthon, no qual descreveu o clima de perseguição das semanas que sucederam o *push* militar. Num texto introdutório à publicação dos trechos do diário, os representantes da revista expressaram um profundo sentimento de gratidão ao casal de diplomatas franceses; este texto de agradecimento possivelmente foi escrito por Orellana, que permaneceu um período na embaixada francesa antes de sair do Chile. O relato da senhora Menthon demonstra o esforço para abrigar a maior quantidade possível de chilenos, tanto em sua residência como na embaixada, a cooperação de alguns padres que ajudaram os perseguidos e o desconforto nas relações entre os diplomatas franceses com os representantes do governo militar e com os de países como a Inglaterra, que apoiaram decididamente o golpe; contudo, não deixou de mencionar os inconvenientes de abrigar centenas de pessoas e os conflitos com os "hóspedes".[25]

---

25 MENTHON, Françoise de. "Paginas de diario". La Historia Vivida. *Araucaria de Chile* nº 12. Madri: Ediciones Michay, 4º trimestre 1980, p. 85-104.

A biografia de Orellana e as conversas com Luis Bocaz e Luis Alberto Mansilla convergem com os pesquisadores que estudam a situação do exílio chileno na França, especialmente no que se refere às oportunidades profissionais oferecidas aos chilenos estabelecidos neste país.[26] As observações dos autores Prognon e Pozo, em seus estudos sobre os exilados, mostram que França foi um país receptivo: os exilados chilenos, principalmente aqueles mais especializados, conseguiram trabalho em universidades francesas e em outros tipos de instituições. Orellana expôs essas ideias em sua biografia:

> Es escasa o sesgada la idea que se tiene hoy en Chile de lo que fue la solidaridad francesa con los refugiados chilenos. Se ignora o ha sido olvidado que fue un potente movimiento integrado por más de veinte organizaciones nacionales. Entre ellas, los partidos comunista, socialista y radical; los tres grandes conglomerados sindicales, CGT, CFDT y Force Ouvrière; instituiciones especializadas en atención a los refugiados, como France Terre d`Asile, o en tareas de solidariedad social, como Secours Populaire; diversas entidades religiosas de fe catolica, protestante y judaica, etc.[27]

Contudo alguns discordaram das conclusões dos representantes de *Araucaria* sobre o exílio em Paris. Na seção "Un millón de chilenos" foi publicado um trecho do livro *Vivir en Paris: testimonios de un*

---

26   PROGNON, Nicolas. 'La diáspora chilena en Francia: de la acogida a la integración (1973-1994)". In: POZO, *op. cit.*, p. 63-83.

27   ORELLANA, *Penúltimo Informe... op. cit.*, p. 168. "É pouca ou enviesada a ideia que se tem hoje no Chile do que foi a solidariedade francesa com os refugiados chilenos. Se ignora ou se esqueceu o que foi um potente movimento integrado po mais de vinte organizações nacionais (francesas). Entre elas os partidos comunista, socialista e radical, os três grandes centrais sindicais, CGT, CFDT e a Força Trabalhadora, instituições especializadas no atendimento aos refugiados, como o França Terra do Asilo, ou nas tarefas de solidariedade social, como o Seguro Popular; diversas entidades religiosas de fé católica, protestante, judaica etc".

exilio, de Eugenia Neves.[28] A obra consiste numa coletânea de declarações de 50 chilenos (25 homens e 25 mulheres), todos militantes de esquerda, sobre suas experiências de exílio na França. Os depoimentos são muito variados: muitos se referem à dificuldade de inserção no mundo do trabalho, pois apesar da elevada escolaridade apenas conseguiram trabalhos braçais; outros mencionam preconceitos sofridos; alguns demonstraram a excessiva idealização do país natal; há também críticas à liberalidade dos costumes cosmopolitas franceses e lamentos sobre o desconhecimento da realidade latino-americana. Apesar do estranhamento, insatisfações e dificuldades de adaptação, não se pode negar que os exilados chilenos puderam contar com a solidariedade francesa.

O editor da Araucaria, Carlos Orellana, passou os últimos anos de seu exílio na Espanha. E tanto nos escritos na revista Araucaria como em sua biografia, comentou que naquele país a solidariedade com os exilados chilenos partiu de alguns intelectuais ou grupos específicos e foi pontual, diferentemente da França. Para justificar sua opinião, explicou que nenhum pesquisador chileno conseguiu inserção na academia espanhola e lembrou ainda uma polêmica na imprensa que envolveu artistas latino-americanos exilados e espanhóis: uma artista plástica espanhola que ganhara um concurso valendo-se do plágio de um chileno exilado foi defendida publicamente por muitos intelectuais seus compatriotas – de esquerda–, como o escritor Francisco Umbral. Quando relatou o evento, Orellana cuidadosamente esclareceu que se tratou de um episódio revelador da ambiguidade de olhares dos espanhóis de esquerda para a América Latina que, por um lado se solidarizavam com a causa democrática e, por outro, revelavam um resquício da mentalidade metropolitana, ao ponto de justificarem

---

28 NEVES, Eugenia. "Vivir en Paris: testimonios de un exilio". *Un millón de chilenos. Araucaria de Chile* nº 9. Madri: Ediciones Michay, 1º trimestre 1980, p. 157-170.

um plágio, pois se tratava de defenderem-se como superiores.[29] No entanto, cabe lembrar que, na última edição de Araucaria, há uma lista de agradecimentos a instituições e intelectuais da terra de Cervantes que, através da organização de um evento de solidariedade, financiaram o último número da revista.[30] Ao contrário de Orellana, a pesquisadora Carolina Espinoza Cartes apontou que chilenos exilados se destacaram em suas atividades e conquistaram reconhecimento público naquele país, como ÓscarSoto (médico de Allende), o músico Eulogio Dávalos, o artista plástico Eduardo Bonnatti e os escritores Luis Sepúlveda e Roberto Bolaño.[31]

A maior parte dos líderes comunistas chilenos exilou-se no Leste Europeu e alguns deles manifestaram certa desconfiança em relação ao "grupo de Paris". Orellana relatou que, em 1974, pela primeira vez, os comunistas exilados em Paris receberam a visita de um alto dirigente do pcch – Gladys Marín –, que em sua fala contrapôs o conforto e a beleza desfrutada por aqueles que viviam na capital francesa à vida austera, dura e simples dos que viviam no Leste Europeu.[32]

Essa preocupação com a imagem de austeridade, simplicidade, militância intensa e luta ininterrupta contra a ditadura era uma resposta à propaganda feita, com certo sucesso pela ditadura, sobre o *exílio dourado.*[33] Para combater este tipo de propaganda, o pcch adotou medidas como a proibição de deslocamento de um país a outro sem autorização prévia do Partido, e proibição de compra de casas ou automóveis que prejudicassem a imagem dos militantes.

---

29   ORELLANA, *op. cit.*, p. 88-90.

30   "Los adioses a/de España". Araucaria de Chile n° 47/48. Madri: Ediciones Michay, 4° trimestre 1989, p. 7-11.

31   ESPINOZA CARTES, Carolina. "Chile en el corazón". In: OÑADE, *op. cit.*, p. 39-40.

32   ORELLANA, *op. cit.*, p. 274-275.

33   BARUDY, *op. cit.*, p. 27.

Segundo Corvalán e Orellana, muitos chilenos ligados ao PCCh se dirigiram ao Leste Europeu, onde foram encaminhados, via Partido, para terminarem seus estudos, trabalhar e seguir a militância.[34] O exílio nos países socialistas foi muito difícil para os militantes chilenos, pois, além das dificuldades com a cultura e a língua, havia também a burocracia do chamado "socialismo real". Em sua biografia, Orellana narrou suas experiências e a de alguns intelectuais, como o poeta Omar Lara na Bulgária, Romênia, Hungria e Alemanha Oriental, e ao final explicou que suas experiências de viagem e a dos que viveram na região foram significativas para seu posterior afastamento do PCCh depois do plebiscito de 1988. Apesar das críticas ao chamado "socialismo real" em sua biografia, Orellana não credita os problemas como intrínsecos ao sistema socialista (como fazem os críticos de direita), mas à falta de democracia nos regimes. O próprio secretário geral do PCCh, Luis Corvalán, em sua biografia também se referiu aos problemas enfrentados por exilados chilenos no Leste Europeu, contudo enfatizou as diferenças culturais e seu difícil papel de Secretário Geral na resolução dos eventuais conflitos.[35]

De todos os países socialistas, a então República Democrática Alemã foi o destino de muitos exilados devido à solidariedade econômica e humanitária prestada por este país aos chilenos, sobretudo aos comunistas e socialistas. O relato mais difundido sobre o exílio chileno neste país foi o famoso romance do ex-comunista Roberto Ampuero, *Nuestros años verde olivo* (Planeta, 1999), no qual enfatizou o fenômeno da proletarização dos exilados que tinham nível superior completo: eles trabalhavam em cargos inferiores à sua qualificação, mas como mostrou o trecho do livro de Eugenia Neves publicado na *Araucaria*, essa queixa era comum também por parte de exilados em Paris.

---

34   CORVALÁN, *op. cit.*, p 263-264.

35   *Ibidem*, p. 262-267.

Nem todos tiveram a mesma impressão da RDA que Ampuero difundiu: na *Araucaria* número 34, foi publicado o testemunho do escritor Guillermo Quiñones sobre sua experiência de exílio na Alemanha Oriental.[36] Ele era professor universitário no sul do Chile e depois da intervenção militar na universidade foi exonerado e, ao chegar na RDA, trabalhou como operário numa fábrica (VEB Sanchsenring), mas pouco tempo depois, conseguiu contrato na Escola Superior de Pedagogia Ernst Schneller de Zwickau, onde contou com o apoio e a solidariedade dos colegas para facilitar sua adaptação.

Quiñones relatou os dramas comuns das comunidades de exilados que presenciou, como as insistentes comparações entre o país de origem e o país de exílio, o que levava a uma idealização excessiva da terra natal. Tais comparações, segundo ele, causavam uma sensação de derrota e solidão que, em casos extremos, resultou em suicídio. Sua experiência foi diferente, pois conseguiu apreciar muitas das vantagens relacionadas à infraestrutura e à cultura que a RDA oferecia. O escritor fez questão de contar seu encontro com a faxineira da universidade onde trabalhava num concerto de música erudita, numa poltrona ao lado da sua, fato com pouquíssima probabilidade de acontecer em um país capitalista, porque, além do valor das entradas que separam o acesso do professor universitário ao da faxineira, no capitalismo há também o valor simbólico do concerto de música erudita, que afirma a distinção social entre os dois.

Os exilados chilenos não estavam apenas dispersos pela Europa. Havia um grupo significativo deles na África, contribuindo na construção das nações recém-independentes. Por isso, no número 19 de *Araucaria*, Carlos Orellana comemorou o fato de ter conseguido um testemunho sobre a presença chilena na reconstrução da sociedade moçambicana após a guerra de Independência. Através da entrevista

---

36 QUIÑONES, Guillermo. "Exilio y fraternidades". La Historia Vivida. *Araucaria de Chile* nº 34. Madri: Ediciones Michay, 2º trimestre 1986, p. 137-147.

com o engenheiro Jaime Rovira,[37] pode informar aos leitores que os chilenos exilados chegaram a Moçambique em 1976, pouco depois da saída das tropas portuguesas, e encontraram um povo livre que queria construir um país, mas não dispunha de recursos mínimos. O entrevistado demonstrou enorme satisfação (que afirmou ser compartilhada por todos os exilados chilenos ali) em exercer seu trabalho num local que passava por tantas necessidades, contribuindo para mudanças efetivas naquela sociedade, a começar pela formação da mão de obra (lembrou que Portugal havia deixado 95% da população em estado de analfabetismo) e instalações de infraestrutura, como redes de energia e esgoto. Além disso, relacionou uma série de tarefas importantes nas quais havia exilados chilenos envolvidos, como a organização de uma indústria pesqueira, alfabetização, construção de móveis e organização da legislação do país.

A impressão positiva do exílio chileno em Moçambique transmitida pela entrevista de Jaime Roriva na *Araucaria* se repete na bibliografia sobre o exílio. No livro organizado por Rody Oñade e Thomas Wright, a chilena Silvia Quiroga, que também esteve exilada em Moçambique, descreveu os anos de exílio como "os mais felizes de sua vida", e credita tal satisfação à participação na construção de uma sociedade cujos valores compartilhava.[38] Entretanto, nem todos os exilados conseguiram transformar a experiência da derrota no Chile em força motriz para abrir-se às novas oportunidades que surgiam no exílio e a lutar contra a ditadura. Os traumas da prisão, da tortura, da proximidade da morte e do deslocamento tornavam os exilados suscetíveis a muitas enfermidades, principalmente mentais, tema também abordado pela revista *Araucaria*.

---

37   ROVIRA, Jaime. "Chilenos em Mozambique". La historia vivida. *Araucaria de Chile* nº 19. Madri: Ediciones Michay, 3º trimestre 1982, p. 99-109 (entrevista concedida a Carlos Orellana).

38   OÑADE, *op. cit.*, p. 13.

2.4 O EXÍLIO COMO TRAGÉDIA COLETIVA: SUAS PATOLOGIAS E SEUS DRAMAS

Em muitas entrevistas publicadas na *Araucaria*, os dramas do exílio foram recorrentes: não foram poucos os casos de dificuldades de adaptação, depressão e suicídio contados pelos entrevistados. Os problemas de saúde, principalmente mental, afetaram a muitos exilados; por esta razão, na seção "Un millón de chilenos", a revista *Araucaria* publicou dois artigos que resultaram de estudos no campo da saúde mental, com o objetivo de incentivar seus leitores, caso necessário, a buscar auxílio médico.

O primeiro estudo médico publicado em *Araucaria* sobre o tema da saúde do exilado saiu na revista 7 de autoria do médico e escritor Alfonso Gonzalez Dagnino.[39] Este ensaio não trata de estudo de casos, mas de constatações mais panorâmicas pautadas numa ampla bibliografia médica e literária sobre o exílio. O objetivo do autor era apresentar um quadro geral que pudesse auxiliar o leitor a buscar um especialista, caso se identificasse com os sintomas apontados.

Para Gonzalez Dagnino, o exílio era uma extensão (se antecedido por prisão) e ao mesmo tempo um provocador de um estímulo agressor (stress) que tinha sempre como origem a derrota em seu país. Esta condição tornava o exilado suscetível a uma série de enfermidades psicológicas e psiquiátricas como depressão, euforia, síndrome do pânico, agressividade exacerbada e outras. Contudo, esta suscetibilidade variava de acordo com o grau de instrução e de inserção do exilado na sociedade receptora. Sugeriu que as lideranças políticas e comunitárias desenvolvessem políticas culturais no exílio com o objetivo de facilitar a integração dos chilenos à nova vida e, para que estes assimilassem o exílio positivamente, uma vez que os exilados, além de sobreviventes, eram portadores de um legado político e cultural

---

39   GONZALEZ DAGNINO, Alfonso. 'El Exilio". Un millón de chilenos. *Araucaria de Chile* nº 7. Madri: Ediciones Michay, 3º trimestre 1979, p. 117-134.

democrático que estava sendo enriquecido com o aporte de outras culturas durante a experiência do exílio. Tal experiência os permitiria retornar orgulhosos para seu país.

O segundo estudo publicado foi realizado por três psicólogas: Katia Reszczynski, Maria Paz Rojas e Patrícia Barcelo,[40] sendo as duas últimas autoras exiladas chilenas que passaram por campos de concentração. Este estudo analisou 57 exilados que haviam passado por campos de concentração e estavam dispersos em muitos países da América e da Europa.

O texto apresenta uma série de dados relativos à escolarização, aos meios pelos quais chegaram ao exílio (com ou sem auxílio de instituições humanitárias) e o quadro anterior dos pacientes, tanto clínico como social: se militavam, que tipo de trabalho exerciam etc. De todos os pacientes estudados, apenas um havia melhorado de condição social no exílio, e dois haviam conseguido empregos similares aos que tinham no Chile; os demais estavam subempregados.

Segundo as psicólogas, o quadro do exilado piorava à medida que se sentia num limbo: havia sido retirado do centro da luta política no lugar de origem e não conseguia integrar-se no país de asilo. Esta situação criava um sentimento de impotência, fragilizando os militantes e por extensão as próprias organizações. Ao analisar a inserção política dos exilados, as especialistas constataram que houve mudanças, tanto na forma de atuação nos partidos devido à situação excepcional, como muitos exilados trocaram de partido porque não se identificavam mais com aqueles nos quais militavam antes, ou porque o partido ao qual eram filiados os expulsaram alegando comportamento "inadequado" na prisão.

---

40   BARCELÓ, Patricia; RESZCZYNSKI, Katia; ROJAS, Maria Paz. "Exílio. Estudio médico-politico". *Un millón de chilenos*. *Araucaria de Chile* nº 8. Madri: Ediciones Michay, 4º trimestre 1979, p. 109-128.

As conclusões a que chegaram tanto o trabalho de Gonzalez Dagnino como o de Barceló, Reszczynski e Paz Rojas convergem num ponto: valorizam a militância dos exilados como um fator importante para a recuperação psicológica do trauma. Sendo que as psicólogas chegaram a utilizar em suas conclusões o conceito de "fortaleza ideológica" como fonte de segurança capaz de fazer com que os militantes se sentissem inabaláveis frente aos piores traumas, desde a tortura até o exílio.

Os dramas que viveram os exilados também apareceram na *Araucaria* em entrevistas, cartas ou artigos. Na seção "Un millón de chilenos", foi apresentado o testemunho da artista plástica Sylvia Vega Querat;[41] através das suas epístolas e as de seu marido, o também artista plástico e fotógrafo Rafael Vega Querat, revelou ao público quão dramática foi a sua saída do Chile, a ponto de provocar a gradual deterioração da saúde de seu marido, até seu trágico suicídio em Paris em fevereiro de 1977. O principal projeto do casal de artistas ao chegar na França era a publicação de um livro de fotografias sobre os mil dias de governo de Allende, projeto esse que acabou se frustrando. As cartas continham críticas à direção da esquerda no exílio, afirmando que muitos estavam no exterior no instante do golpe e, portanto, desconheciam o sentimento de medo que imperava no país. A correspondência revela ainda o estranhamento dos artistas em relação à atenção dada pelos políticos à arte chilena no exílio porque, para o casal, eles não haviam se interessado por ela enquanto estavam no governo.

Os relatos das experiências dos exilados remetiam-se constantemente à importância da militância política em sua inserção na sociedade receptora, mas também enfatizavam o papel da aprendizagem de uma cultura estrangeira com o objetivo de contribuir para o desenvolvimento da sociedade chilena após o retorno com os conhecimentos

---

41   VEGA QUERAT, Silvia. "Radiografias del exilio". Un millón de chilenos. *Araucaria de Chile* nº 8. Madri: Ediciones Michay, 4º trimestre 1979, p. 131-150.

adquiridos no exterior. As entrevistas/testemunhos de exilados publicadas nas seções "Un millón de chilenos, Conversaciones, Temas e La historia vivida" abordam em um momento ou outro estas questões da militância e da inserção.

O líder da "Izquierda Cristiana" Rafael Agustín Gumúcio entrevistado por Luis Alberto Mansilla, após lembrar sua longa trajetória na política chilena fez uma avaliação da experiência do exílio.[42] Para ele, o exílio permitiu perceber que os dirigentes da UP cometeram o erro de se dispersarem em disputas secundárias e a não valorizarem devidamente a experiência democrática que havia possibilitado a ascensão da Unidade Popular ao poder. Neste caso, o afastamento forçado do país tinha um saldo "positivo", pois servira para valorizar a democracia, o que significava, indiretamente, responsabilizar a esquerda pelo golpe.

Na seção "Un millón de chilenos" da *Araucaria* nº 8, foi publicada entrevista do casal de operários Esperanza e Daniel, exilados na França com seus quatro filhos.[43] Daniel era dirigente comunista no sul do Chile quando foi preso e, um mês depois do golpe, passou pelo campo de concentração de Isla Dawson, a seguir por Capuchinos e dali para o exílio na França, onde trabalhou na zeladoria de um edifício. Sua esposa, através das organizações de solidariedade, havia concluído um curso profissionalizante e procurava trabalho. Esperanza avaliou positivamente a rede de solidariedade francesa, contudo tinha críticas aos costumes do país, principalmente ao que considerou a "excessiva" liberdade dos jovens, e referiu-se ao problema de integração da filha de 18 anos, que abandonou os estudos por sentir-se vítima de racismo.

---

42   GUMUCIO, Rafael Agustín. "Vivir en Chile: nuestra neurosis, nuestra obseción". *Un millón de exiliados. Araucaria de Chile* nº 7. Madri: Ediciones Michay, 3º trimestre 1979, p. 95-114 (entrevista concedida a Luis Alberto Mansilla).

43   COLLOPAE, Daniel e LIVICOY, Esperanza. "Chile desde Lyon". *Un millón de chilenos. Araucaria de Chile* nº 8. Madri: Ediciones Michay, 4º trimestre 1979, p. 153-163 (entrevista concedida a Arturo Montes).

Daniel pouco comentou sobre a sociedade na qual se asilara porque não conhecia o idioma, mas acreditava que as conquistas sociais dos trabalhadores franceses diminuíram o ânimo revolucionário naquela sociedade. A publicação da entrevista de um casal de operários militantes comunistas numa revista cultural destoa do perfil da maioria dos entrevistados da revista (artistas, militantes), o que demonstra uma certa preocupação em mostrar outros perfis de chilenos exilados, combatendo a ideia do exílio como exclusividade dos intelectuais, o exílio dourado e glamourizado.

Nesta mesma linha, a revista número 9 publicou a entrevista de Marilaf Antiqueo, comunista mapuche que esteve exilado na Suécia e na Bulgária. Para ele, além das especializações profissionais, o exílio possibilitou a comparação entre a rica e capitalista Suécia e a pequena socialista Bulgária: da primeira enfatizou a gratidão pela massiva solidariedade prestada à causa democrática chilena, apesar de não ter conseguido adaptar-se; da segunda elogiou o heroísmo na resistência ao fascismo, a fraternidade socialista e os avanços da mecanização no campo. Marilaf transmitia um programa especial falado em língua indígena para a população mapuche na Radio Moscu. Este personagem estava duplamente exilado: longe de seu povo indígena e de seu país, mas à distância continuava sua luta utilizando seu programa de rádio para denunciar os crimes pinochetistas contra seu povo.[44]

Numa revista cultural, produzida por exilados, não poderia faltar os testemunhos de alguns produtores culturais chilenos ilustres também exilados, como o músico Angel Parra,[45] os pintores José

---

44   ANTIQUEO, Marilaf. "Morir y vivir diez veces". La historia vivida. *Araucaria de Chile* n° 9. Madri: Ediciones Michay, 1° trimestre 1980, p. 89-97 (entrevista concedida a Guio Darecy).

45   PARRA, Angel. "La pasion del canto". *Araucaria de Chile* n° 34. Madri: Ediciones Michay, 2° trimestre 1986, p. 153-168 (entrevista a Juan Armando Epple).

Balmés[46] e José Venturelli,[47] os cineastas Raúl Ruiz[48] eMiguel Littín[49] e o ator Oscar Castro,[50] entre outros. O impacto da obra dos artistas exilados dimensiona a tragédia de um país que foi privado por cerca 17 anos do trabalho de seus artistas e intelectuais mais ativos, mas também mostra a capacidade deles em transformar a dor da violência em força criadora.

2.5 A LUTA PELO FIM DO EXÍLIO E AS IMPRESSÕES DO RETORNO

A luta dos exilados pelo direito de voltar a viver em seu país ecoou na imprensa chilena, e o jornalista Luis Alberto Mansilla noticiou em suas "Notas en Blanco y Negro", publicadas em *Araucaria*, algumas iniciativas de chilenos que continuaram no país, na luta contra o exílio.[51] Destacou o caso da revista *¿Que pasa?*, em que dois colunistas, Laufourcade e René Abeliuk, e um de seus proprietários, Hernán

---

46   BALMÉS, Jose. "El desafio de una pintura politica". Capitulos de la cultura chilena: la plástica. *Araucaria de Chile* n° 1. Madri: Ediciones Michay, 1° trimestre 1978, p. 106-140 (entrevista concedida a Luis Bocaz).

47   VENTURELLI, Jose. "Una vez que yo no esté". Temas. *Araucaria de Chile* n° 45. Madri: Ediciones Michay, 1° trimestre 1989, p. 157-161 (entrevista concedida Jaime Valdiviesco).

48   RUIZ, Raul. "No hacer más una película como si fuera la última". Capitulos de la cultura chilena: el cine. *Araucaria de Chile* n° 11. Madri: Ediciones Michay, 3° trimestre 1980, p. 101-117. (entrevista concedida a Luis Bocaz).

49   LITTIN, Miguel. "Conversación conMiguel Littín". Conversaciones. *Araucaria de Chile* n° 21. Madri: Ediciones Michay, 1° trimestre 1983, p. 77-94 (entrevista concedida a Isabel Parra).

50   CASTRO, Oscar. "El teatro en los campos de concentración". Capitulos de la cultura chilena: el teatro. *Araucaria de Chile* n° 6. Madri: Ediciones Michay, 2° trimestre 1979, p. 115-147. (entrevista concedida a Ariel Dorfman).

51   MANSILLA, Luis Alberto. "El regreso de los escritores". Notas en blanco y negro. *Araucaria de Chile* n° 7. Madri: Ediciones Michay, 3° trimestre 1979, p. 211-213.

Cubillos usaram suas penas para pedir publicamente o fim do exílio. E também o diário *La Tercera* também havia publicado um artigo do professor da Universidade Católica Hugo Montes, no qual indagava quando retornariam os poetas da pátria de Neruda e Mistral. E até mesmo o empresário e inimigo declarado da UP, Orlando Sáenz, teria declarado na revista *Hoy* que o exílio era uma grave violação dos Direitos Humanos, e que os milhares de chilenos exilados deveriam retornar para reconstruir o país que, segundo ele, havia sido destruído por "todos". Aqui se repete a evocação da tese da "culpa compartilhada", mas desta vez por um representante da direita.

O especialista em história da arte e ex-decano da Faculdade de Belas Artes da Universidade do Chile, Pedro Miras, exilado em Paris, publicou, em *Araucaria*, a "Carta de los intelectuales chilenos", que, segundo afirmou, havia sido assinada por mais de 250 personalidades do mundo cultural chileno e enviada a diversas entidades, entre as quais a Unesco.[52] Miras, ao apresentar a carta, julgava que os exilados chilenos tinham duas grandes obrigações: a primeira, jamais admitir o surgimento de uma "cultura de emigração", isto é, deveriam lutar para manter a identidade cultural chilena, uma vez que, internamente, estava sendo alterada pelo autoritarismo e sua submissão ao imperialismo; e a segunda era exigir o direito de retornar e trabalhar para o desenvolvimento da cultura nacional. A carta reivindicava o direito ao retorno e o fim da censura para os intelectuais e artistas exilados, e também para aqueles que viviam no país impedidos de exercer seu ofício por medo da repressão.

Durante o período do exílio, foram organizados encontros onde intelectuais, artistas e políticos se manifestaram contra as ditaduras latino-americanas e também demonstraram sua solidariedade aos exilados. Alguns deles foram comentados pela revista *Araucaria* através de crônicas de participantes ou de publicação das intervenções realizadas,

---

52   MIRAS, Pedro. "Carta de los intelectuales chilenos". Cronicas. *Araucaria de Chile* nº 4. Madri: Ediciones Michay, 4º trimestre 1978, p. 208-209.

como o Encuentro de Thorun, o Coloquio sobre los desaparecidos e o Encuentro de Intelectuales por la soberania de nuestra America.[53] Estes encontros e colóquios eram parte dos esforços dos exilados chilenos para manifestar publicamente a vivacidade de seus criadores culturais, tanto dentro do país (quando havia possibilidade de sair ou enviar trabalhos) como no exílio. A *Araucaria* nº 7 foi uma edição especial no que toca este esforço de interação entre a produção cultural dentro e fora do país, pois foi a primeira edição da revista totalmente ilustrada com trabalhos de artistas que estavam no Chile. Sua capa exibe uma fotografia de um dos bordados feitos por esposas de presos políticos que haviam sido expostos no Palácio de la Virreina em Barcelona em outubro de 1978. Acima do bordado, um pequeno texto de uma destas mulheres narra a peregrinação em busca de trabalho e assistência social no Chile.

---

53   Do Encuentro de Thorun foram publicadas as intervenções de Julio Cortázar, Roberto Matta e Volodia Teitelboim. "Encuentro de Thorun". *Araucaria de Chile* nº 7. Madri: Ediciones Michay, 3º trimestre 1979, p. 7-48; do Colóquio sobre os desaparecidos, foram publicadas as intervenções de Julio Cortázar e Eduardo Novoa Monreal. "Coloquio sobre los desaparecidos". *Araucaria de Chile* nº 14. Madri: Ediciones Michay, 2º trimestre 1981, p. 21-29; e do Encontro de Intelectuais pela soberania de nossa América, realizado em Havana, foi publicada a intervenção de Volodia Teitelboim e a Carta final do encontro. "Encuentro de Intelectuales por la soberania de Nuestra America". *Araucaria de Chile* nº 16. Madri: Ediciones Michay, 4º trimestre 1981, p. 19-32.

Ilustração 4: capa da *Araucaria* n° 7 – bordados
de esposas de presos políticos

A utilização da cultura como um elo com o Chile era um meio de
luta dos exilados contra a repressão em todas as suas formas, de que
eram vítimas os livre pensadores em seu país. Com o passar dos anos,
as manifestações culturais lentamente ganharam espaços dentro do
país, em parte, pelo retorno e perseverança de muitos exilados, como
o caso da atriz Mônica Echeverria.[54]

Mônica era responsável pelo teatro infantil no grupo Ictus até
1974, quando exilou-se pela impossibilidade de trabalhar livremente.
Foi para a Inglaterra e ali desenvolveu muitos trabalhos até decidir
retornar em 1980. Um ano depois abriu o Centro Cultural Mapocho,

---

54   ECHEVERRÍA, Monica. "El fin de una etapa en el trabajo cultural". Temas.
Araucaria de Chile n° 46. Madri: Ediciones Michay, 2° trimestre 1989, p. 161-
170 (entrevista concedida a Carlos Orellana).

onde criou diversos trabalhos culturais como oficinas e aulas de teatro, pintura mural e diversos instrumentos musicais,[55] tendo como público principalmente os habitantes das *poblaciones*. Mônica relatou em entrevista, que os trabalhos desenvolvidos pelo Centro Cultural que coordenava repercutiram gradualmente em *poblaciones* de todo o país através de contatos entre as famílias dos próprios *pobladores*. A atriz referiu-se brevemente aos diversos problemas que enfrentou com as autoridades do regime para manter o centro cultural aberto.

A iniciativa desta atriz teve grande repercussão e demonstrou como a criação de um espaço onde a cultura e o livre pensar pudessem circular, como propusera Cortázar no encontro de Thorún, representava uma contribuição inestimável para a redemocratização da sociedade.

A história de Mônica confirma a constatação feita por Loreto Rebolledo de que uma das características do exílio chileno reside no fato de que o movimento de retorno teve início antes do fim da ditadura.[56] Segundo a autora, desde 1978 muitos chilenos que haviam saído por conta própria começaram a retornar e, desde 1984, no auge dos protestos, como método de contenção, a ditadura passou a divulgar, eventualmente, listas com nomes de pessoas autorizadas a reingressar no país. Tal decisão constituiu uma verdadeira tortura psicológica aos exilados.[57]

Assim como a quantidade de exilados, o número dos que retornaram é difícil de precisar, mas houve muitos que voltaram por um curto período, apenas para fazer uma sondagem para o retorno definitivo; a revista *Araucaria* publicou algumas impressões dos retornados sobre o Chile governado por Pinochet, concentradas na seção "Ejercicio del

---

55   Foi neste centro cultural que surgiu o conjunto de rock *Los Prisioneros*, cujas músicas se tornaram trilhas sonoras das mobilizações dos anos 1980.

56   REBOLLEDO, *op. cit.*, p. 45.

57   ARATE, Jorge; ROJAS, Eduardo. *Memoria de la Izquierda Chilena*. Tomo II (1970-2000). Santiago: Javier Vergara Editor, 2003, p. 363.

Regreso", parte da seção "Cronicas" e também presente em "Conversaciones, Cartas de Chile, Temas e La historia Vivida".

Em "Ejercicio de Regreso", *Araucaria* destacou o retorno de importantes produtores culturais do país, como o coreógrafo Patrício Bunster,[58] o poeta Omar Lara,[59] o radialista e produtor musical René Largo Farias,[60] os atores Maria Helena Deuvachelle e Julio Jung,[61] a poeta Eugenia Echeverría,[62] o escritor Poli Délano,[63] o ex-reitor da Universidade Técnica do Estado Enrique Kirberg[64] e o jornalista membro do comitê editorial da *Araucaria* Luis Alberto Mansilla,[65] entre outros.

As declarações dos retornados apresentam alguns elementos em comum, como o forte impacto sentimental ao retornar à pátria e o reconhecimento, apesar das mudanças, dos lugares em que viveram e trabalharam até o fatídico 11 de setembro de 1973. Na *Araucaria*

58   RUIZ, Martín. "La ultima aventura de Patrício Bunster". Ejercicio del Regreso. *Araucaria de Chile* n° 28. Madri. Ediciones Michay, 4° trimestre 1984, p. 169-170.

59   MARTINEZ, Pacial. "El poeta vuelve a su lar". Ejercicio del Regreso. *Araucaria de Chile* n° 28. Madri. Ediciones Michay, 4° trimestre 1984, p. 171-172.

60   MANSILLA, Luis Alberto. "René Largo Farias retona dos veces". Ejercicio del Regreso. *Araucaria de Chile* n° 28. Madri. Ediciones Michay, 4° trimestre 1984, p. 172-173.

61   DUVAUCHELLE, Maria Elena; JUNG, Julio. "Retorno con causa". Ejercicio del Regreso. *Araucaria de Chile* n° 30. Madri. Ediciones Michay, 2° trimestre 1985, p. 208-209.

62   ECHEVERRIA, "Eugenia. El cielo con un dedo". Ejercicio del Regreso. *Araucaria de Chile* n° 35. Madri. Ediciones Michay, 3° trimestre 1986, p. 195-196.

63   DÉLANO, Poli. "Y volver, volver, volver". Ejercicio del Regreso. *Araucaria de Chile* n° 30. Madri. Ediciones Michay, 2° trimestre 1985, p. 207-208.

64   KIRBERG, Enrique. "Notas de un diário del retorno". Ejercicio del Regreso. *Araucaria de Chile* n° 39. Madri. Ediciones Michay, 3° trimestre 1987, p. 203-206.

65   MANSILLA, Luis Alberto. "Volver a Santiago". Ejercicio del Regreso. *Araucaria de Chile* n° 46. Madri. Ediciones Michay, 3° trimestre 1989, p. 205-206.

n° 34, a seção "Ejercicio del Regreso" publicou quatro depoimentos anônimos sobre a experiência do regresso,[66] onde o contato com as manifestações contra a ditadura dentro do país provocou, em muitos retornados, a sensação de que o tempo não havia passado, fazendo com que se sentissem em meio às marchas de rua no período da UP. Apesar do grande destaque que os retornados deram às mobilizações de rua e à gradual diminuição do medo da repressão, esta ainda agia, pois segundo o relato do ex-reitor Kirberg, antes de chegar e durante o período em que esteve em seu país, recebeu ameaças anônimas, apesar delas, cumpriu sua agenda no país e voltou ao exterior.

A *Araucaria* divulgou a verdadeira epopeia da tentativa de regresso do grupo formado por destacados dirigentes do Partido Socialista Jorge Arrate, Jaime Gazmuri, Edgardo Condeza, Eduardo Rojas, Jose Vargas e o dirigente comunista Luis Gustavino, que ficaram conhecidos como "Grupo de los Seis". Estes seis exilados, mesmo proibidos de reingressar no país, pousaram num avião comercial na capital chilena e exigiram seu direito de viver na pátria no primeiro dia de setembro de 1984. Em meio à comoção pública, atos no aeroporto e pressão internacional, após doze horas foram embarcados, à força, de volta para a Argentina. No dia seguinte, tentaram entrar em Santiago novamente e foram expulsos para a Colômbia, e um mês depois, numa terceira e última tentativa, para a Itália. Pode-se considerar que a tentativa frustrada de reingresso foi exitosa no sentido de que a ideia era denunciar internacionalmente o exílio como um crime contra a humanidade, reavivando o tema na imprensa internacional.[67]

Na seção "Cartas de Chile" da *Araucaria* n° 15 foi publicada uma carta assinada por Juana Concepción na qual contava a seus familiares

---

66   "La realidad y la nostagia". Ejercicio del Regreso. *Araucaria de Chile* n° 34. Madri. Ediciones Michay, 2° trimestre 1986, p. 203-207.

67   RAJEVIC, Pía. "El largo viaje de seis 'globos sonda' ". Ejercicio del Regreso. *Araucaria de Chile* n° 29. Madri: Ediciones Michay, 1° trimestre 1985, p. 181-183.

exilados suas impressões do Chile ao regressar em maio de 1981 após sete anos de exílio. Nesta carta, Juana referiu-se ao crescimento de Santiago, que estava repleta de edifícios e carros novos, e ao contraste desta opulência com o aumento da pobreza e do desemprego, que se manifestava na grande quantidade de vendedores ambulantes no centro da cidade. Descreveu ainda as manifestações pelo fim da ditadura e destacou o protagonismo de parte do clero como organizador e defensor daqueles que caíam presos nestas ocasiões.[68]

O arquiteto, ex-diplomata e militante comunista Santiago Aguirre, batizado por Neruda de Capitán Aguirre, retornou ao Chile em 1980, aos 70 anos de idade. Contou que pediu orientação ao seu Partido (Comunista), e foi recomendado apenas a dar força moral aos que lá estavam e, caminhando à luz do dia pelas movimentadas ruas do centro de Santiago, encontrou militantes de esquerda cujas atitudes ao vê-lo variaram desde a fuga até as conversas apressadas. Aguirre contou que a repressão não tardou: a polícia invadiu seu apartamento três vezes à procura de militantes escondidos e tamanha violência o fez adoecer gravemente e voltar a exilar-se na República Democrática Alemã.[69]

O escritor Martinez Cerda concedeu uma entrevista a Carlos Orellana quando este regressou ao Chile em 1986, numa sondagem para a volta definitiva. Martinez havia se autoexilado (como fez questão de esclarecer) na Venezuela em 1974, após a repressão ter atingido pessoas próximas. Decidiu voltar ao Chile em 1977, mas o fato de ter saído do país e jamais ter emitido declarações públicas favoráveis à Junta Militar lhe acarretaram dificuldades em conseguir trabalho. Para Martinez Cerda, a política econômica de abertura radical do

---

68   CONCEPCIÓN, Juana. "De Regreso". Cartas de Chile. *Araucaria de Chile* nº 15. Madri: Ediciones Michay, 3º trimestre 1981, p. 9-12.

69   AGUIRRE, Santiago. "Confesiones del misterioso 'capitán Aguirre'". La história vivida. *Araucaria de Chile* nº 39. Madri: Ediciones Michay, 3º trimestre 1987, p. 95-107 (entrevista concedida a Luis Alberto Mansilla).

mercado chileno às importações havia operado transformações na sociedade que somente seriam devidamente mensuradas a longo prazo: a mudança nos valores de consumo e concorrência econômica na mentalidade da população foi sentida pelo escritor ao retomar à Unión Nacional por la Cultura e constatar, então, a dificuldade em dialogar com as pessoas sem passar pela equação "ganhos e gastos". Para o escritor, até mesmo as discussões sobre cultura nacional passaram a ser pautadas pela relação "custo x benefício".

A experiência do exílio e retorno dimensionam a radicalidade das transformações ocorridas na sociedade chilena durante a ditadura. Os que vivenciaram à distância tais transformações demonstraram, em seus relatos, impacto diante dos valores introduzidos pela economia de mercado e pelo clima de paranoia, resultado da repressão sistemática. No final dos anos 1980, quando aumentaram as manifestações pela redemocratização dentro do país, uma parte significativa dos exilados já havia retornado e a intensa atividade intelectual durante o exílio contribuiu muito para mobilizar setores da sociedade para as manifestações políticas. Neste sentido, a revista *Araucaria* documentou os esforços dos exilados para denunciar e pôr fim a ditadura, sendo ela mesma um testemunho do ato criminoso da Junta Militar de ter alijado a produção de toda uma geração de intelectuais da sociedade à qual pertenciam.

Neste capítulo, foram mostrados os diversos aspectos do exílio abordados pela revista *Araucaria*, buscando problematizar os atos coletivos (militância, encontros e a solidariedade) e os dramas pessoais (aspectos da saúde física e mental e as diferentes visões dos países receptores). Parte dos exilados chilenos eram artistas e intelectuais que tiveram que sair do país para continuar produzindo, e em muitos casos a experiência do golpe e o decorrente exílio com todas as suas dores, serviu de impulso para a reflexão intelectual e a criação artística. *Araucaria* divulgou intensamente esta produção cultural, tema do próximo capítulo.

3

A CULTURA CHILENA NA REVISTA *ARAUCARIA*

cultura chilena era o eixo da revista *Araucaria*, que publicou debates, entrevistas com artistas e obras como poesias, contos e trechos de romances. Artistas plásticos renomados fizeram as capas e ilustrações da revista. Neste capítulo, analisarei como cada manifestação cultural (cinema, música, literatura, artes plásticas e teatro) foi abordada na revista e os contrastes entre os chilenos produtores culturais "de dentro" e "de fora" do país.

Os debates culturais foram concentrados na seção "Temas", publicada em 44 das 47 revistas. Na seção "Capítulos de la cultura chilena", que apareceu em dez números, foram publicadas entrevistas e artigos sobre as principais vertentes da cultura chilena numa perspectiva histórica, relacionando-as com questões políticas e sociais de diferentes épocas. Na seção "Textos", presente em todos os números, foram publicados poemas, contos e trechos de romances de destacados escritores como Guillermo Atias, Antonio Skármeta, José Donoso, Ariel Dorfman, Federico Schopf e do diretor da revista, Volodia Teitelboim, entre outros.[1]

---

1   Cabe esclarecer que neste livro o foco são as críticas e debates do período e não a análise literária dos trechos de romances, peças e poesias publicadas pela revista.

As manifestações culturais publicadas ou discutidas em *Araucaria* estavam, em sua maioria, profundamente sintonizadas à resistência e à denúncia dos crimes da ditadura no Chile, apesar de que nos editoriais e em outros textos nos quais a revista expunha seus critérios de seleção das obras publicadas estava, em primeiro lugar, a qualidade estética. Depois do golpe, grande parte dos artistas e intelectuais chilenos tiveram que sair do país, muitos foram presos, torturados e mortos; outros, tiveram que mudar a área de atuação devido à censura. Num país onde livros eram queimados em praça pública, qualquer manifestação cultural era sinal de rebeldia e resistência ao "apagão cultural": o engajamento dos artistas contra a censura férrea dos militares mostra que a História Cultural e a História Política são indissociáveis no caso chileno.

3.1 A DEFINIÇÃO DE CULTURA NA REVISTA

O que se define por cultura chilena na revista *Araucaria* é o conjunto das manifestações artísticas produzidas por chilenos exilados ou dentro do país, sendo estas últimas sempre muito festejadas como formas de resistência ao silêncio imposto pela ditadura. Em muitos momentos foi ressaltada a diferença no tom utilizado pelos artistas que produziram cultura dentro e fora do Chile: enquanto os primeiros precisaram recorrer a mensagens cifradas e metáforas para escapar da censura do regime, entre os exilados predominou a denúncia direta da violência, a expressão do medo e dos dramas vividos na situação do exílio. Apesar das diferenças, em ambas se nota um estilo testemunhal que revela o desejo de deixar registros das experiências vividas. Esse tipo de narrativa foi muito valorizada pela própria revista *Araucaria*, cujo índice aponta a publicação de cinquenta testemunhos, contabilizados apenas na seção intitulada "Testimonios", sem levar em conta entrevistas e narrativas publicadas que continham o mesmo tom testemunhal.

Cabe destacar a presença constante dos autores chilenos agraciados com o prêmio Nobel – Gabriela Mistral (1945) e Pablo Neruda (1971) –, muito festejados com artigos especiais a cada efeméride, como o centenário de Mistral e os 75 anos de Neruda. Naquele momento de luta contra a ditadura, era imprescindível evocar seus legados literários e suas participações nas lutas políticas.

Foram publicados onze ensaios sobre a obra de Gabriela Mistral (além de dois textos de sua autoria) e, através de um artigo de Armando Uribe Arce,[2] a revista se posicionou contra os defensores da ditadura que queriam se apoderar do legado de Mistral. Por ocasião do centenário da poeta, *Araucaria* publicou uma seção especial,[3] na qual foi combatida sua imagem de mulher católica dedicada ao lar, contrastando-a com a imagem da mulher profissional independente.

A presença de Pablo Neruda na revista foi ainda mais expressiva devido às suas posições políticas e o significado de resistência que sua obra adquiriu após o golpe: foram publicados vinte e oito artigos sobre sua produção ou biografia, além de cinco textos de sua própria autoria, sem contar as diversas vezes em que foi evocado em entrevistas ou testemunhos. Nelas havia relatos sobre suas ações políticas, por exemplo: em 1939 organizou o barco Winnipeg, que levou para o Chile cerca de dois mil republicanos espanhóis fugidos do franquismo; em 1945 filiou-se ao Partido Comunista (chegou a ser membro de seu Comitê Central);

---

2   URIBE ARCE, Armando. "Funerales Q.e.p.n.d. Recuerdo de Gabriela Mistral". Temas. *Araucaria de Chile* n° 32. Madri: Ediciones Michay, 4° trimestre 1985, p. 111-118.

3   Neste número foram publicados os seguintes artigos: SCHOPF, Federico. "Reconocimiento de Gabriela"; TEITELBOIM, Volodia. "Historia de un amor atormentado"; VIDAL, Virginia. "Gabriela nuestra madre" e GONZALEZ VERGARA, Ruth. "Una gran desconocida". Aniversarios: centenário de Gabriela Mistral *Araucaria de Chile* n° 45. Madri: Ediciones Michay, 1° trimestre 1989, p. 57-96.

em 1948 proferiu, no Senado, o discurso *Yo acuso*,[4] no qual denunciou a traição do governo de González Videla (1946-1952). Por causa deste discurso foi perseguido e vivenciou uma fuga espetacular, que consistiu na travessia dos Andes à cavalo, em direção ao exílio na França; anos mais tarde, apoiou fortemente o governo Allende e ocupou o cargo de embaixador na França até meados de 1973, quando o agravamento de seu estado de saúde o fez retornar ao Chile. Até mesmo as circunstâncias de seu falecimento, dias após o golpe militar, reforçam seu mito: seu cortejo fúnebre foi considerado o último ato público da Unidade Popular e o primeiro da Resistência, pois foi a última vez em muitos anos que uma multidão se reuniu e cantou a Internacional Comunista e o Hino da Unidade Popular. Não é de estranhar que Neruda tenha sido apresentando constantemente na revista como o exemplo de intelectual engajado na luta pela justiça social e democracia, além da qualidade estética muito valorizada em *Araucaria*.[5]

Em alguns artigos, a revista apresentou referências importantes do desenvolvimento cultural chileno, situadas num panorama bastante amplo. No número 10, Ariel Dorfman apresentou um ensaio sobre a relação dos produtores culturais com o Estado chileno,[6] comparan-

---

4   Clara referência de Neruda à carta aberta *J'acuse* (1898), escrita por Émile Zola (1840-1902), onde Zola denunciava o antisemitismo francês no processo e condenação do capitão do exército Alfred Dreyfus. Esta carta foi um marco nos debates entre os intelectuais e o poder.

5   Apenas alguns exemplos da presença de Neruda na *Araucaria*: VARAS, Jose Miguel. "El humor en la poesia y en la vida de Neruda" *Araucaria de Chile* n° 26. Madri: Ediciones Michay, 2° trimestre 1984, p. 133-142; TEITELBOIM, Volodia. "España en el Corazón, Chile en el corazón". *Araucaria de Chile* n° 40. Madri: Ediciones Michay, 4° trimestre 1987, p. 98-111 e BELLET, J. "Cruzando la cordillera con el poeta". *Araucaria de Chile* n° 47/48. Madri: Ediciones Michay, 4°trimestre 1989, p. 186-202.

6   DORFMAN, Ariel. "El Estado chileno actual y los intelectuales: acercamiento preliminar de algunos problemas impostergables". Exámenes. *Araucaria de Chile* n° 10. Madri: Ediciones Michay, 2° trimestre 1980, p. 35-51.

do o período anterior e o posterior ao golpe militar. Segundo o autor, a atuação do Estado como grande mecenas teve início com o governo da Frente Popular (1938-1942) e alcançou o apogeu durante o governo da Unidade Popular (1970-1973), quando os produtores culturais engajados nos projetos de construção do socialismo encontraram trabalho em diversos órgãos estatais e nas universidades. Depois do golpe, a cultura deixou de ser tratada como um direito do povo chileno para ser mais um artigo a ser negociado no mercado. Para Dorfman, as consequências desta brusca transformação foram, de um lado, a autonomização dos intelectuais em relação ao Estado, e de outro, a atomização dos trabalhos artísticos que já não contavam com iniciativas estatais capazes de unificar e divulgar a cultura por todo o país.

3.2 A UNIVERSIDADE COMO PRODUTORA DE CULTURA E A REFORMA DA DITADURA

Os responsáveis pela revista entendiam que as universidades foram, até 1973, fundamentais para a produção cultural no país. Por essesmotivo, a "contrarreforma" universitária promovida pela ditadura foi intensamente debatida no periódico. As mudanças impostas ao sistema educacional, especialmente universitário, foram analisadas em onze números da revista. Em todos eles a conclusão era de que as universidades deixaram de ser lugar do pensamento crítico, da pesquisa, e da produção e difusão cultural.

Cabe mencionar um discurso de Pinochet pronunciado em 1982 no qual esclareceu as razões da Reforma Universitária realizada anos antes. Tal discurso permite compreender melhor o sentido dos questionamentos expressos na revista. O ditador afirmou:

> con tal propósito ha existido una especial preocupación por dar al cuerpo académico la debida jerarquía, considerando mecanismos de selección que garanticen la idoneidad de sus miembros, y estableciéndose fórmulas de conducción universitaria, que (…) destierran los perniciosos mecanismos electorales que permitieron

que las Universidades se transformaram em centros de disputas del poder por parte de grupos políticos, los que terminaron convirtiéndolas em instrumentos de violencia social y desenfrenado activismo partidista.[7]

As referidas críticas da *Araucaria* denunciavam não apenas a despolitização da universidade, mas sobretudo a transformação do sistema universitário chileno em negócio explorado por empresários e território de patrulhamento ideológico. Tais denúncias foram feitas através de entrevistas com ex-reitores, docentes, tanto os que permaneceram quanto os que saíram por motivos tanto políticos como salariais, e com estudantes que testemunharam o ambiente de vigilância política.

O impacto cultural da "contrarreforma" foi percebido ainda no final dos anos 1970. O número 3 de *Araucaria* dedicou uma seção especial em "Capítulos de la cultura hilena" ao tema da universidade, que contou com uma entrevista do "decano da Reforma Universitária"(1967-1973), o historiador comunista Hernán Ramírez Necochea,[8] um questionário respondido por ex-reitores[9] (muitos dos quais haviam sido eleitos

7   PINOCHET, Augusto. *Patria y Democracia*. Santiago: Editorial Andres Bello. 1985, p. 203. "Com tal propósito existiu uma preocupação especial em dar ao corpo acadêmico a devida hierarquia, considerando os mecanismos de seleção que garantam a ideonêidade de seus membros e estabelecendo fómulas de condução universirtária, que (...) substituam os perniciosos mecanismos eleitorais que permitiram que as Universidades se transformassem em centros de disputa de poder por grupos políticos, que terminaram transformando-as em insturmentos de violência social e ativismo partidário desenfreado."

8   BOCAZ, Luis. "Universidad Chilena: democracia y fascismo. Entrevista con Hernan Ramírez Necochea". Capitulos de la cultura chilena. *Araucaria de Chile* n° 3. Madri: Ediciones Michay, 3° trimestre 1978, p. 101-116.

9   "Debates sobre la Universidad. Contribuiciones de Jacques Chochol, Edgardo Enriquez Frödden, Enrique Kirberg, Carlos Martínez, Eduardo Ruiz y Sergio Spoerer". Capitulos de la cultura chilena. *Araucaria de Chile* n° 3. Madri: Ediciones Michay, 3° trimestre 1978, p. 119-165.

democraticamente pela comunidade universitária) e testemunhos de alunos e professores sobre as práticas "acadêmicas" pós-golpe.[10] Ex-reitores como Carlos Martínez (Universidade de Chile, Valparaíso) e Enrique Kirberg (Universidade Técnica do Estado) lembravam que a produção artística promovida pelas universidades se sustentava pelo tripé "ensino-pesquisa-extensão" que foi derrubado com a ditadura. Kirberg citou como exemplo de integração da produção artística com a universidade o fato de que os principais participantes do movimento da "Nova Canção Chilena" foram contratados pelo programa de extensão da UTE para pesquisarem o folclore chileno e ministrarem oficinas. Tal possibilidade deixou de existir após o golpe.

O crítico literário Alfonso Calderón, em seu ensaio "La cultura en Chile (1973-1983): las vantajas de la mala fe",[11] interpretou o desmonte dos aparatos culturais no Chile, começando pelas universidades, como uma ação orquestrada, por um lado, pela necessidade de controle dos locais de produção de conhecimento e arte pela ditadura, e, por outro, com o objetivo de abrir mais um mercado para a exploração comercial da cultura, desonerando o Estado e seguindo a lógica neoliberal. Assim como Dorfman, Calderón verificou que uma das consequências da censura e do fechamento da academia para as atividades culturais foi a criação pelos próprios artistas, de pequenos espaços de circulação cultural, que resultou na autonomização e atomização da cultura no Chile.

---

10 "La Universidad vista desde el Interior". Capitulos de la cultura chilena. *Araucaria de Chile* nº 3. Madri: Ediciones Michay, 3º trimestre 1978, p. 167-172. Em outras *Araucarias* há ainda ORELLANA, C.; PIZARRO, R. "Ser joven en Chile: conversaciones con seis estudiantes chilenos". Testimonios. *Araucaria de Chile* nº 18. Madri: Ediciones Michay, 2º trimestre 1982, p. 13-40 e "Testimonios sobre la 'nueva' universidad". Cartas de Chile. *Araucaria de Chile* nº 14. Madri: Ediciones Michay, 2º trimestre 1981, p. 13-16.

11 CALDERÓN, Alfonso. "La cultura chilena (1973-1983): las vantajas de la mala fe". Examenes. *Araucaria de Chile* nº 24. Madri: Ediciones Michay, 3º trimestre 1983, p. 67-75.

3.3 O "APAGÃO" CULTURAL

Com o fim do mecenato estatal para as atividades culturais e o clima de repressão instaurado em 1973, teve início o período conhecido como "apagão cultural",[12] que durou até aproximadamente 1976, quando, lentamente, os artistas retomaram suas atividades. Cabe lembrar que, em seu primeiro número, a revista *Araucaria de Chile* anunciou-se como uma luz no fim do túnel; e seis números depois (2º trimestre de 1979), um artigo assinado por Samuel Guerreiro[13] anunciava que as luzes aos poucos se acendiam. O autor mostrou como no final dos anos 1970, os artistas que ficaram no Chile foram, gradualmente, retomando os espaços públicos através de pequenas iniciativas. Para Guerreiro, a principal atividade artística deste reflorescimento era a música, através das *guitarras esquineras*, que consistiam em grupos de jovens que se reuniam para tocar nas esquinas ou em pequenos eventos de solidariedade promovidos pela "Vicaria de Solidariedad" para ajudar os órfãos, as viúvas e os presos da "guerra interna"[14] promovida pela Junta Militar. O autor fez referência às feiras onde eram vendidos artesanatos produzidos pelos presos, poesias eram recitadas e espetáculos teatrais eram apresentados, inicialmente em pequenas reuniões que tinham como objetivo despertar o espírito de solidariedade e estimular a resistência contra a ditadura.

---

12   R. P. "Las luces se apagan". Cronica. *Araucaria de Chile* nº 2. Madri: Ediciones Michay, 2º trimestre 1978, p. 200-205. Esta crônica anônima, escrita por alguém desde Santiago, descreve o clima de medo e a fuga massiva de profissionais da educação e pesquisa do país nos primeiros anos da ditadura.

13   GUERREIRO, Samuel. "Luces nuevas en la cultura chilena". Temas. *Araucaria de Chile* nº 6. Madri: Ediciones Michay, 2º trimestre 1979, p. 77-85. Samuel Guerreiro foi o pseudônimo utilizado por Manuel Guerreiro, professor que foi assassinado pela ditadura em março de 1985 juntamente com o sociólogo Jose Manuel Parada e o desenhista Santiago Nattino, no tristemente conhecido "caso dos degolados".

14   Referência ao romance *La Guerra Interna* (1979), de Volodia Teitelboim.

Na seção "Capítulo de la cultura chilena" publicada no número 2, encontramos o testemunho de Jose Morales[15] sobre o cenário musical chileno após o golpe, que orroborava o cenário descrito por Guerreiro. Afirmava que 1974 fora o pior momento para a cultura, quando houve um apagão de fato, mas em 1975 os músicos começaram a se organizar e a promover concertos para arrecadação de comida e roupas para a Vicaria de Solidaridad. Dessa forma, lentamente o folclore foi retomado e as *queñas* e *charangos*,[16] mesmo proibidos por lei, ganhavam as ruas, e grupos organizados conseguiram abrir algumas *peñas*[17] para que se apresentassem. Em decorrência disso, até os meios de comunicação mais reacionários como o diário *El Mercúrio* tiveram que abrir espaço para os cantores populares.

O clima de reflorescimento, para o poeta Raul Zurita,[18] teve início em 1975, quando, depois de um período de atonia, a sociedade se deu conta de que o regime pretendia ser longo, o que, para ele, configurou uma espécie de segundo golpe. Após o interregno entre os "dois golpes", quando ocorreu o "apagão cultural", teve início, segundo Zurita,

---

15   MORALES, Jose. "El canto nuevo". Capitulos de la cultura chilena. *Araucaria de Chile* nº 2. Madri: Peralta Ediciones, 2º trimestre 1978, p. 174-175.

16   Instrumentos andinos muito utilizados pelo movimento da Nova Canção Chilena (NCCH), cujo cunho engajado das letras e militância política dos artistas identificam este movimento à campanha e ao governo da Unidade Popular (1970-1973). Este movimento foi tema de minha iniciação científica: SILVA, Êça Pereira. *La nueva Cancon Chilena: um encontro entre a arte e a política*. São Paulo, USP, 2003 (mimeo).

17   Pequenos restaurantes que serviam empanadas e vinho, onde artistas apresentavam suas canções e poesias. A primeira *peña* do Chile foi inaugurada em 1965 em Santiago, na Calle Carmen 365: era a Peña de los Parra, pertencia aos irmãos Isabel e Angel Parra, filhos de Violeta Parra, uma das maiores artistas populares do Chile. Nestes espaços surgiu a Nova Canção Chilena.

18   ZURITA, Raul. "Construyer una poesia tan grande cuanto la trajedia chilena". Conversaciones. *Araucaria de Chile* nº 36. Madri: Ediciones Michay, 4º trimestre 1986, p. 115-126 (entrevista concedida a Carlos Orellana).

a produção de uma poesia conectada à sociedade, aproveitando todos os espaços disponíveis para mudar os rumos do Chile.

As manifestações culturais que mais se destacaram no Chile após o ressurgimento das atividades, segundo os artigos da *Araucaria*, foram o teatro e a poesia. Talvez isso se explique porque tratava-se de expressões artísticas que não reuniam um número grande de público espectador, como era o caso dos festivais de música, o que não seria tolerado pela ditadura, nem exigia somas importantes de dinheiro para as montagens e apresentações, pois eram divulgadas em circuitos conhecidos. Na metade final dos anos 1980, outras manifestações artísticas conquistaram maior espaço.

3.4 AS ARTES E A RECONQUISTA DE ESPAÇOS

3. 4.1 Literatura

A literatura foi a arte que pode contar com uma ancoragem mais profunda e, segundo alguns críticos como Marcelo Coddou[19] e o poeta Federico Schopf,[20] isto ocorreu porque não houve um grande movimento explicitamente vinculado ao governo da Unidade Popular como em outras artes. Para ambos, o golpe representou um choque profundo com a realidade do país e, desde então, aqueles que faziam uso da pena expressaram as angústias vividas no exílio ou dentro do país: tanto a poesia quanto a prosa denunciavam e davam testemunho daquilo que não se podia calar e ao mesmo tempo se proibia. Em *Araucaria* número 4, o crítico literário Jaime Concha[21] valorizou o tes-

---

19   CODDOU, Marcelo. "Poesia Chilena en el Exilio". Temas. *Araucaria de Chile* nº 14. Madri: Ediciones Michay, 2º trimestre 1981, p. 99-109.

20   SCHOPF. "Federico. Fuera del lugar". Textos. *Araucaria de Chile* nº 9. Madri: Ediciones Michay, 1º trimestre 1980, p. 145-154.

21   CONCHA, Jaime. "Testimonios de la lucha anti-fascista". Temas. *Araucaria de Chile* nº 4. Madri: Ediciones Michay, 4º trimestre 1978, p. 129-147.

temunho como forma de resistência artística à ditadura. Desconhecidos recorreram a poemas, contos e narrativas para dar a conhecer ao mundo o drama chileno e muitos escreveram panfletos anônimos. Concha acreditava que nestes momentos limites:

> justamente porque la literatura y el arte en general son los depositarios de los deseos más nobles del hombre, de sus deseos más "humanos", es que es posible que ellas, en estas grandes ocasiones funerales, alienten y impulsen una vez más al trabajo político.[22]

Assim se invertia certa concepção de que a política deveria ser o impulsor da arte. Num momento de luto, ao contrário, apenas a arte podia dar conta de denunciar os horrores e, a partir dela, gerar um ambiente de solidariedade e mobilização, principalmente fora do Chile.

Na mesma revista, o escritor e roteirista Antonio Skármeta[23] comparou a narrativa chilena produzida pós-golpe dentro e fora do país. Segundo Skármeta, as obras escritas dentro do Chile tinham aspectos comuns:[24] por motivos óbvios não abordavam a temática política diretamente, mas apresentavam personagens em situações angustiantes, trágicas e paradoxais, lutando contra a solidão e o emparedamento. Para Skármeta, os livros publicados no exílio[25] tinham

---

22   *Ibidem*, p. 147. "Justamente porque a literatura e a arte em geral são depositários dos desejos mais nobres do homem, de seus desejos mais "humanos", e que é possível, que elas, nestas grandes ocasiões funerais, alimentem e impulsionem uma vez mais o trabalho político."

23   SKÁRMETA, Antonio. "Narrativa chilena después del golpe". Temas. *Araucaria de Chile* nº 4. Madri: Ediciones Michay, 4º trimestre 1978, p. 149-167.

24   O autor analisou as seguintes sobras escritas no país: *Dulces chilenos* (1977), de Guillermo Blanco; *El Picadeiro* (1975), de Adolfo Couve; *Paréntesis* (1974), de Mauricio Wacquez; *La orquestra de cristal* (1976), de Enrique Lihn; *El caudillo de Copiapó* (1976), de Mario Bohamondes.

25   Skármeta analisou as seguintes obras escritas fora do Chile: *Este lugar sagrado* (1977), de Poli Delano; *El paso de los gansos* (1975), de Fernando Alegría; *Le sang dans la rue* (1978), de Guillermo Atias (traduzido mais tarde por LA

em comum o fato de se apoiarem mais nas imagens que a imprensa produzia sobre a experiência chilena do que em experiências pessoais; além disso, seus protagonistas eram burgueses ou pequenos burgueses e não "protagonistas y víctimas de la historia" como os trabalhadores chilenos que permaneceram no país. Os escritores que haviam participado da luta e, então, escreviam a partir do exílio, referiam-se àqueles trabalhadores distantes de forma excessivamente idealizada, segundo o autor; ao final, salientou que muito se escrevia sobre a sorte do Chile, logo muitos inéditos de qualidade apareceriam em revistas importantes, como *Araucaria* ou *Literatura Chilena en el Exilio*.

A crítica literária Soledad Bianchi, na seção "Libros" da *Araucaria*, no número 7 da revista, publicou um artigo cujo título era "Poesia chilena: la resistencia y el exilio",[26] no qual mostrou a fragmentação da literatura chilena como efeito da cisão entre os chilenos de "dentro" e os "de fora"; considerava o caráter testemunhal como um possível ponto de unidade entre as duas literaturas. Bianchi referiu-se a alguns livros de poesias que, editados no exílio (em especial uma coletânea publicada na Itália, *Il sangre e la parole*, em 1978), tinham o mérito de reunir trabalhos realizados dentro e fora do país. O impacto desta coletânea podia ser medido pelo poema de abertura *Estadio de Chile*, atribuído ao compositor Víctor Jara. Os trechos de poemas publicados, muitos anônimos, segundo a autora, impressionavam pela delicadeza e precisão com que descreviam situações de crueldade extrema, aumentando ainda mais a sensação de horror. Em seguida do artigo de Bianchi, Hernán Loyola explicou que a força de tais poesias estava em transmitir o que fotos, reportagens, relatos e romances não conseguiam.

CONTRACORRIENTE); *Chilex* (1978), de Ariel Dorfman; *Los invitados de piedra* (1978), de Jorge Edwards.

26 BIANCHI, Soledad; LOYOLA, Hernan. "Poesia chilena: la resistencia y el exilio". Los libros. *Araucaria de Chile* nº 7. Madri: Ediciones Michay, 3º trimestre 1979, p. 193-204.

No início dos anos 1980, apareceu uma nova geração de escritores chilenos, que beiravam os trinta anos, cujas primeiras experiências literárias foram marcadas pela repressão. Na *Araucaria* número 12, a seção Textos foi integralmente dedicada aos jovens escritores e contou com a participação de oito deles, dos quais apenas dois estavam no Chile. Um destes escritores exilados, José Leandro Urbina,[27] compilou textos literários de algumas coletâneas e os reorganizou para publicação em *Araucaria* com o intuito de divulgar os trabalhos de novos autores numa revista que circulava pelos cinco continentes. Frisou, em nota, que a temática de todos os textos selecionados era a sensação de sufocamento em seu país ou na solidão no exílio.

O tempo foi um fator fundamental para que os intelectuais pudessem assimilar e refletir sobre o final trágico da Revolução Democrática proposta por Allende. Este tempo foi necessário também aos romancistas para que pudessem expressar-se sobre o golpe e suas consequências. Isto explica porque apenas no terceiro trimestre de 1987 a revista *Araucaria* publicou um especial na seção "Temas" dedicado à "narrativa chilena post-golpe".

O primeiro ensaio publicado nesse especial era de autoria do professor da Universidade de Minnesota René Jara,[28] que analisou três novelas: *La casa de los Espíritus* (1982), de Isabel Allende, *Coral de Guerra* (1979), de Fernando Alegría, e *La visita del presidente o adoraciones fálicas en el valle del pueblo* (1983), de Juan Villegas. O título do ensaio, "Huellas de la esperanza" (Pegadas da esperança), fica claro na conclusão onde o autor expôs a novidade apresentada por estas novelas em relação ao que se produzira até então: na tragédia, estava

---

27 URBINA, Jose Leandro. "Coletanea Narrativa Chilena reciente". Textos. *Araucaria de Chile* nº 12. Madri: Ediciones Michay, 4º trimestre 1980, p. 165-184.

28 JARA, René. "En las huellas de la esperanza". Temas: la narrativa chilena post-golpe. *Araucaria de Chile* nº 39. Madri: Ediciones Michay, 3º trimestre 1987, p. 109-117.

embutido o fio da esperança. Segundo Jara, a esperança estava no fato de que nestes romances se admitia o que era negado no plano do real: a cota de responsabilidade de "todos" pelo golpe de Estado de Pinochet. A tese da "culpa compartilhada" defendida por setores que aceitaram a legalidade dos golpistas e pactuaram com a transição orquestrada por Pinochet estava presente na conclusão do autor. A publicação deste ensaio demonstra a abertura de *Araucaria* para as mais diversas tendências políticas, apesar de seu vínculo com o Partido Comunista, pois além de sua conclusão conciliadora, René Jara referiu-se ao governo Allende como uma "experiência populista", com sentido pejorativo.

No mesmo especial, há também um ensaio de Jaime Concha, professor em Seattle,[29] que comparou os romances, *La contracorriente* (1978), de Guillermo Atias, *Ese lugar sagrado* (1977), de Poli Délano, e *La guerra interna* (1979), de Volodia Teitelboim. Para Concha estas novelas abordavam o fim de um projeto político de toda uma geração e todas as suas implicações, demonstrando que a literatura era parte do esforço coletivo de reflexão sobre a radicalidade das transformações ocorridas no Chile, de um governo que propunha o socialismo com democracia para uma ditadura que impunha o neoliberalismo. Já o crítico Carlos Cerda[30] analisou as transformações estéticas das novelas chilenas nas obras *La guerra interna*, de Volodia Teitelboim, e *Casa del Campo*, de José Donoso. Verificou que nestes romances as opções estéticas se aproximavam, em alguma medida, do fantástico, para conseguirem transmitir uma realidade caótica. Deve-se salientar

---

29   CONCHA, Jaime. "Tres novelas chilenas posteriores a 73". Temas: la narrativa chilena post-golpe. *Araucaria de Chile* nº 39. Madri: Ediciones Michay, 3º trimestre 1987, p. 118-128.

30   CERDA, Carlos. "Realismo y configuración mimetica de la realidad en dos novelas chilenas". Temas: la narrativa chilena post-golpe. *Araucaria de Chile* nº 39. Madri: Ediciones Michay, 3º trimestre 1987, p. 129-135.

que o quadro apresentado por Jara, Concha e Cerda sobre os romances referentes ao Chile restringem-se a obras que foram escritas e editadas a partir do exílio.

A literatura produzida dentro do Chile sempre foi muito festejada pela revista *Araucaria*. Manuel Alcides Jofré,[31] residente no Chile, comentou o Colóquio de Literatura Chilena, realizado em Santiago entre 10 e 14 de dezembro de 1984, organizado pela Licenciatura em Instituto Superior de Artes y Ciencias Sociales (ARCIS), destacando a presença de especialistas residentes fora do Chile, a saber: Luis Navarrete, Marcelo Coddou, Jaime Giordano, Grinor Rojo, Juan Durán e Fernando de Toro. O elo entre os de "dentro e os de fora" foi explicitado pela leitura de mensagens de importantes intelectuais exilados ausentes, como Ariel Dorfman, Fernando Alegría e Antonio Skármeta.

No número 39 de *Araucaria*, Jofre escreveu sobre os romances que circulavam no país,[32] usando como critério não apenas os produzidos no Chile, mas também os que foram escritos no exílio e tiveram permissão para a entrada no país, totalizando dezessete romances publicados entre 1974 e 1984. Sua análise relacionou contexto e estética e conclui que a linguagem política se tornou mais estética, ao mesmo tempo que a linguagem artística se tornou mais política, apesar dos receios de que uma fosse instrumentalizada pela outra. Isto aconteceu porque, segundo Jofre, a quebra da institucionalidade apresentou desafios em todos os campos da produção cultural, sendo os principais: a reinvenção da linguagem para que cumprisse sua função de comunicação apesar da censura e a transformação da arte em mercadoria,

---

31 ALCIDES JOFRÉ, Manuel. "El ojo del huracán: un coloquio de literatura chilena". Exámenes. *Araucaria de Chile* n° 29. Madri: Ediciones Michay, 1° trimestre 1985, p. 114-116.

32 ALCIDES JOFRÉ, Manuel. "Novela chilena del interior". Temas: la narrativa chilena post-golpe. *Araucaria de Chile* n° 39. Madri: Ediciones Michay, 3° trimestre 1987, p. 136-156.

que fez da literatura um artigo de luxo. Deste modo, as condições políticas do país marcaram a produção artística daquele momento, tornando-a um documento histórico importante para a compreensão daquele período.

A proposta de Alcides Jofre foi analisar os romances a partir da construção de suas personagens, e mostrou que, na literatura chilena produzida no país, circularam personagens incoerentes e contraditórias, que estavam sempre nas "encruzilhadas" e submetidas às relações de poder. Ao final, apontou algumas de suas características comuns: personagens perdidas e conflitivas que começavam num mundo estável mas acabavam se encaminhando para o caos; o tempo caótico e descontínuo (histórias que caminhavam do final para o início), além do uso corrente do tempo psicológico. Apontou, ainda, a diferença entre os romances escritos fora e dentro do país: os primeiros continham um tom mais épico e os segundos eram mais psicologizantes, indicando que os dramas pessoais poderiam servir como medida da tragédia nacional.

As tentativas de mobilizar os escritores que moravam no país para a luta contra a ditadura, principalmente no início das grandes jornadas dos anos 1980, foi uma das preocupações expressas pelo presidente do Sindicato dos Escritores do Chile, Martín Cerda, em entrevista concedida a Carlos Orellana. O recurso para fortalecer este sindicato era atrair os jovens, principais afetados pela ditadura.

A dificuldade de "engajar" os escritores, principalmente aqueles exilados que conseguiam editar seus livros no país, pode ser ilustrado com o o caso de José Donoso. Seu romance *Casa del Campo* abarca o período do governo da Unidade Popular até o golpe. A obra se caracteriza por uma crítica política e social, através de uma narrativa repleta de elementos fantásticos. Contudo, em entrevista publicada em *Araucaria*,[33] Donoso se ateve aos aspectos estéticos do livro; reconheceu que algumas personagens haviam sido construídas com base em pessoas reais, mas evitou maiores comentários pois seu livro ainda aguardava a permissão para ser comercializado no Chile e, para evitar problemas com a censura, o autor evitou referências diretas ao regime.

3.4.2 Teatro

O teatro chileno foi abordado na seção "Capítulos da cultura chilena" e também em "Temas". Como todas as manifestações artísticas, o teatro sofreu com a censura e a repressão, contudo, a partir das entrevistas e das análises publicadas na revista *Araucaria*, verifica-se que esta atividade artística foi rapidamente reorganizada e se manteve com certa regularidade dentro do país. Surgiram no exílio grupos teatrais chilenos e a revista *Araucaria* publicou entrevistas com seus atores e diretores.

Em *Araucaria* número 6, na seção "Capítulos da cultura chilena", foi transcrita uma entrevista com três dos principais nomes do teatro chileno: Roberto Parada, Maria Teresa Fricke e Rubén Sotoconil,[34] que participaram de uma mesa redonda sobre a fundação do Teatro Experimental da Universidade do Chile em 1941. A fundação deste grupo foi parte de um momento importantíssimo da vida intelectual e cultural chilena: neste período estava no poder a Frente Popular (1938-1942) cuja eleição havia mobilizado a intelectualidade chilena durante os anos 1930 e, no bojo desta onda, foram fundados, além des-

---

33 DONOSO, Jose. "Acercamiento a *Casa del campo*". Temas. *Araucaria de Chile* n° 6. Madri: Ediciones Michay, 2° trimestre 1979. p 69-74 (entrevista concedida a Osvaldo Rodríguez).

34 FRIKE, Maria Teresa; PARADA, Roberto; SOTOCONIL, Rúben. "El teatro Experimental". Capitulos de la cultura chilena. *Araucaria de Chile* n° 6. Madri: Ediciones Michay, 2° trimestre 1979, p. 103-114 (entrevista concedida a Ramon de Guzman). Na verdade, Ramón de Guzman foi um pseudônimo utilizado por Rúben Sotoconil para assinar a "mesa redonda" em sua página final.

te grupo teatral, o balé nacional e a orquestra sinfônica. Durante a entrevista coletiva, os atores lembraram as preocupações políticas e sociais do período, que resultaram na organização do grupo teatral e na escolha do repertório. Alguns anos depois, o trabalho desse grupo foi incorporado às carreiras da Universidade, com a criação do Instituto de Teatro da Universidade do Chile ITUCH, alcançando "status" profissional.

A história do teatro chileno contada na *Araucaria* também esteve vinculada à história das lutas da classe operária: Luis Emílio Recarraben Serrano, fundador do Partido Obrero Socialista (posterior Partido Comunista Chileno), além de sindicalista foi ator, diretor de teatro e poeta; nos sindicatos e gráficas que dirigiu, criou espaços para o desenvolvimento cultural dos operários. Deste modo, segundo esclareceu Pedro Bravo Eliozondo[35] em *Araucaria*, o teatro foi muito importante para a formação ideológica da classe trabalhadora chilena que, interpretando ou assistindo a peças de conteúdo político, começou a tomar consciência das contradições da sociedade. O autor[36] escreveu também sobre o crescimento do teatro no Chile na década de 1970, mesmo sob a ditadura, e comentou que, além de "levar arte para o povo", os artistas "faziam arte com o povo".

Eliozondo, no texto mencionado, elencou uma série de montagens realizadas desde 1974, mostrando que elas alcançaram maior vigor a partir de 1976. Desde então, além do teatro profissional, retomou fôlego o teatro amador nas *poblaciones* que encenavam peças abandonando temas candentes como a repressão, o desemprego, a mercantilização das relações, entre outros. Neste cenário, a solidariedade era a

---

35 BRAVO-ELIOZONDO, Pedro. "El teatro obrero en Chile: algunos antecedentes". Temas. *Araucaria de Chile* nº 17. Madri: Ediciones Michay, 1º trimestre 1982, p. 99-106.

36 *Idem.* "El teatro en Chile en la decada del 70: algunos antecedentes". Temas. *Araucaria de Chile* nº 13. Madri: Ediciones Michay, 1º trimestre 1981, p. 127-135.

única saída possível e a arte – especialmente o teatro – constituíra um caminho para reforçá-la.

O teatro *poblacional*, segundo Diego Barros Muñoz,[37] foi construído como uma alternativa humanista (nas brechas dos próprios decretos de censura que excluíram obras teatrais) à violência política e à cultura consumista disseminada durante a ditadura. Assim, a prática teatral contribuiu para a formação de um espaço onde os *pobladores* poderiam articular, via experiência artística, um imaginário diferente daquele imposto pela ditadura desde 1973, no qual os próprios *pobladores* eram os sujeitos das transformações históricas ainda em curso, cujo desenlace estaria muito longe da opressão do presente. O autor explicou que esta mensagem de "tornar-se sujeito" de um coletivo, implícita em grande parte das obras apresentadas, significava um caminho para superar problemas enfrentados pelos *pobladores*, como o alcoolismo, a prostituição, o servilismo, a alienação e o consumismo. Tratava-se de um teatro político, não só pelo que comunicava em cena, mas pela postura dos próprios *pobladores* "atrevendo-se" a fazer e a "consumir" arte com vistas a transformar a realidade superando as dificuldades. Alguns grupos mencionados por Barros Muñoz foram: Amanecer (de Maipú), Tea Tierra (Villa Francia), Expresión de la verdad (Herminda de la Victória), La puerta (La Renca) e muitos outros.

A existência de um cenário teatral no Chile sob o regime militar é atestado pelo artigo de Grinor Rojo, "El teatro chileno bajo el fascismo".[38] Este intelectual chileno que vivia no exterior, esteve em seu país por um mês (de 15/08 a 15/09 de 1982) e, nessa ocasião, assistiu a vinte e quatro peças, a partir das quais descreveu o cenário teatral, atentando sempre para o tipo de público que frequentava cada tipo

---

37   BARROS MUÑOZ, Diego. "El teatro poblacional chileno (1978-1983)". Temas. *Araucaria de Chile* nº 31. Madri: Ediciones Michay, 3º trimestre 1985, p. 125-136.

38   ROJO, Grinor. "El teatro chileno bajo el fascismo". Temas. *Araucaria de Chile* nº 22. Madri: Ediciones Michay, 2º trimestre 1983, p. 123-136.

de espetáculo. Rojo afirmou que não havia, no cenário teatral chileno, peças ou grupos que defendessem explicitamente o ideário da ditadura, entretanto, havia grupos comerciais, alguns até mesmo transplantando montagens da Broadway e outros remontando antigos sucessos dos anos 1940 aos 1960. Rojo explicou a grande quantidade de remontagens como uma estratégia de sobrevivência dos grupos, pois as peças tinham sido escritas em momentos de crise, e de algum modo levavam o público a refletir sobre o que acontecia no país. Contudo, para Grinor Rojo, o único lugar onde o texto e demais aspectos da montagem criticavam radicalmente a sociedade chilena diante de um público disposto a uma reflexão séria e provocativa sobre a ditadura era a companhiaTeatral El Telón, dirigida pelo dramaturgo Juan Radrigán.

Radrigán concedeu uma entrevista a Jose Miguel Varas publicada no número 31 da revista,[39] na qual abordou aspectos de sua carreira e de suas opções profissionais. Diferente de outros artistas, Radrigán era oriundo da classe trabalhadora: começou a trabalhar aos treze anos como carregador, depois como carpinteiro e operário fabril em diversas empresas; quando aconteceu o golpe, era dirigente sindical e foi demitido automaticamente transformando-se em desempregado "crônico". Acabou se dedicando ao teatro e sua primeira peça de sucesso baseou-se num evento biográfico: depois de um longo período desempregado, começou a vender livros nas ruas e conseguiu montar uma banca na Praça Almagro; algum tempo depois foi despejado da banca por não ter pago uma licença da qual nunca havia tido conhecimento. Este acontecimento "kafkaniano" foi o tema de sua primeira peça, intitulada *Testimonios sobre la muerte de Sabina*, estreada em 1979. Alcançou sucesso e passou a escrever novas obras que, para serem encenadas, passavam pelo crivo das companhias teatrais que, por medo

---

39 RADRIGÁN, Juan. "Radrigán: teatro de la dignidad y de la marginalidad". Capitulos de la cultura chilena. *Araucaria de Chile* nº 31. Madri: Ediciones Michay, 3º trimestre 1985, p. 153-163 (entrevista concedida a Jose Miguel Varas).

da censura da ditadura, atenuavam seus textos. Segundo Radrigán, tal medo era exagerado pois, até o momento da entrevista (provavelmente julho de 1985), apenas duas peças haviam sofrido censura direta do regime: *Mijita rica* e *Lo crudo, lo cocido y lo podrido*; possivelmente por desconhecimento, o autor não mencionou a brutal repressão desencadeada contra a companhia El Aleph em 1974 (que mostrarei a seguir). Para vencer este obstáculo formou, junto com outros dramaturgos e atores, a companhia El Telón; Radrigán esclareceu que, para enfrentar problemas financeiros, o grupo decidiu montar peças baseadas em importantes obras literárias para serem vendidas em escolas, o que deu resultado.

Destino diverso teve o ator Oscar Castro, que utilizou sua arte como arma para enfrentar a ditadura. Isto lhe custou a perda de sua liberdade e o assassinato do companheiro de trabalho e cunhado Juan MacCleod. Oscar foi preso num campo de concentração e relatou essa experiência em entrevista concedida a Ariel Dorfman, quando já estava no exílio.[40] Segundo Castro, a companhia El Aleph, da qual fazia parte, montou ainda em 1974 a peça *Y al principio existía la vida*, baseada em textos bíblicos com referências veladas à Unidade Popular. Para a estreia, foram enviados convites a todas as embaixadas como estratégia de defesa para eventuais agressões; todas compareceram em peso. A peça foi muito elogiada pela crítica, até mesmo pelo *El Mercúrio*, e foram convidados pelo Centro de Alunos da Universidade Católica a levar a encenação para seu teatro, mesmo sabendo que esta entidade apoiara o golpe militar.

A peça ficou em cartaz entre outubro e novembro de 1974, quando Castro e outros membros do elenco foram presos. Castro foi enviado primeiro para a Villa Grimaldi, conhecido centro de tortura, e

---

40   CASTRO, Oscar. "El teatro en los campos de concentración". Capitulos de la cultura chilena. *Araucaria de Chile* nº 6. Madri: Ediciones Michay, 2º trimestre 1979, p. 115-147 (entrevista concedida a Ariel Dorfman).

depois para o campo de concentração de Tres Álamos. Relata que ali os detidos se organizaram em quatro comissões: bem-estar, esportes, artesanato e cultura. Castro fez parte desta última e afirmou que seu trabalho ligado ao teatro contribuiu para que o regime não alcançasse seu objetivo de "quebrar" moralmente os presos. Continuou trabalhando com teatro nos diversos campos de concentração por onde passou por acreditar que sua arte melhorava seu próprio estado de ânimo e dos demais prisioneiros.

A proposta da revista *Araucaria* de ter como único critério de exclusão as manifestações pró-pinochetistas se confirma nas entrevistas publicadas por personalidades do teatro chileno que eram, em muitos aspectos, críticas à postura de artistas militantes da esquerda chilena.

O dramaturgo Jorge Díaz,[41] que vivia desde 1965 na Espanha (então sob Franco), declarou que o teatro nunca seria uma forma eficaz de luta política. E ao final da entrevista expressou sua amargura com o Chile ao se declarar parte da geração perdedora de 1968 que, com todo o seu idealismo e otimismo, havia sido derrotada pela repressão.

Outro dramaturgo chileno entrevistado foi Carlos Medina, que esteve exilado na República Democrática Alemã e trabalhou no *Berlier Ensemble*.[42] Pertencera à companhia da CUT, com a qual percorreu todo o Chile, mas depois do golpe decidiu fazer apenas teatro infantil, pois este seria "inofensivo". Após a prisão de dois companheiros decidiu exilar-se, e escolheu a RDA pela possibilidade de aprofundar-se na obra de Brecht.

---

41   DIAZ, Jorge. "El desarraigo voluntario de Jorge Díaz". Capitulos de la cultura chilena. *Araucaria de Chile* nº 30. Madri: Ediciones Michay, 2º trimestre 1985, p. 133-146 (Entrevista concedida a Eduardo Guerreiro).

42   MEDINA, Carlos. Las verdades brechitanas de Carlos Medina. Capitulos de la Cultura Chilena. *Araucaria de Chile* nº 30. Madri: Ediciones Michay, 2º trimestre 1985, p. 146-153 (entrevista concedida a Carlos Orellana).

Foram entrevistados, também por representantes da revista, os atores Luis Alarcón[43] e Tennyson Ferrara.[44] Este último surpreendeu o entrevistador ao afirmar que a auto-censura dos artistas poderia ser considerada mais rígida que a censura do regime; afirmou também que um escândalo nos jornais era mais eficaz do que o sucesso de bilheteria e referiu-se às vantagens da televisão para atrair o público para os teatros, suas opiniões mostravam que, por um lado a produção de arte engajada poderia não ser tão eficaz quanto se pensava pois corria o risco de "pregar aos já conversos" e, por outro lado, mais que criticados, os meios de comunicação de massas deveriam ser utilizados na medida do possível.

A revista *Araucaria* esforçou-se por divulgar o teatro feito no exílio e as transformações da dramaturgia produzida dentro do Chile. O teatro chileno espalhou-se pelo mundo através de importantes personagens que defenderam e divulgaram sua arte nas páginas da revista. Também tiveram espaço em *Araucaria* o teatro realizado pelas *poblaciones* que funcionaram como centro de memória da experiência da UP e arma de luta social e política. No outro extremo, a arte teatral foi concebida como entretenimento para uma parcela da população que estava lucrando com a mercantilização radical da arte sofrida pelo país.

3.4.3 Cinema

Inegavelmente a produção cinematográfica chilena aumentou de forma significativa no exílio. As tentativas de desenvolvimento dessa arte durante o Governo da Unidade Popular não tiveram sucesso, mas

---

43   ALARCÓN, Luis. Luis Alarcón: "Actuar a lo penquista". Capitulos de la Cultura chilena. *Araucaria de Chile* nº 31. Madri: Ediciones Michay, 3º trimestre 1985, p. 143-153 (entrevista concedida a Carlos Orellana e Luis Bocaz).

44   LOPEZ CARMONA, Juan. "Conversando en Paris con Tennyson Ferrada". Capitulos de la cultura chilena. *Araucaria de Chile* nº 30. Madri: Ediciones Michay, 2º trimestre 1985, p. 154-161.

esta experiência política acabou se tornando um dos grandes temas do cinema chileno no exílio. A revista *Araucaria*, em sua proposta de ser uma irradiadora de cultura, entrevistou cineastas já consagrados como Patrício Guzmán, Raúl Ruiz e Miguel Littín; publicou estudos sobre cinema chileno, sempre alertando para o perigo da incompletude, pois havia cineastas chilenos produzindo em muitos países. Dentro do Chile, as realizações cinematográficas aconteceram em menor número devido à falta de infraestrutura, possibilidade de difusão e ação da censura; mas os poucos filmes realizados no período foram muito festejados pela publicação.

As primeiras referências ao cinema chileno foram publicadas na seção "Capitulos de la cultura chilena" no número 11 de *Araucaria*. Nela apareceram: entrevistas de Raúl Ruiz e Patrício Guzmán, relatos sobre uma mesa redonda que debateu o cinema chileno na União Soviética, uma denúncia do cineasta Hélvio Soto sobre a censura sofrida por um filme seu ainda no governo Frei (1964-1970) e comentários sobre filmografia chilena de exílio assinada por Jacqueline Mouesca.

A entrevista de Patrício Guzmán[45] foi focada em suas atividades durante o governo da UP. Guzmán contou que vivia na Espanha desde 1966 e que voltou ao Chile em 1969, quando sua mãe faleceu; acompanhou, então, parte da campanha da UP e decidiu regressar para filmar uma Revolução. Em 1970, se instalou com uma equipe de três pessoas e rodou *El primer año*, da posse de Allende até a visita de Fidel Castro. Neste mesmo ano ingressou na Chile Films, onde ficou responsável pelo núcleo de documentários, ministrou cursos e produziu programas. Guzmán recordou esta tentativa estatal de fomentar o cinema chileno como algo importante para a produção imagética do período. Os cineastas ali reunidos se dividiram em pequenos nú-

---

45   GUZMAN, Patricio. "Hacer la memoria de Chile". Capítulos de la cultura chilena. *Araucaria de Chile* nº 11. Madri: Ediciones Michay, 3º trimestre 1980, p. 137-143 (entrevista concedida a Pedro Sempere).

cleos, mas todos mantiveram o compromisso revolucionário. Naquele momento, em que reuniu uma equipe para "filmar a revolução" em seu país, pesou a originalidade de seu projeto pois, segundo o cineasta, nenhuma revolução anterior fora filmada. Afirmou que desde o episódio do Tancazo, em 1969, quando o câmera argentino Leonardo Henricksen filmou sua própria morte, percebeu que estava diante de uma situação extrema: filmaria ou uma guerra civil revolucionária ou o golpe "fascista".

Na mesma edição há uma entrevista de Luis Bocaz com o cineasta Raúl Ruiz onde, ao contrário de Guzmán, teceu severas críticas ao projeto de cinema da up e fez ressalvas em relação à filmografia produzida no exterior.[46] Afirmou que, apesar do crescimento do cinema chileno no exílio, não havia unidade entre seus produtores. E, quanto à produção patrocinada pela up, denunciou o fato de que somente tiveram acesso aos fundos da Chile Films os cineastas ligados à Universidad de Chile ou Universidad Técnica de Estado, que produziram filmes medíocres. Acrescentou que a Chile Films era um exemplo, na área do cinema, da incapacidade de direção da up como um todo: todos brigavam com todos e a empresa foi nula em realizações. Para Ruiz, o cinema chileno fora impulsionado nos anos 1960, sobretudo depois do Festival de Viña del Mar em 1967, quando sua geração teve contato com a obra do brasileiro Glauber Rocha. Com isto quis dizer que a renovação ocorreu antes e fora da up e foi abortada pelo golpe. No exílio, se deu conta da necessidade de se repensar a linguagem cinematográfica e da importância de contar com um aparato industrial para produzir essa arte, o que existia na França onde se exilou.

Raul Ruiz tornou-se um cineasta de sucesso nesse país e teve um número da revista *Cahiers du cinéma* (nº 345 de 1983) integralmente

---

46 RUIZ, Raúl. "No hacer más una película como si fuera la última". *Capítulos de la cultura chilena*. *Araucaria de Chile* nº 11. Madri: Ediciones Michay, 3º trimestre 1980, p. 101-118 (entrevista concedida a Luis Bocaz).

dedicado à sua obra. Esta honra fora concedida antes a um seleto grupo de cineastas, como Eisenstein, Godard, Pasolini e Welles. Seu trabalho foi também reconhecido pelos representantes de *Araucaria*, que lhe dedicaram um "especial".[47] Nessa homenagem, Ruiz foi descrito como um dos cineastas mais prolíficos (em dez anos produziu dezessete filmes) e interessantes do cinema chileno no exílio; comentou-se que seus roteiros eram sinuosos, recheados de jogo intelectual e ironia mordaz. Sua obra prima, *Las três coronas del marinero*, foi especialmente elogiada. Mais uma vez, a revista *Araucaria* mostrou abertura política, mesmo mantida pelo PCCH, homenageou Ruiz pela qualidade de seu trabalho, independentemente de sua opinião sobre a esquerda chilena.

O cineasta Miguel Littín[48] foi prestigiado em *Araucaria* em quatro ocasiões, numa delas através de entrevista feita por Isabel Parra.[49] Nessa entrevista, referiu-se ao seu filme de maior sucesso até então, *El chacal de norambuena*, à sua participação na direção da Chile Films e ao exílio no México. Numa análise completamente oposta à feita por Raúl Ruiz, afirmou que, para ter o apoio da Chile Films bastava apresentar uma ideia coerente e começar a rodar. Littín, inclusive, relacionou o "boom" do cinema chileno no exílio, ou cinema de resistência como preferia chamar, à existência dessa empresa cinematográfica, alegando que sem sua ação não haveria tantos cineastas chilenos gabaritados trabalhando no exterior. Encerrou a entrevista, que foi realizada em 1982, ou seja, no início da crise do modelo neoliberal,

---

47   MOUESCA, Jacqueline; ORELLANA, Carlos. "El caso Raúl Ruiz". Temas. *Araucaria de Chile* n° 23. Madri: Ediciones Michay, 3° trimestre 1983, p. 106-112.

48   Está em andamento, no Departamento de História Social-USP, o mestrado de Alexsandro de Sousa e Silva, "Cinema Chileno no exílio: o caso de Miguel Littín (1973-1988)", que consiste numa investigação da trajetória do cineasta no exílio e suas aproximações com redes intelectuais e institucionais para financiar suas obras.

49   LITTIN, Miguel. "Lo desmesurado espacio real del sueño americano". Temas. *Araucaria de Chile* n° 29. Madri: Ediciones Michay, 1° trimestre 1985, p. 157-159.

revelando sua intenção de regressar ao Chile para participar da luta contra a ditadura.[50] Acredito que a divergência de opinião dos dois cineastas em relação à Chile Films demonstra a posição de ambos no campo intelectual: Littín alinhava-se àqueles que faziam de sua arte um meio de reflexão sobre as lutas sociais no Chile, denunciando a violência do poder e as mazelas sociais causadas pelo capitalismo; e Ruiz demonstrou em sua entrevista ser um intelectual cuja crítica aguda levava ao niilismo porque, para ele, os problemas políticos e sociais eram imanentes ao ser humano.

Na *Araucaria* número 32 de 1985, consta um relato de Miguel Littín sobre sua volta ao Chile na clandestinidade. Voltou com o objetivo de fazer um filme que denunciasse a ditadura, mostrando as muitas formas de resistência cotidiana do cidadão comum. O cineasta contou com o aparato clandestino do PCCH para rodar *Acta General de Chile*, que foi lançado, coincidentemente, no nono aniversário da *Araucaria*, de modo que a revista ofereceu um jantar em homenagem ao cineasta que, segundo Orellana, mantinha sua postura engajada nas lutas do povo chileno, situando-se, assim, contra a corrente daqueles que pregavam o apolitismo intelectual.[51]

Na edição número 11 da revista foi publicado um debate sobre cinema chileno realizado no Festival de Cinema de Moscou, em 1979, que contou com a participação dos cineastas Orlando Lübbert, Sebastián Alarcón, Eduardo Labarca, Cristián Valdés e Miguel Littín, dos escritores Jose Donoso e Jose Miguel Varas e do crítico Jaime Barrios. Os temas abordados foram: a denominação da produção artística feita por chilenos no exterior, o cinema e a construção da

50   *Idem*. "Conversacion conMiguel Littín". Conversaciones. *Araucaria de Chile* nº 21. Madri: Ediciones Michay, 1º trimestre 1983, p. 77-94 (entrevista concedida a Isabel Parra).

51   ORELLANA, Carlos. "*Araucaria* festeja aMiguel Littín". Cronicas. *Araucaria de Chile* nº 36. Madri: Ediciones Michay, 4º trimestre 1986, p. 199-203.

memória, entre outros. Todos os participantes comemoraram o fato da cinematografia chilena ter sido a única na América Latina que cresceu no exílio: de 1973 até o final de 1979 foram lançados mais de 50 filmes, segundo Orlando Lübbert.[52] Eventos como este, que reuniu cineastas chilenos para trocar opiniões e ideias, eram uma exceção, segundo a pesquisadora tcheca Zuzana Mirjan Pick.[53] Ela analisou um período de dez anos pós-golpe e concluiu que, desde então, foram produzidos no exterior 155 filmes, somando os de longa, média e curta metragem, e dentro do país, desde 1977 teriam sido produzidos mais de vinte filmes. Para a autora, a ausência de trabalhos coletivos e de encontros entre os cineastas chilenos (muitos deles não se conheciam) dificultava a avaliação do fenômeno coletivo. Em seu ensaio, Pick mostrou que, logo após o golpe, os cineastas produziram muitos documentários, grande parte deles com cenas ainda gravadas no Chile; depois, lentamente começaram a produzir filmes de ficção, mas sempre com questionamentos sociais e políticos que poderiam ser associados ao futuro incerto do Chile.

É importante ressaltar que os cineastas chilenos não estiveram em muitos lugares além da Europa. Alguns deles produziram documentários sobre movimentos políticos nos países onde estavam exilados; um artigo publicado na *Araucaria* assinado simplesmente por R. A.[54] noticia o trabalho dos cineastas chilenos Rodrigo Gonçalves, sobre a

---

52   "Orientación y perspectivas de cine chileno". Mesa redonda con Sebastián Alarcón, Jaime Barrios, Jose Donoso, Eduardo Labbarca, Miguel Littín, Orlando Lübbert, Christián Valdés e Jose Miguel Varas". Capítulos de la cultura chilena: el cine. *Araucaria de Chile* nº 11. Madri: Ediciones Michay, 3º trimestre 1980, p. 119-135.

53   PICK, Zuzana M. "Tradición y busqueda (1973-1983)". Temas. *Araucaria de Chile* nº 23. Madri: Ediciones Michay, 3º trimestre 1983, p. 95-106.

54   R. A. "Cine Chileno: otros capitulos en exilio". Temas. *Araucaria de Chile* nº 41. Madri: Ediciones Michay, 1º trimestre 1988, p. 148-150.

construção do Estado Independente em Moçambique, e Wolfgang Tirado, sobre a revolução vitoriosa na Nicarágua.

A produção de filmes no Chile foi quantitativamente muito inferior à exterior, segundo entrevista do cineasta Cristián Sanchéz:[55] entre 1974 e o final de 1984, foram produzidos cinco filmes apenas. Em 1988, Jacqueline Mouesca[56] publicou um ensaio que fazia um balanço da produção fílmica chilena durante o regime militar. Constatou que, no final dos anos 1970, com o crescimento da publicidade na televisão, surgiu a oportunidade dos cineastas se ligarem a produtoras publicitárias, através das quais tinham acesso ao material importado que possibilitou a produção de vídeos ficcionais. O vídeo, muitas vezes, era a única alternativa de trabalho. Mouesca fez referência ao documentário *Chile, no invoco tu nombre en vano*, produzido pela equipe Cine-ojo, que consistia numa parceria entre chilenos "de dentro" e exilados: os "de dentro" fizeram as filmagens, enquanto os "de fora" editaram e distribuíram o documentário. O trabalho da equipe Cine-ojo foi um exemplo bem sucedido de articulação entre chilenos dos dois mundos, apesar de todos os perigos enfrentados pelos "de dentro" e das dificuldades superadas pelos "de fora".

3.4.4 Música

Como a literatura, o teatro e o cinema, a música também teve seu espaço garantido na revista *Araucaria*. Durante o governo da Unidade Popular, foram os músicos aqueles que mais identificaram seu trabalho com a plataforma governista. Em meados dos anos 1960, antes da

---

55   SANCHEZ, Cristián. "El cine que se hace en Chile". *Araucaria de Chile* nº 28. Madri: Ediciones Michay, 4º trimestre 1984, p. 107-116 (entrevista concedida a Oscar Zambrano).

56   MOUESCA, Jacqueline. "Cine Chileno: los años de la dictadura". Temas. *Araucaria de Chile* nº 41. Madri: Ediciones Michay, 1º trimestre 1988, p. 133-147.

ampanha, surgiu o movimento da Nueva Canción Chilena (NCch),[57] que tinha como característica unir sonoridades folclóricas ao engajamento social, resultando anos depois em canções populares cantadas por milhares de pessoas nas marchas de apoio a Allende. Os dois maiores conjuntos da NCch, o Inti-Illimani e o Quilapayún, estavam no exterior no momento do golpe e foram proibidos de retornar ao país. O cantor e compositor Víctor Jara estava no país e iria apresentar-se num ato convocado por Salvador Allende na Universidade Técnica do Estado, e ali foi preso e levado ao Estádio Nacional, de onde não sairia com vida. Com o golpe, a NCch[58] foi proibida no Chile e, no exílio, começou uma nova fase na qual, paralelamente aos trabalhos de solidariedade, iniciaram-se novas experiências musicais.

---

57   Para mais informações sobre a Nova Canção Chilena ver SILVA, Êça Pereira, *op. cit.* e GOMES, Caio de Souza. *Quando um muro separa, uma ponte une: conexões transnacionais na canção engajada na América Latina (anos 1960/70).* Dissertação de mestrado. São Paulo, FFLCH-USP. Fapesp, 2013.

58   Na revista *Araucaria*, participantes da Nueva Canción Chilena estiveram presentes como colaboradores, através de entrevistas e artigos. Osvaldo Rodriguez Musso (cancionista conhecido como El Guitano Rodriguez) foi colaborador da revista, onde publicou artigos e entrevistas, totalizando 22 participações. Isabel Parra publicou duas entrevistas: a primeira com o compositor cubano Sílvio Rodriguéz na *Araucaria* 16, depois com o cineastaMiguel Littín na *Araucaria* 21; também o seu *El libro mayor de Violeta Parra* foi editado pelas Ediciones Michay, editora da revista *Araucaria*. Foram entrevistados também o conjunto Inti-Illimani, uma crônica sobre o Quilapayún e uma poesia de seu diretor artístico Eduardo Carrasco, uma entrevista e um artigo de Angel Parra e seis textos e uma entrevista com Patrício Manns.

Ilustração 5: capa
da *Araucaria* n° 2,
autoria de Roberto
Matta

Logo na segunda edição da revista *Araucaria*, a seção "Capitulos de la cultura chilena" foi dedicada à música. A capa desta edição é de autoria do artista plástico Roberto Matta e faz referência direta ao assassinato de Víctor Jara: um homem amarrado sobre o violão com as mãos amputadas (de acordo com as testemunhas da tortura e morte do *cantautor* chileno). O desenho de Matta em poucas linhas captou e transmitiu a dramaticidade daquele momento, através do corpo violentamente esticado, deformado pela dor, sobre um violão (*guitarra* em espanhol), instrumento tocado por Víctor em suas apresentações. Luis Bocaz afirmou na abertura do "especial" que a música chilena adquirira no exterior grande dimensão depois do golpe de 1973, momento em que seus principais expoentes passaram a ser considerados símbolos da resistência à ditadura. Ainda nesta seção, foi publicado um debate sobre música chilena em forma de questionário respondido por diversos músicos.[59] As questões foram elaboradas pe-

---

59   "DISCUSIÓN SOBRE LA MUSICA CHILENA". Participan: Hugo Arevalo, Eduardo Carrasco (Quilapayún), Patrício Castillo, Charo Cofré, Miguel Angel Cherubito, Eulogio Dávalos, Fernando Garcia, Inti-Illimani, Patrício Manns,

los membros do comitê editorial Soledad Bianchi e Luis Bocaz, e a montagem dos textos coube a Carlos Orellana. A identificação da publicação com as canções engajadas é nítida: das 22 perguntas enviadas, 12 diziam respeito à relação entre música e política. Por esta razão, o músico Hans Stein enviou uma carta avisando que não responderia ao questionário da revista porque estava direcionado aos participantes da ncch, e além disso, as perguntas eram demasiado "subjetivas", o que impossibilitava um debate "objetivo" sobre música chilena. O fato de tal carta ter sido publicada demonstra a preocupação dos editores em mostrar que a revista estava aberta aos diversos posicionamentos.

Quando perguntados sobre as origens da ncch e sobre as influências de músicos nacionais em seus trabalhos, todos os entrevistados fizeram referência, em primeiro lugar, a Violeta Parra, e depois, a Víctor Jara. A atuação de Violeta Parra como compositora e intérprete de canções folclóricas campesinas, além de sua dedicação à pesquisa percorrendo o Chile com um gravador, representou uma influência decisiva na ncch; foi também a primeira compositora a abordar temas políticos e sociais, além de denunciar injustiças e formas de violência em canções como "¿Qué diria el santo padre?" e "La carta".[60]

Sergio Ortega, Angel Parra, Isabel Parra, Osvaldo Rodriguez, Daniel Salinas, Hans Stein, Trabunche. Questinonario elaborado por: Soledad Bianchi y Luis Bocaz. Selación y montaje Carlos Orellana. Capítulos de la cultura chilena. *Araucaria de Chile* n° 2. Madri: Ediciones Michay, 2° trimestre 1978, p. 111-173.

60   Violeta Parra além de frequentes citações por entrevistados, foi lembrada numa seção especial na revista *Araucaria* 38, no 20° aniversário de seu falecimento. Vários autores. "Aniversarios". *Araucaria de Chile* n° 38. Madri: Ediciones Michay, 2° trimestre 1987, p. 101-123. E em outras *Araucarias* há sobre Violeta: EPPLE, Juan Armando. "Notas sobre la cueca larga de Violeta Parra". *Araucaria de Chile* n° 5. Madri: Ediciones Michay, 1° trimestre 1979, p. 187-197: E a resenha do livro de Isabel Parra, *El libro mayor de Violeta Parra*, lançado pelas Ediciones Michay, que editava a revista *Araucaria*, feita por GONZALEZ VERGARA, Ruth; RAJEVIC, Pia. "Violeta Parra: testimonio de un patrimonio mayor". *Araucaria de Chile* n° 32. Madri: Ediciones Michay;

O cancionista Angel Parra, além de suas respostas ao questionário da revista número 2, concedeu uma entrevista a Juan Armando Epple, na qual falou sobre seu pertencimento a uma família de artistas e sobre o trabalho cultural que desenvolveu dentro dos campos de concentração, onde esteve preso de setembro de 1973 a fevereiro de 1974.[61] No primeiro número da revista, de 1988, há uma crônica de Angel Parra intitulada "Carta Abierta a mi amigo Víctor *Jara*", onde o autor criticou a autorização de regresso ao Chile que lhe fora concedida pela Junta Militar. O *cantautor* expôs a situação de dupla injustiça de que foram vítimas os exilados: além de terem sido obrigados a deixar o país, quando autorizados a retornar (depois de muitas manifestações e pressão internacional), a autorização foi dada sob a forma de "perdão" por seus "crimes". Nesta carta, Angel se dirigia a Víctor Jara como se ele continuasse presente e o interrogava sobre quais crimes poderia ter cometido, ironizando o "perdão" que recebera.

Felizmente, esta não foi a única ocasião em que Jara, ator, diretor, compositor e cantor reconhecido internacionalmente, foi lembrado: houve outras menções em diversas entrevistas e testemunhos publicados na *Araucaria*.[62] Todos os autores enfatizaram a genialidade artísti-

---

4º trimestre 1985, p. 193-199. Em uníssono, todos estes autores atribuem a Violeta Parra um caráter forte e uma capacidade criadora incomparável, interrompida apenas por suas próprias angústias e uma bala em 1967; contudo, o "Parral" donde saíra Violeta já havia dado outros frutos, como o "antipoeta" Nicanor Parra, e continuaria a dar outros, como seus filhos Isabel e Angel.

61   PARRA, Angel. "La pasion del canto". *Araucaria de Chile* nº 34. Madri: Ediciones Michay, 2º trimestre 1986, p. 153-168 (entrevista concedida a Juan Armando Epple).

62   Sobre Víctor Jara na *Araucaria*: JARA, Joan. "Víctor Jara: un canto inconcluso. Los heroes no están cansados". *Araucaria de Chile* nº 24. Madri: Ediciones Michay, 4º trimestre 1983, p. 24-33; *Idem*. "Las manos de Víctor Jara". Capítulos de la cultura chilena: la musica. *Araucaria de Chile* nº 2. Madri: Ediciones Michay, 2º trimestre 1978, p. 176-180; MALDAVSKY, Jose. "Víctor Jara en la obra de un poeta marroqui". Varia Intención. *Araucaria de Chile* nº 38. Madri:

ca e o compromisso político de Víctor Jara, que foi uma das primeiras vítimas da ditadura.

A *Araucaria* abriu suas páginas também ao conjunto Inti-Illimani, exilado na Itália. Cabe mencionar duas entrevistas publicadas nos número 42 e 43, respectivamente. Nelas os membros do conjunto esclareceram que nunca se dispuseram a fazer canções exclusivamente políticas, mas as fizeram nos últimos tempos da UP devido à radicalização política. Explicaram que suas opções políticas sempre estiveram atreladas ao trabalho artístico, sendo este o mais importante. Reconheceram que canções como "El pueblo unido" ainda emocionavam os ouvintes, contudo acreditavam que o excesso de politização da arte já havia saturado seu público, principalmente em Roma, onde estavam exilados.[63]

Outro importante conjunto da NCCH que estava no exílio em Paris era o outrora declaradamente engajado Quilapayún, dirigido pelo filósofo Eduardo Carrasco. Este grupo, diferentemente do Inti-Illimani, assumiu produzir "canções contingentes", contudo não acreditava que isso deveria estar sobreposto à qualidade artística.[64] Em 11 de setembro de 1973, também estava em turnê na Europa, e foi proibido de regressar ao país. O Quilapayún também esteve presente em *Araucaria*, sendo alvo de uma polêmica iniciada com uma crônica

---

Ediciones Michay, 2º trimestre 1987, p. 212-213; KOSICHEV, Leonard. "Víctor Jara: tras las huellas del chileno en la Unión Soviética". Cronica. *Araucaria de Chile* nº 27. Madri: Ediciones Michay, 3º trimestre 1984, p. 93-97; VILLAGRA, Nelson. "Víctor Jara: un adiós imposible". Aniversarios. *Araucaria de Chile* nº 42. Madri: Ediciones Michay, 2º trimestre 1988, p. 29-38; entre outros textos, Víctor foi constantemente evocado em entrevistas e testemunhos.

63   RUIZ, Martín. Flores Musicales del exilio chileno: Inti Illimani cumple 20 años. (Coversación con Inti-Illimani) *Araucaria de Chile* nº 42. Madri: Ediciones Michay, 2º trimestre 1988, p. 83-94 e CIFUENTES, Luis. Los años de la esperanza (en torno de una conversación con Inti-Illimani). Temas. *Araucaria de Chile* nº 43. Madri: Ediciones Michay, 3º trimestre 1988, p. 145-158.

64   CARRASCO, Eduardo. *La revolución y las estrellas*. 2ª ed. LiteraMúsica, 2000. e Disponível em: <www.cancioneiros.com> Acesso em 22 nov. 2002.

de Orellana,[65] na qual discorreu sobre os diferentes significados que as canções do grupo Quilapayún adquiriram no desenrolar da luta política no Chile e em sua trajetória pessoal no exílio. Esta crônica foi tomada como ofensiva pelos membros do conjunto, pois foi interpretada como uma cobrança de engajamento. O Quila respondeu com uma carta publicada na seção *De 'los lectores"* da revista número 18, assinada por Hugo Lagos, na qual declarava que a arte não deveria ser avaliada com os parâmetros temporalmente estreitos da política.[66] Outras polêmicas ocorreram entre representantes da revista e do grupo. Acredito que as divergências sobre as concepções de cultura e política explicam a esparsa presença do Quilapayún nas páginas da *Araucaria*, apesar de se tratar de um dos conjuntos chilenos com maior projeção durante o exílio.[67]

No início da ditadura, as músicas da "Nova Canção Chilena" foram proibidas e seus expoentes exilados. Contudo, depois de 1974, surgiu no país o "Canto Nuevo", que foi objeto de análise de Bernardo Subercaseaux. Este crítico e ensaísta, professor em Washington, analisou o fenômeno do "Canto Nuevo" entre 1973 e 1980 na *Araucaria*

---

65 ORELLANA, Carlos. "Quilapayún en cuatro tiempos". Cronica. *Araucaria de Chile* nº 13. Madri: Ediciones Michay, 1º trimestre 1981, p. 193-195.

66 LAGOS, Hugo. "Explicar el Quilapayún". De los lectores. *Araucaria de Chile* nº 18. Madri: Ediciones Michay, 2º trimestre 1982, p. 7-9.

67 Por ocasião do falecimento do poeta Enrique Lihn, Orellana escreveu um obituário no qual narrou uma apaixonada defesa da obra do poeta numa discussão com um "músico filósofo" ocorrida nas proximidades de Barcelona em 1978, na qual o músico-filósofo teria acusado Lihn de ser pequeno-burguês e anticomunista. Depois Orellana denuncia que quem havia dado voltas em suas paixões (e não posições) político-ideológicas teria sido o músico. Em sua biografia, de modo mais atenuado, Orellana descreveu a mesma discussão, desta vez nomeando Eduardo Carrasco, diretor do Quilapayún, como seu interlocutor. ORELLANA, Carlos. "Lihn". Temas. *Araucaria de Chile* nº 43. Madri: Ediciones Michay, 3º trimestre 1988. p. 125-129, e ORELLANA, *Penúltimo Informe... op. cit.*, p. 48.

número 12.[68] Para o autor, as canções do "Canto Nuevo" tinham um apelo muito maior à unidade nacional que à mobilização contra a ditadura. Além disso, estavam mais preocupados em dialogar com sonoridades diversas, do pop à música erudita, o que representava o surgimento de um novo cenário musical, no qual se firmou o selo Alerce e houve também o ressurgimento das *peñas*. Segundo o autor, gradualmente os compositores voltaram a escrever trabalhos originais, procurando evitar problemas com a censura. A partir de 1978, o retorno de alguns artistas como Tita Parra (neta de Violeta) e o conjunto Los Blops também acrescentam novos ingredientes ao cenário musical: era o momento de buscar inspiração tanto em Rolling Stones como em Violeta Parra, e ao mesmo tempo estudar instrumentos clássicos. Valorizou as novidades, enfatizando sempre que se tratava de uma estética e de letras que no fundo apelavam à unidade.

Além do "Canto Nuevo", teve espaço em *Araucaria* a música erudita produzida por chilenos que fizeram sucesso no exterior: Gustavo Becerra, Claudio Arrau e Luis Advis foram os artistas que marcaram presença no periódico através de entrevistas. Já o conhecido músico Sergio Ortega, que, embora militante comunista, estivera ligado durante muito tempo ao grupo Quilapayún, foi pouco prestigiado.

Observa-se que, nesse novo contexto musical, ganhou espaço a defesa da integração entre música erudita, popular/folclórica e a mídia. O especial da revista número 2 publicou uma entrevista com o músico Gustavo Becerra,[69] na qual o compositor afirmou ser impossível compreender a imensa circulação cultural da segunda metade do século xx sem mencionar a verdadeira revolução imposta pela

---

68   SUBERCASEAUX, Bernardo. "El canto nuevo 1973-1980". Cronica. *Araucaria de Chile* n° 12. Madri: Ediciones Michay, 4° trimestre 1980, p. 201-206.

69   BECERRA, Gustavo. Musica "Chilena y identidad cultural". Capitulos de la cultura chilena. *Araucaria de Chile* n° 2. Madri: Peralta Ediciones, 2° trimestre 1978, p. 97-109 (entrevista concedida a Luis Bocaz).

presença dos meios de comunicação de massas. Argumentou que a indústria fonográfica conquistou o poder de selecionar e classificar os ritmos musicais de acordo com sua lucratividade. Becerra acrescentou que não se poderia entender os três grandes conjuntos em que estava dividida a música chilena (erudita, popular e folclórica) senão a partir de relações recíprocas, pois, apesar das diferenças, a circulação entre eles e o conhecimento mútuo das obras poderia enriquecer muito a cultura do país. Tomou como exemplo a circulação entre o erudito e o popular presente no trabalho de Víctor Jara, que uniu a reflexão musical e a produção popular folclórica.

Outro músico que conseguiu, com destreza, fundir o erudito e o popular foi Luis Advis, autor da consagradíssima "Cantata de Santa Maria de Iquique" (1969) e também do "Canto al Programa de la Unidad Popular" (1970). No número 44 da revista[70] afirmou que, depois do golpe, passou a viver trancado em sua casa no Chile, ignorando os meios de comunicação.

O pianista chileno Claudio Arrau foi lembrado em duas ocasiões na revista *Araucaria*;[71] nelas se procurou mostrar que, além de um prodígio do piano, se tratava de um homem capaz de demonstrar indignação frente à ditadura ao realizar concertos beneficentes para a Vicaria de solidariedad, apesar de sempre ter mantido muita discrição quanto às suas opiniões políticas. Acabou aceitando a cidadania estadunidense depois do golpe militar, pois já vivia nos Estados Unidos havia muitos anos.

---

70   ADVIS, Luis. "Dulce patria americana". Temas. *Araucaria de Chile* n° 44. Madri: Ediciones Michay, 4° trimestre 1988, p. 159-166 (entrevista concedida a Marcelo Decap).

71   TEITELBOIM, Volodia. "Un joven octogenario: Claudio Arrau". *Araucaria de Chile* n° 22. Madri: Ediciones Michay, 2° trimestre 1983, p. 197-198; MANSILLA, Luis Alberto. "Claudio Arrau: la magia y el genio". Temas. *Araucaria de Chile* n° 42. Madri: Ediciones Michay, 2° trimestre 1988, p. 97-115.

3.4.5 Artes plásticas

Logo na primeira *Araucaria* publicada, a seção "Capítulos de la cultura chilena" dedicou-se a "La Plastica". Esta primazia se deve ao fato de que centenas de artistas plásticos do mundo inteiro haviam manifestado solidariedade ao governo da Unidade Popular doando obras para o Museu de Solidariedad. Este museu foi idealizado pelo crítico de arte espanhol Jose Maria Moreno Galván que, encorajado pelo pintor José Balmes, levou sua ideia ao presidente Allend; este a acolheu e, em 1972, foi inaugurado o Museu de Solidariedad, que logo após o golpe foi fechado. Contudo, a nova situação de repressão e horror intensificou a solidariedade dos artistas com a causa democrática chilena. Surgiu, então, o Museu de Resistencia Salvador Allende, constituído por uma coleção de obras em exposição itinerante pelo exílio, cuja ideia era demonstrar a solidariedade na luta contra a ditadura.[72] Cabe chamar a atenção para o fato de que, em mais este aspecto da cultura, a parceria entre a arte e a política foi evidente.

O referido especial da revista sobre "La plastica" publicou uma entrevista com José Balmes realizada por Luis Bocaz,[73] cujo tema central foi o engajamento dos artistas plásticos chilenos: Balmes avaliou que o clima de agitação começou, na América Latina, nos anos 1950, tendo como referência o muralismo mexicano caracterizado como pintura política, contudo, a década que se abriu com a publicação de *Canto General* de Pablo Neruda e se encerrou com a Revolução Cubana, formou uma geração de artistas cujos trabalhos estavam em profunda sintonia com as causas populares. Balmes afirmou que no

72 *Catálogo do museu de solidariedade Salvador Allende: estéticas, sonhos e utopias dos artistas do mundo pela liberdade.* São Paulo: Associação Museu Afro Brasil/Imprensa Oficial do Estado, 2007.

73 BALMES, Jose. "El desafio de la pintura politica (Conversacion con Jose Balmes)". Capitulos de la cultura chilena. *Araucaria de Chile* nº 1. Madri: Peralta Ediciones, 1º trimestre 1978, p. 106-140 (entrevista concedida a Luis Bocaz).

período da UP não houve nenhum tipo de dirigismo artístico e que sua arte era uma representação do humano, com todas as suas consequências, inclusive suas lutas políticas e sociais. Ao final, Balmes comentou a força da solidariedade com o Chile, demonstrada com a inauguração, em 1977, do Museu de Resistencia Salvador Allende em Nancy, prosseguindo com manifestações artísticas em Avignon, Reins, Barcelona e Madri, e a reorganização das brigadas muralistas[74] no exílio, das quais participavam artistas chilenos reconhecidos internacionalmente como Gracia Barros, Guillermo Nuñez, Jose Martínez, entre outros.

Apesar de proibido de reingressar em seu país, José Balmes conseguiu expor suas obras no Chile. No final de 1979, Luis Alberto Mansilla noticiou em *Araucaria* a abertura de uma exposição sua e de outros exilados (Gracia Barros e Guillermo Nuñez), na galeria Imagen em Santiago.[75] Esta notícia prova que, mesmo proibindo os artistas de voltarem ao seu país, a Junta Militar fazia "vistas grossas" em relação à exposição de obras de artistas renomados.

No início da década de 1980, alguns artistas retornaram ao país, entre eles o próprio Jose Balmes e Nemésio Antunes que, em entrevistas publicadas em *Araucaria*, valorizaram a experiência do exílio como possibilidade de enriquecimento cultural, contudo lamentaram o quadro de mercantilização da sociedade, que atingira profundamente as artes.[76]

---

74 Sobre as brigadas muralistas, há uma importante pesquisa realizada por: DALMAS, Carine. *Brigadas Muralistas e cartazes de propaganda da experiência chilena (1970-1973)*. Dissertação de mestrado. São Paulo, Departamento de História, FFLCH-USP, 2006.

75 MANSILLA, Luis Alberto. "Exposición de exiliados". Notas en blanco y en negro. *Araucaria de Chile* nº 8. Madri: Ediciones Michay, 4º trimestre 1979, p. 205-106.

76 PIZARRO ILLANES, Raul. "El retorno de Balmes". Temas. *Araucaria de Chile* nº 17. Madri: Ediciones Michay, 1º trimestre 1982, p. 145-14; ANTUNES, Nemesio. "Nos están borrando el Chile nuestro". Temas. *Araucaria de Chile* nº 17. Madri: Ediciones Michay, 1º trimestre 1982, p. 149-150.

Voltando à seção "Capítulos de la cultura chilena" sobre artes plásticas, há um depoimento do artista plástico Guillermo Nuñez,[77] onde narrou suas experiências nos campos de concentração da ditadura, afirmando que desde então fazia com que sua pintura fosse um testemunho para as gerações futuras das atrocidades ocorridas em seu país. Nesse mesmo espaço foi publicado um trecho do discurso proferido por Rafael Agustín Gumucio na ocasião de abertura da exposição de solidariedade em Reims (abril de 1977), seguido da listagem de todos os participantes.[78] No final da seção foi reproduzido um cartaz da exposição *El pueblo tiene arte con Allende*, que aconteceu simultaneamente em mais de 80 locais por todo o Chile, com obras de mais de 30 artistas que apoiaram a UP em 1972.

---

77   NUÑEZ, Guillermo. "Tomar la vida y los sueños de las manos". Capítulos de la cultura chilena. *Araucaria de Chile* nº 1. Madri: Peralta Ediciones, 1º trimestre 1978, p. 141-147.

78   Constava ainda uma lista com todos os responsáveis pelo museu de resistência Salvador Allende, presidido pelo brasileiro Mario Pedrosa, auxiliado pelos secretários Miria Contreras, Miguel Rojas-Mix, Jose Balmes, Pedro Miras e Jacques Leenhard. O comitê para a França incluiu nomes do peso de Julio Cortázar, Luis Althusser, Roland Barthes, Regis Debray e Alain Touraine; foram listados também os nomes de todos os artistas que doaram obras ao museu.

Ilustração 6: cartaz da exposição reproduzido na *Araucaria* n° 1

A *Araucaria* publicou ainda uma entrevista com o artistas plástico chileno Jose Venturelli[79] e um texto autobiográfico de Mario Toral.[80] Um dos artistas plásticos mais prestigiados pela revista, além dos já referidos, foi Roberto Matta, que teve duas longas entrevistas publicadas. Na primeira, ainda no número de estreia da *Araucaria*, discorreu sobre sua trajetória artística e a situação política do Chile lembrando que, apesar de viver no exterior havia vários anos, teve sua cidadania cassada pelos militares golpistas em 1975. Matta definiu-se não como um artista político, mas como um artista revolucionário no

79 VENTURELLI, Jose. "Una vez que yo no esté..." Temas. *Araucaria de Chile* n° 45. Madri: Ediciones Michay, 1° trimestre 1989, p. 157-161 (entrevista concedida a Jaime Valedivieso).

80 TORAL, Mario. "Viaje de mi memoria". Temas. *Araucaria de Chile* n° 18. Madri: Ediciones Michay, 2° trimestre 1982, p. 107-119.

sentido amplo do termo.[81] Na segunda entrevista, expressou seus sentimentos sobre a América Latina, suas novas perspectivas de trabalho e como influiu em sua produção o contato com artistas como Mistral, Neruda e Garcia Lorca.[82]

As brigadas muralistas, importante manifestação da intensa relação entre arte e política entre os anos 1960 e 1970, foram lembradas pela revista *Araucaria*. A historiadora Carine Dalmás mostrou em seu trabalho como na década de 1960 as discussões estéticas e políticas resultaram numa forma de propaganda política cuja estética estava vinculada à trajetória e objetivos da revolução democrática chilena.[83] Na revista *Araucaria*, Carlos H. Leon[84] analisou o fenômeno muralista chileno a partir das referências estéticas do muralismo mexicano, do que chamou "surrealismo" de Roberto Matta, e do conceito de herói coletivo, cuja fonte seriam os filmes do cineasta russo Eisenstein. O autor considerou que os murais eram obras de arte criadas pelo e para o povo, meio de propaganda e afirmação ideológica cuja finalidade era mostrar o povo como sujeito do processo de transformação social iniciado com as campanhas eleitorais dos anos 1960 até o trágico 11 de setembro de 1973. Ainda sobre o muralismo chileno, a revista publicou também o testemunho de Patrício Cleary sobre seu surgimento

---

81   MATTA, Roberto. "Conversación con Matta". Temas. *Araucaria de Chile* nº 1. Madri: Peralta Ediciones, 1º trimestre 1978, p. 79-103 (entrevista concedida a Luis Gustavino e Guillermo Torres).

82   MATTA, Roberto. "Segunda coversación con Matta". Conversaciones. *Araucaria de Chile* nº 20. Madri: Ediciones Michay, 4º trimestre 1980, p. 37-61 (entrevista concedida a Luis Bocaz, Carlos Orellana e Volodia Teitelboim).

83   DALMAS, Carine, *op. cit.*

84   LEON, Carlos. "El muralismo chileno: comunicación y artes populares". Temas. *Araucaria de Chile* nº 24. Madri: Ediciones Michay, 4º trimestre 1983, p. 109-118.

durante a campanha presidencial de Allende de 1964 e o vigor alcançado por este movimento artístico e político na campanha de 1970.[85] Mas o tratamento dado às artes plásticas chilenas estava mesmo em sua parte gráfica. O responsável por esta parte da *Araucaria* era Fernando Orellana, filho de Carlos Orellana, que era estudante da Universidade Técnica na ocasião do golpe e, como todos os que estavam na instituição, foi preso. No exílio estudou fotografia com o renomado artista plástico chileno Rafael Vega Querat, também exilado, e, quando retornou ao seu país, fez uma série de fotos publicadas no livro *Chileno de Chile en Chile*, editado por del Meridion.

A revista *Araucaria* apresentou o que considerou o melhor da criação plástica chilena em suas capas (única parte colorida da revista) e nas ilustrações (geralmente preto e branco devido à escassez de recursos) publicadas em suas páginas. Como já foi mencionado antes, os artistas, por mais renomados que fossem, não foram remunerados por suas colaborações: esta era uma forma de demonstrar seu apoio a uma revista cuja principal causa era divulgar a cultura chilena e pôr em contato toda uma geração de criadores culturais que estavam exilados.

A parte gráfica da revista demonstrou a abertura da publicação para as mais diversas tendências artísticas, sem necessariamente se tratar de uma arte engajada, militante ou didática, o que em alguns casos causou a irritação de alguns membros do pcch.[86] O contraste das duas capas a seguir mostra a diversidade de tendências artísticas representadas na publicação:

---

85   CLEARY, Patricio. "Como nació la pintura mural politica en Chile". Cronica. *Araucaria de Chile* nº 42. Madri: Ediciones Michay, 2º trimestre 1988, p. 193-195.

86   Como mostra o episódio da carta de Frankfurt de Meno relatado no Capítulo 1.

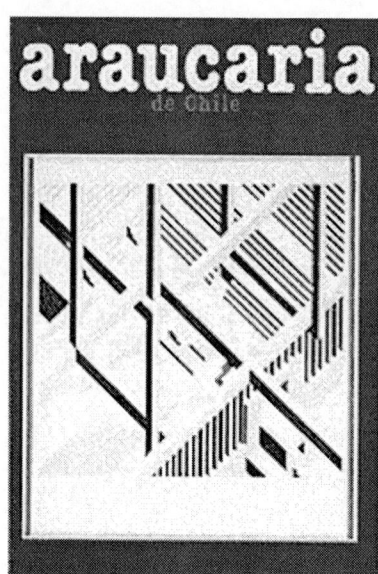

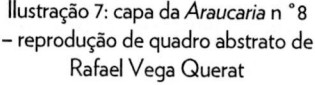

Ilustração 7: capa da *Araucaria* n °8
– reprodução de quadro abstrato de
Rafael Vega Querat

Ilustração 8: capa da *Araucaria* n° 17
– reprodução de uma pintura
de Mario Múrua

A capa da *Araucaria* n° 8 de autoria de Rafael Vega Querat é uma obra que utiliza linguagem geométrico-construtiva, através da construção de um espaço contido em outro, utilizando muitos ângulos retos. Nesta obra, figura/fundo preto/branco se alternam confundido o olhar; há também um detalhe vermelho no meio que tem a finalidade de equilibrar a obra, que é ao mesmo tempo precisa e leve. Um estilo completamente diferente apresentou a capa da *Araucaria* n° 17, com características surrealistas presentes nas figuras que não são imediatamente associadas a nada conhecido; o espaço parece ganhar vida com essas figuras imaginárias, criando uma atmosfera onírica.

Claro que havia também capas engajadas, que faziam referência à miséria em que a política econômica neoliberal mergulhara a maior parte da população chilena, à violência utilizada pela Junta Militar para impor seu mando e também à resistência dos que permaneceram. As capas seguintes mostram a presença da arte engajada na revista.

Ilustração 9: capa da *Araucaria* n° 29 – fotografia de Fernando Orellana

Ilustração 9: capa da *Araucaria* n° 29 – fotografia de Fernando Orellana

O trabalho de Jose Balmes, publicado na capa da *Araucaria* n° 12, apresenta características abstracionistas, mostrando na obscuridade, na parte de baixo, uma boca gritando *Libertad*, escrita no lado direito e, no esquerdo, a indicação do ano (1979); na parte superior, aparecem as cores da bandeira chilena pintadas em formas livres.

A capa da revista n° 24 é uma fotografia do muro Norte do rio Mapocho tirada em 1979 pelo bioquímico holandês Rudolf Lequin. A imagem mostra que ainda resistia um mural pintando durante o governo da Unidade Popular no qual aparecem os rostos de Allende à esquerda e à direita o do revolucionário cubano José Martí, provavelmente.

Ilustração 9: capa da *Araucaria* n°29 –
fotografia de Fernando Orellana

Na nona ilustração, vê-se uma foto de Fernando Orellana retratan-
do uma *población*, pulicada na capa da *Araucaria* n° 29, cujos moradores
encabeçavam as jornadas de protestos do início dos anos 1980 (tema de
muitos textos deste número) e eram os principais alvos da repressão.
Nesta capa, é marcante o contraste entre luz e sombra e o foco do fotógrafo, que mostrou o caminho iluminado entre as casas escuras.

Estas capas são uma mostra da variedade das ilustrações da revista *Araucaria*. Como se pode verificar, de uma imagem "abstrata"
a outra mais "engajada", diversas tendências artísticas encontraram
espaço na publicação, que contou, a cada número, com cerca de três
artistas, totalizando a colaboração de mais de uma centena deles na
confecção das ilustrações.

Esta referência exaustiva sobre as diversas manifestações artísticas chilenas apresentadas e discutidas na revista *Araucaria* teve o

intuito de mostrar que, além de veículo de divulgação dos produtores e produtos culturais, ela mesma pode ser entendida como um importante produto cultural realizado por chilenos que, no exílio, contribuíram não só para a divulgação de intelectuais e artistas, mas também se tornaram mediadores culturais num momento em que cultura e política se mesclaram em função de uma conjuntura específica: a ditadura militar.

Os membros do comitê editorial conseguiram atingir os objetivos explicitados no primeiro número da revista, qual seja: atuar como elo de ligação entre a cultura chilena "de dentro" e "de fora" do país e assim colaborar para manter viva esta cultura e o sentimento de solidariedade e luta contra a ditadura. Seus editores e colaboradores apresentaram reflexões e debates sobre a cultura e a política chilena orientados, na grande maioria dos casos, por esse projeto maior, a redemocratização do país. Em suma, considero válido afirmar que a existência da revista possibilitou um debate muito profícuo sobre as intersecções entre cultura e política no Chile.

4

REFLEXÕES SOBRE A AMÉRICA LATINA NA REVISTA *ARAUCARIA*

As reflexões e discussões sobre América Latina estiveram presentes na revista. O fim do governo Allende no Chile significou também o fim da última esperança revolucionária dentro do ideário da esquerda latino-americana pós-Revolução Cubana. Contudo, aproximou os chilenos da realidade do continente que muitas vezes parecia distante, mesmo para os militantes de esquerda. O editorial de lançamento da revista anunciou:

> *Araucaria* siendo criatura de Chile, forma parte del paisage andino y de la ecología continental. Mantendrá abierta su porta para recebir como hermano, el pensamiento creador revolucionario de America Latina.[1]

A presença da América Latina na revista girou em torno de alguns grandes temas: relação entre democracia, dependência e imperialismo estadunidense, pensamento marxista, teologia da libertação e movimentos revolucionários. Além de debates sobre essas questões,

---

[1] "Editorial". *Araucaria de Chile* nº 1. Madri: Peralta Ediciones, 1º trimestre 1978, p. 6-7. Araucaria, sendo criatura do Chile, forma parte da paisagem andina e da ecologia continental. Manterá aberta sua porta para receber como irmão, o pensamento criador revolucionário da América Latina.

Araucaria publicou textos sobre produção cultural de outros países latino-americanos e ilustrações de artistas do "Novo Mundo".

4.1 DEMOCRACIA E DEPENDÊNCIA

Em *Araucaria*, o tema da democracia comumente aparecia atrelado à participação política e social das camadas populares e à luta contra o imperialismo. O diagnóstico sobre a saída da crise econômica dos anos 1980 era unanimidade: para os analistas que publicaram na revista, a situação de crescente pauperização somente seria revertida com o fim da exploração imperialista.

No terceiro trimestre de 1980, *Araucaria* publicou um artigo do sociólogo equatoriano professor da Universidade Autônoma do México (UNAM), Agustín Cueva, sobre "America Latina en el último quinquenio: 1976-1980",[2] no qual fez um balanço do período analisando a situação de cada país. Para Cueva, os regimes militares espalhados pelo continente tinham sido uma resposta das burguesias nacionais articuladas ao imperialismo estadunidense para conter a onda de movimentos nacionalistas, anti-imperialistas e populares que emergiram nos anos 1960, no rastro da Revolução Cubana. Na metade da década de 1970, a situação parecia sombria e sem perspectiva para as forças populares, mesmo com a ascensão a presidente dos Estados Unidos de Jimmy Carter, cuja bandeira da defesa dos direitos humanos não inspirava confiança nos democratas latino-americanos. No entanto, na virada dos anos 1970 para os 1980, havia sinais de mudança: a Revolução Nicaraguense, as derrotas nos pleitos eleitorais das direitas no Brasil, no Peru e no Equador, além da retomada dos protestos contra as ditaduras. Assim, o arco das forças democráticas e das esquerdas latino-americanas parecia ganhar terreno, segundo o autor.

---

2   CUEVA, Agustín. "América Latina en el último quinquenio: 1976-1980. Nuestro Tiempo. *Araucaria de Chile* n° 11. Madri": Ediciones Michay, 3° trimestre 1980, p. 7-18.

O quadro esperançoso para o continente visto por Cueva no início da década de 1980 contrastou vivamente com outra análise feita pelo autor seis anos depois. Em "Democracia en América Latina",[3] texto escrito em 1986, verificou que muitas das reivindicações de democracia na América Latina não englobavam medidas sociais e econômicas, reduzindo o fenômeno ao pluripartidarismo e à realização de eleições periódicas. O artigo do autor continha uma crítica severa à esquerda latino-americana, que fez opções radicais nos anos 1960, como a luta armada, e na metade dos 1980 pactuava com uma "reforma democrática" sem discutir seu conteúdo e sua pauta real. Para fundamentar sua crítica, o autor citou as ocupações estadunidenses para "promover" a democracia em Granada e a "eleição democrática" de governos títeres como ocorreu em Honduras. O sociólogo lembrou importantes questões que poucos ousariam pôr em pauta em campanhas eleitorais naquela década, como a forma de propriedade, as relações imperialistas e a estrutura de poder nas Forças Armadas, o que significava para ele discutir uma democracia real. Para finalizar, Cueva lembrou que muitas revoluções, como a Mexicana, a Boliviana e a Nicaraguense, começaram reivindicado simplesmente democracia (o estopim de todas foram eleições fraudulentas) e logo hastearam as bandeiras do anti-imperialismo e da justiça social. Em suma, colocou em xeque o tipo de democracia que alguns grupos dominantes queriam construir na América Latina naquele instante de crise e até sugeriu que alguns partidos de esquerda estariam se alinhando com eles.

---

3   CUEVA, Agustín. "Democracia en América Latina". *Nuestro Tiempo*. *Araucaria de Chile* nº 46. Madri: Ediciones Michay, 2º trimestre 1989, p. 13-24. Segundo informações da revista *Araucaria* que introduzem este artigo, ele foi originalmente apresentado pelo autor em uma conferência em 1986, porém estava sendo publicado naquela ocasião (2º trimestre de 1989) porque sua análise continuaria válida.

Na mesma edição da revista, segue-se um artigo do sociólogo espanhol Marcos Roitman,[4] para quem o continente, no final dos anos 1980, atravessava uma crise de caráter estrutural: as "estruturas da dominação burguesa" impostas por meio de ditaduras estavam sendo deslegitimadas. A crise foi também discutida pelo historiador chileno Juan G. Torres, da Universidade de San Diego (EUA), que enfatizou o problema da dependência[5] – conceito muito utilizado nos anos 1960/1970 para explicar a situação da América Latina no contexto do capitalismo global. Após delinear um quadro que levou à radicalização da direita e da esquerda nesse período, o autor afirmou que apenas a classe trabalhadora organizada seria capaz de promover transformações no quadro de pobreza e exploração ao qual a maior parte da população latino-americana estava submetida. Torres acreditava que só o caminho da revolução das classes trabalhadoras era válido por estar de acordo com a concretude histórica; para este autor, a revolução ainda estava na pauta do dia.

4.2 O IMPERIALISMO ESTADUNIDENSE

A revista *Araucaria* apresentou, em suas páginas, discussões sobre as doutrinas do imperialismo em relação à América Latina; elas apareceram, especialmente, em dois períodos: nas eleições que deram a vitória ao candidato republicano Ronald Reagan (1980) e oito anos depois, com a eleição do também republicano George Bush (1988).

---

4   ROITMAN, Marcos. "América Latina: hacia una interpretcion de su crisis". Nuestro Tiempo. *Araucaria de Chile* nº 46. Madri: Ediciones Michay, 2º trimestre 1989, p. 27-41.

5   TORRES, Juan G. "Latinoamerica: dependecia y teoría". Tribuna. *Araucaria de Chile* nº 18. Madri: Ediciones Michay, 2º trimestre 1982, p. 163-168.

O sociólogo chileno e dirigente da Izquierda Cristiana Luis Maira publicou na *Araucaria* n° 15[6] uma detalhada análise da proposta política para a América Latina do presidente dos EUA Ronald Reagan, recém-eleito. Para o autor, a vitória de Reagan somente poderia ser compreendida pelo fracasso de seu antecessor Jimmy Carter na tentativa de impor uma alteração na lógica da disputa de poder leste-oeste, típica da Guerra Fria, para a lógica norte-sul, através do estabelecimento de acordos regionais com países subdesenvolvidos. A independência, seguida da opção pelo socialismo em Angola e Moçambique, além da Revolução na Nicarágua, foram interpretadas pelos analistas políticos estadunidenses como derrotas da política externa de Carter. Assim, uma nova política para a América Latina foi apresentada por Reagan e seus aliados, conhecidos como neoconservadores. Maira, a partir da análise de documentos do governo Reagan e textos de intelectuais ligados ao presidente, concluiu que a nova política dos EUA consistia na ideia de liderar o "mundo livre" contra a ameaça comunista ao sul de sua fronteira, a partir do incentivo a governos aliados nessa região, com a dupla finalidade de estabelecer uma hegemonia política e abrir campo para investimento e crescimento das empresas estadunidenses.

O professor chileno exilado na República Federal Alemã, Patrício Cleary,[7] escreveu um artigo mostrando como as sucessivas ajudas militares estadunidenses tinham clara finalidade intervencionista, tanto política como econômica. O autor mencionou diversas escolas de treinamento militar estadunidenses relacionadas às pesquisas desenvolvidas nas universidades norte-americanas feitas com o objetivo de penetrar nas Forças Armadas latino-americanas, através do treina-

---

6   MAIRA, Luis. "América Latina a la hora de Reagan". Nuestro Tiempo. *Araucaria de Chile* n° 15. Madri: Ediciones Michay, 3° trimestre 1981, p. 33-52.

7   CLEARY, Patrício. "La intervención norteamericana el las fuerzas armadas de América Latina". Tribuna. *Araucaria de Chile* n° 17. Madri: Ediciones Michay, 1° trimestre 1982, p. 175-181.

mento e doutrinação de militares. Para evitar a intervenção ideológica
nas Forças Armadas do continente, o autor propôs a democratização
dessas instituições a partir de valores culturais hispano-americanos,
além de um questionamento e superação da divisão crônica entre civis
e militares, que favorecia o controle destes últimos pelo imperialismo
e pelas oligarquias nacionais.

No início de 1986 foi publicado em *Araucaria* nº 33 um artigo do
jornalista chileno Fernando Murillo Viaña,[8] que mostrou como os
EUA, desde as intervenções diretas ainda no século XIX, gradualmente
desenvolveram uma política militar especial para a América Latina,
para que seus interesses prevalecessem sem a necessidade de intervenção direta. Segundo o autor, a luta contra a expansão do "fascismo" em nome da "liberdade" foi utilizada como desculpa para ações
de propaganda ideológica e tratados de cooperação militar ainda nos
anos 1930. O autor argumenta que a penetração dos EUA nas Forças Armadas de vários países através de acordos de cooperação, bem
como a criação de organismos supranacionais como a Organização
dos Estados Americanos (OEA), serviam de fachada para manter e
expandir os interesses do imperialismo estadunidense.

4.3 O IMPACTO DO MARXISMO NA AMÉRICA LATINA

O tema do marxismo na América Latina foi debatido na *Arau-
caria*. Todas as discussões publicadas na revista sobre o assunto con-
taram com participação do membro do comitê editorial Osvaldo
Fernández Diaz. Ele foi professor de filosofia na Universidade do
Chile em Valparaíso até o momento do golpe, e depois se exilou na
França, onde lecionou na Universidade de Paris-x Nanterre. Publicou

---

8   MURILLO VIAÑA, Fernando. "Estados Unidos y el problema militar en América Latina". Nuestro Tiempo. *Araucaria de Chile* nº 33. Madri: Ediciones
Michay, 1º trimestre 1986, p. 13-26.

na revista um conjunto de artigos que formam um quadro de análise (não cronológico) sobre o marxismo na América Latina.

Na revista número 27, Fernández publicou um ensaio intitulado "Teoría y práctica especifica en America Latina,"[9] no qual rebateu as críticas de que o marxismo representava uma teoria alógena ao continente americano, não servindo como base para análise de seus problemas. Segundo Fernández, estas críticas se pautavam em textos laterais de Marx sobre Bolívar e sobre a guerra dos EUA contra o México; argumentou que o marxismo se pautava pela obra principal de Marx, *O Capital*, teoria sobre a realidade social, que na América Latina foi posta em prática através de sindicatos, partidos e movimentos sociais.

Fernández considerava que a elaboração de um pensamento revolucionário no continente a partir de questões postas por Marx se devia à obra de três autores: do cubano Julio Antonio Mella (1903-1929), do chileno Luis Emilio Recabarren (1876-1924) e do peruano Jose Carlos Mariátegui (1894-1930). Segundo Fernández, eles se valeram de proposições do filósofo alemão para analisar suas realidades: Mella, em Cuba, concentrou-se na análise sobre o impacto do imperialismo; Mariátegui, influenciado também por Gramsci, refletiu sobre a questão indígena no Peru e Recabarren, em meio ao proletariado do norte do Chile, aprofundou o tema da exploração do trabalho. Cabe observar que, embora esses autores fossem vistos como introdutores do marxismo na América Latina, o único deles que teve sua obra analisada na revista como um teórico marxista latino-americano foi Mariátegui.

Fernández escreveu um ensaio sobre Maritátegui em *Araucaria* nº 12. O tema suscitou uma carta resposta do leitor Leonardo Paso, argentino residente na então Tchecoslováquia, que discordava de Fernández no que se refere ao pioneirismo de Mariátegui. Paso atribuía

---

9   FERNÁNDEZ DIAZ, Osvaldo. "Teoría y práctica especifica en América Latina". *Exámenes. Araucaria de Chile* nº 27. Madri: Ediciones Michay, 3º trimestre 1984, p. 57-68.

a iniciativa pioneira de implantar o marxismo no continente a um advogado argentino que havia participado de reuniões realizadas na Europa em 1871 a propósito da Comuna de Paris. O leitor argumentou também que Engels manteve correspondência com alguns habitantes de Buenos Aires, e que em 1890 a capital argentina já teria sido palco de uma manifestação de 1º de maio.[10]

A revista publicou, logo na sequência, a resposta de Fernández, que agradeceu ao leitor pelo esclarecimento do itinerário das ideias marxistas na Argentina, mas esclareceu a diferença entre a elaboração de um marxismo a partir de problemas latino-americanos e a simples tradução e publicação de Marx na América Latina. Enquanto o leitor se referia à publicação das obras de Marx, a questão suscitada por Fernández tratava de elaborações teóricas sobre a América Latina a partir de questões postas pela obra de Marx. Este episódio mostra como os artigos publicados na revista suscitavam debates a partir da intervenção dos leitores.

Para homenagear José Carlos Mariátegui por ocasião do meio século de seu falecimento, a *Araucaria* publicou o ensaio "Mariátegui, el Amauta" também da autoria de Osvaldo Fernández, que comentou a produção intelectual do peruano entre 1923, quando voltou da Itália, até 1930, quando faleceu com apenas 36 anos. O texto dividiu a obra de Mariátegui em quatro fases: o curso que ministrou na Universidade Popular González Prada, a revista *Amauta*, seu livro *Sete ensaios de interpretação da realidade peruana* (1928) e a fundação do Partido Socialista Peruano; nesta última parte, Fernández comparou Mariátegui a Lenin por ter enfrentado o problema de analisar, sob a ótica do marxismo, uma sociedade que não havia passado por todo

---

10   PASO, Leonardo. De los lectores. *Araucaria de Chile* nº 14. Madri: Ediciones Michay, 2º trimestre 1981, p. 8.

o processo de industrialização analisado por Marx.¹¹ Outros autores, como os chilenos Jaime Concha¹² e Jaime Massardo,¹³ também escreveram sobre Mariátegui em *Araucaria*, enfatizando a originalidade de seu pensamento: o primeiro também o comparou a Lenin, mas destacou a influência de Gramsci em sua obra e reafirmou a validade de seu pensamento; já o segundo destacou o fato de que o marxista peruano considerava a cultura como uma força em ação para a transformação da realidade social.

Com o objetivo de discutir o legado histórico de Luis Emílio Recabarren, principalmente aquele difundido pelo Partido Comunista nos anos 1930, foi publicado no número 19 da revista um artigo assinado por Manuel Castro¹⁴ (pseudônimo do historiador e dirigente comunista chileno Augusto Samaniego). O autor afirmou ter se baseado em mais de 120 artigos escritos por Recabarren desde a era militante do Partido Democrata, passando pela fundação do Partido Obrero Socialista em 1912 e sua mudança para Partido Comunista em 1922. Para Samaniego, Recabarren sempre foi um ativista revolucionário socialista em sua ação, devidamente inserido em seu tempo e lugar, mesmo considerando a dificuldade de aprofundamento teórico na discussão das obras de Marx e Lenin, apenas possível depois de sua viagem à Europa nos anos 1920. O que o autor combatia em

---

11   FENÁNDEZ DIAZ, Osvaldo. "Mariátegui, el Amauta". Exámenes. *Araucaria de Chile* nº 12. Madri: Ediciones Michay, 4º trimestre 1980, p. 69-83.; do mesmo autor sobre Mariátegui há ainda: *idem*. "'Tradicción', 'dogma' y 'herejia' en la obra de Mariátegui". Exámenes. *Araucaria de Chile* nº 37. Madri: Ediciones Michay, 1º trimestre 1987, p. 61-76.

12   CONCHA, Jaime. "Mariátegui y su critica al latifundio". Exámenes. *Araucaria de Chile* nº 22. Madri: Ediciones Michay, 2º trimestre 1983, p. 79-96.

13   MASSARDO, Jaime. "La originalidad del pensamiento de Mariátegui". Exámenes. *Araucaria de Chile* nº 43. Madri: Ediciones Michay, 3º trimestre 1988, p. 69-78.

14   CASTRO, Manuel. "Recabarren: su legado". Exámenes. *Araucaria de Chile* nº 19. Madri: Ediciones Michay, 3º trimestre 1982, p. 59-78.

seu artigo era a leitura que chamou de "stalinista" proposta por Luis Corvalán (então secretário geral do pcch) nos anos 1930, segundo a qual Recabarren teria sido apenas um reformista que "evoluiu" para o socialismo após fundar o pcch em 1922. Samaniego aponta como originalidade do pensamento de Recabarren a luta por uma ampliação da democracia, pois o socialismo somente seria possível de ser instalado com um amplo movimento de participação das massas. Através deste argumento, fica claro que o autor via Recabarren como um precursor do que foi chamada "via pacífica para o socialismo"; e além disso, como opositor da luta armada, que estava sendo discutida internamente no pcch naquele início dos anos 1980. A publicação deste artigo de Samaniego também demonstra a autonomia de *Araucaria* em relação ao pcch, pois se trata de uma crítica aberta ao Secretário Geral do Partido e à sua nova política que incluía a criação de um braço armado contra a ditadura.

Em 1986, Recabarren completaria 110 anos se vivo; a comemoração foi o mote para a publicação de alguns balanços de seu legado na revista número 35.[15] O historiador chileno Ronald Wilson[16] assinou uma análise oposta àquela feita por Samaniego: para Wilson, Recabarren e os demais militantes que fundaram o pcch em 1922 haviam "superado" o anarquismo e o socialismo utópico e teriam "alcançado"

---

15   Nesta edição há ainda dois artigos sobre Recabarren, que são: MILLAS, Orlando. "Los escritos de prensa de Recabarren". Aniversarios. *Araucaria de Chile* n° 35. Madri: Ediciones Michay, 3° trimestre 1986, p. 110-113, que é uma resenha da coletânea de textos de Recabarren lançada no Chile por Eduardo Deves e Ximena Cruzat; e LJUBETIC, Ivan. "Don Reca en vários tempos". Aniversarios. *Araucaria de Chile* n° 35. Madri: Ediciones Michay, 3° trimestre 1986, p. 113-117, no qual o autor atesta em diversos contatos com a classe trabalhadora chilena a presença de Recabarren na vida destas pessoas.

16   WILSON, Ronald. "La herencia política de Luis Emilio Recabarren". Aniversarios. *Araucaria de Chile* n° 35. Madri: Ediciones Michay, 3° trimestre 1986, p. 93-109. Provavelmente trata-se de um pseudônimo, pois este historiador vivia no Chile, mas, infelizmente, não foi possível identificar seu nome real.

o marxismo. O autor afirmou ainda que Recabarren acreditava na tomada do poder pela força, uma vez que o Exército era uma arma institucional da burguesia.

Apesar do lapso de quatro anos entre a publicação dos dois textos na *Araucaria*, a diferença das leituras da obra de Recabarren propostas por Samaniego e Wilson, implicitamente diz respeito a uma discussão que acirrou os ânimos do PCCh internamente: a manutenção da luta contra a ditadura pela via democrática ou apoio às ações armadas. Estas leituras mostram que a figura de Recabarren continuava a ser um referencial para os militantes chilenos que legitimavam muitas de suas escolhas pelo legado da originalidade do pensamento e ação de "Don Reca", mesmo após mais de sessenta anos de sua morte.

A revista publicou no número 39 um especial sobre o pensamento de Antonio Gramsci, autor cujas ideias tiveram grande penetração na América Latina no período em que o periódico circulou. Este "especial" foi fruto de um evento ocorrido em Santiago de Chile em 1987, organizado pelo Instituto de Cultura Alejandro Lipschutz (ICAL).[17] A intenção era discutir em profundidade o pensamento do italiano, com o objetivo de combater a leitura que dele faziam os PC's europeus, que se aproximavam de posições sociais democratas. Neste evento, destacou-se a proposição gramsciana sobre Hegemonia[18] que, naquele momento, era vista pelos PC's europeus como uma alternativa à ideia leninista do partido de vanguarda revolucionária. Os participantes do evento consideravam que as ideias de Gramsci poderiam colaborar na

---

17   Instituto de pesquisa ligado ao PCCh fundado em 1983 para abrigar intelectuais que não encontravam mais espaço nas universidades que estavam sob intervenção militar.

18   O conceito de hegemonia, segundo Antonio Gramsci (1891-1937), é o exercício do poder de forma não coercitiva, através da construção do consentimento geral dos dominados, quando estes incorporam como seus os valores da classe dominante; a construção deste consentimento é o trabalho dos intelectuais tradicionais de Gramsci.

implementação do socialismo como um projeto de longo prazo a partir da construção de uma hegemonia intelectual, política e cultural, mas que não eram opostas ou alternativas à existência de um partido de vanguarda. Todos enfatizavam o fato de que Gramsci elaborara suas teorias no contexto da Revolução Russa e que Lenin fora um dos interlocutores privilegiados de seus *Cadernos de Cárcere*. Estas ideias vieram a público no referido número "especial", do qual participam diversos autores,[19] inclusive italianos, membros do Instituto Antonio Gramsci.

Cabe lembrar que, a esta altura, no âmbito da esquerda chilena, uma parcela significativa do Partido Socialista já havia adotado uma leitura de Gramsci próxima à dos PC`s europeus, para tentar uma aproximação com a Democracia Cristã e recompor as alianças políticas anti-ditatoriais. O evento ocorrido em Santiago sobre Gramsci foi também uma resposta dos comunistas tentando não perder um potencial aliado na luta contra Pinochet.

4.4 TEOLOGIA DA LIBERTAÇÃO

Um outro tema de abrangência continental abordado na *Araucaria* foi a Teologia da Libertação; isso se deve, sobretudo, ao papel exercido por alguns sacerdotes católicos no vitorioso processo revolucionário na Nicarágua[20] (referência de luta importante para o PCCH à

---

19   Sobre as reflexões de Antonio Gramsci na *Araucaria* ver ARISMENDI, Rodney. "La poblada soledad de Antonio Gramsci". Exámenes. *Araucaria de Chile* nº 22. Madri: Ediciones Michay, 2º trimestre 1983, p. 101-110; e o referido especial da *Araucaria* nº *39*, contou com as participações de Oswaldo Fernandez Diaz, Marcelo Lebedinsky, Carlos Perez Soto, Eduardo Sabrovsky e Rolando Rebolledo. Ver: "Aniversarios: Las ideas de Gramsci 50 años después". *Araucaria de Chile* nº 39. Madri: Ediciones Michay, 3º trimestre 1987, p. 53-93.

20   Sobre a Teologia da Libertação na Nicarágua há a pesquisa de MORLINA, Fábio Claus. *Teologia da Libertação na Nicarágua Sandinista*. Dissertação de mestrado. São Paulo, Departamento de História, FFLCH-USP, 2009.

época) e também ao apoio prestado por parte do clero aos perseguidos políticos e suas famílias, especialmente no Brasil,[21] Chile e Colômbia.

O ex-ministro da UP Sérgio Vuskovic publicou na *Araucaria* nº 18 um ensaio com o objetivo de desfazer os mal-entendidos nas leituras do marxismo como sinônimo de ateísmo ou anticlericalismo.[22] Vuskovic, em seu intento de harmonizar as relações entre cristianismo e marxismo, analisou detidamente a famosa frase de Marx sobre "a religião como ópio do povo", concluindo que Marx quis dizer apenas que a religião era algo próprio do povo para aliviar suas dores, e não uma droga da burguesia para o povo com vistas a aliená-lo, como geralmente era interpretada. A possibilidade de unir marxismo e cristianismo era muito interessante para o PCch para tentar atrair os militantes das bases da Democracia Cristã, no início dos anos 1980. Naquele momento, enquanto o Chile atravessava a pior crise econômica de sua história, a DC acreditava que poderia utilizar as manifestações para negociar com a ditadura, enquanto a estratégia do PCch era levar o país à ingovernabilidade para derrubar Pinochet, a partir de um movimento de massas que contasse com ações armadas.

A tese defendida por Vuskovic de que o marxismo era conciliável com o cristianismo era polêmica e suscitou um debate na seção "Tribuna da *Araucaria*" nº 21, iniciado com a carta de um leitor da RDA identificado como Guido Vio. Para este leitor, Vuskovic havia distorcido algumas análises e, em outras, omitido ideias de Marx e de Lenin

---

21 Sobre a Teologia da Libertação no Brasil, ver o trabalho: ROMANO, Roberto. *Brasil, Igreja contra o Estado*. São Paulo: Kairós, 1979.

22 VUSKOVIC ROJO, Sergio. "La religión: 'opio del pueblo' y 'protesta contra la miseria real'". Exámenes. *Araucaria de Chile* nº 18. Madri: Ediciones Michay, 2º trimestre 1982, p. 79-91.

para conseguir chegar a um denominador comum entre o marxismo e o cristianismo; para o leitor, essas duas "crenças" eram inconciliáveis.[23]

Em sua réplica, Vuskovic afirmou que sua diferença em relação ao leitor estava situada na recusa dele em ver, na defesa dos oprimidos, um foco comum entre cristãos e marxistas. Para reforçar seu argumento, citou exemplos do sacerdote-guerrilheiro Camilo Torres, do bispo Arnulfo Romero, que não era marxista mas foi assassinado por defender os oprimidos, e ainda dos não marxistas que combatiam pela democracia D. Hélder Câmara e D. Sérgio Méndez Arceo.[24]

A revista *Araucaria* nº 28 dedicou toda a seção "Nuestro Tiempo" a esta nova teologia que atuava junto aos setores populares e ao lado de militantes marxistas. Este "especial" foi aberto com uma entrevista do Vicario de Solidaridad de Santiago, Ignácio Gutiérrez de la Fuente, que havia sido proibido de voltar ao Chile após ter participado de uma reunião em Roma com exilados pertencentes a diversas organizações e ter denunciado o caso de uma mulher dinamitada pelo regime.[25]

No mesmo número, também foi publicada uma crítica do escritor uruguaio Mario Benedetti[26] sobre o debate acirrado em torno da Teologia da Libertação, que tinha como defensor o franciscano brasileiro Leonardo Boff e como opositor o cardeal alemão Joseph Ratzinger,[27]

---

23   VIO, Guido. "Marxismo, religión y ateísmo". Tribuna. *Araucaria de Chile* nº 21. Madri: Ediciones Michay, 1º trimestre 1983, p. 195-199.

24   VUSKOVIC ROJO, Sergio. "Marxismo, religión y ateísmo". Tribuna. *Araucaria de Chile* nº 21. Madri: Ediciones Michay, 1º trimestre 1983, p. 199-201.

25   GUTIERREZ DE LA FUENTE, Ignacio. "Hay que unirse para que salga el Sol: entrevista al vicario de solidariedad Ignacio Gutiérrez de la Fuente". Nuestro Tiempo. *Araucaria de Chile* nº 28. Madri: Ediciones Michay, 4º trimestre 1984, p. 17-23 (entrevista concedida a Leonardo Cáceres).

26   BENEDETTI, Mario. "La dialética de la cruz". Nuestro Tiempo. *Araucaria de Chile* nº 28. Madri: Ediciones Michay, 4º trimestre 1984, p. 25-30.

27   Joseph Ratzinger foi eleito papa em 2005, assumindo o título de Bento XVI.

representante da ala conservadora da Igreja. Benedetti comparou os defensores da Teologia da Libertação a Galileu, e ao final os congratulou por terem expropriado o simbolismo de Jesus do altar da Igreja para compartilhá-lo com todo o povo oprimido.

Para encerrar o "especial", foi publicado um histórico da Teologia da Libertação elaborado pelo teólogo chileno Mario Boero,[28] no qual se refere às diversas correntes desta nova Teologia, sendo as mais radicais assumidamente marxistas e as mais contidas que apenas manifestavam a opção pelos mais pobres através da prática da caridade.

A revista *Araucaria* publicou dois textos do sociólogo Sergio Spoerer sobre a relação entre a Igreja e o movimento popular na América Latina. O primeiro, na revista número 6, na qual fez um balanço das mudanças de comportamento da Igreja entre o Concílio de Medelín (1968) e o de Puebla (1979).[29] O outro artigo, publicado três anos depois, escreveu sobre as possibilidades de êxito da união entre os setores progressistas da Igreja e os movimentos populares; a condição fundamental de tal aliança era a defesa das causas populares. Referiu--se às Pastorais de Solidariedade, às comunidades eclesiais de base e principalmente à Revolução Nicaraguense como provas da factibilidade e da possibilidade de sucesso de tal aliança.[30]

Nos artigos e ensaios publicados na revista *Araucaria*, a Teologia da Libertação era elogiada como uma elaboração original do pensamento hispano-americano. O cristianismo que havia sido criado em uma realidade alógena e num tempo distante, que até então servira

---

28   BOERO, Mario. "La Iglesia de América Latina y la teologia de la libertación". Nuestro Tiempo. *Araucaria de Chile* n° 28. Madri: Ediciones Michay, 4° trimestre 1984, p. 31-35.

29   SPOERER, Sergio. "Después de Puebla: iglesia y movimiento popular en America Latina". Examenes. *Araucaria de Chile* n° 6. Madri: Ediciones Michay, 2° trimestre 1979, p. 41-51.

30   SPOERER, Sergio. "Cristianismo popular en America Latina". Nuestro Tiempo. *Araucaria de Chile* n° 14. Madri: Ediciones Michay, 2° trimestre 1981, p. 45-59.

para submeter os povos, foi transformado em um novo modo de professar e praticar a religião, profundamente vinculado às lutas populares. Deste modo, esperanças da população explorada do Novo Mundo podiam ser depositadas "neste mundo".

4.5 A DÍVIDA EXTERNA

Outro tema que ocupou lugar privilegiado nas páginas da *Araucaria* na metade dos anos 1980 foi a dívida externa que afetava todos os países da América Latina. Não havia uma seção específica para o tema, mas metade dos artigos sobre dívida externa foram publicados nas primeiras páginas da revista, ocupando posição de destaque na publicação. O primeiro artigo sobre o tema apareceu no número 31. Assinado por Caupolicán Díaz, pseudônimo do jornalista chileno Leonardo Cáceres, o texto elogiava a iniciativa de Fidel Castro de convocar uma reunião em Havana, na qual teriam comparecido cerca de 1200 líderes de 17 países, para discutir o problema da dívida externa e seu impacto sobre a economia dos países latino-americanos e propor como solução coletiva o não pagamento da dívida que, naquele momento, chegava a 360 bilhões de dólares.[31] Alegava-se que esse montante era resultado de juros extorsivos sobre quantias emprestadas por governos ditatoriais (logo, sem a anuência daqueles que arcariam com os prejuízos – o povo). Cáceres lembrou que o pagamento dessa soma significava o não investimento em áreas sociais carentes de recursos.

No número seguinte da revista, o arquiteto Patricio Hales comparou a crise provocada pelas dívidas externas àquela que, duzentos anos antes, havia posto fim ao império espanhol.[32] O autor mostrou que o

---

31   DÍAZ, Caupolican. "La bomba de tiempo de la deuda externa latinoamericana". *Araucaria de Chile* nº 31. Madri: Ediciones Michay, 3º trimestre 1985, p. 11-13 (pseudônimo de Leonardo Cáceres).

32   HALES, Patricio. "La deuda externa y la segunda independencia". *Araucaria de Chile* nº 32. Madri: Ediciones Michay, 4º trimestre 1985, p. 14-17.

crescimento vertiginoso de tais dívidas aconteceu durante os governos militares, com empréstimos feitos a taxas de juros irreais, o que prejudicava a atuação de governos democráticos recém-eleitos impedidos de promover o desenvolvimento econômico dos seus países.

Os economistas chilenos Jose Cademártori e Patrício Palma publicaram um estudo mais detalhado sobre o problema da dívida externa, especificamente no Chile, no qual demostraram que, para que fosse pagável, era necessário renegociá-la a taxas de juros menores.[33] Além disso, segundo os economistas, era necessária uma moratória imediata e conjunta para que os setores produtivos chilenos pudessem voltar a crescer sem o recurso ao congelamento de salários e aumento de impostos, como tinha sido feito durante o governo militar. Cademártori e Palma argumentavam que a moratória coletiva colocaria em colapso os lucros dos bancos internacionais e os obrigaria a adotar uma postura menos agressiva frente aos países pobres.

A legitimidade da dívida e as relações nada transparentes entre o capital público e privado, onde o primeiro arcava com as dívidas e o segundo ficava com os lucros, foram questionados pelo economista chileno Claudio Pérsico, que também publicou artigo na revista.[34] Segundo o autor, o Estado arcara com as dívidas dos bancos privados que quebraram no início dos 1980, fazendo com que todos os chilenos pagassem as dívidas adquiridas pelo setor do monopólio financeiro, ou seja, as políticas "austeras" prejudicavam apenas a população assalariada, que era obrigada a pagar impostos cada vez mais altos enquanto o governo protegia os lucros do capital financeiro, mantendo

---

33   CADEMÁRTORI, Jose; PALMA, Patrício. "La impagable deuda externa de Chile". *Nuestro Tiempo. Araucaria de Chile* n° 34. Madri: Ediciones Michay, 2° trimestre 1986, p. 17-32.

34   PÉRSICO, Claudio. "La deuda externa de Chile: el nuevo rostro del colonialismo". *Nuestro Tiempo. Araucaria de Chile* n° 35. Madri: Ediciones Michay, 3° trimestre 1986, p. 23-35.

os juros altos sem investir no setor produtivo. O estudo de Carlos Albrecht,[35] publicado no mesmo número da revista, mostrou como a necessidade de gerar o superávit primário serviu de desculpa para que o governo ditatorial reajustasse os impostos sobre a terra em 2200% em 10 anos. Este aumento brutal significava a expropriação da terra daqueles que não podiam pagar os impostos. O autor relacionou ainda o aumento sobre as taxas de serviços urbanos relacionados a água, esgoto e luz, que somados ao congelamento dos salários, resultavam no encarecimento acelerado do custo de vida.

O artigo do escritor peruano Alfredo Bryce Echeñique, publicado no número 44 de *Araucaria*, também alertava os leitores da revista, como já tinham feito outros, sobre os problemas que enfrentariam os novos governos eleitos graças aos processos de redemocratização em andamento a partir do final dos anos 1980.[36] Para o escritor, os novos governos pouco poderiam fazer em relação ao povo que os elegeria se continuassem as políticas econômicas "austeras" exigidas para o pagamento da dívida em detrimento de políticas voltadas para o bem-estar da população. Bryce Echeñique acreditava que os novos governos necessitariam de uma alta dose de independência política e compromisso com o povo para poderem enfrentar o FMI e o governo estadunidense.

Os textos sobre a dívida externa demonstram oposição clara à política econômica ditada por Washington para todo o continente. Contudo, a maioria dos governos civis que substituíram os governos militares demonstraram pouca capacidade ou pouco empenho para enfrentar os desafios sugeridos pelos autores antes mencionados, sobretudo no que se refere a uma ação coletiva. Ao contrário,

---

35   ALBRECHT, Carlos. "La deuda externa destruye Santiago". Nuestro Tiempo. *Araucaria de Chile* nº 35. Madri: Ediciones Michay, 3º trimestre 1986, p. 37-47.

36   BRYCE ECHEÑIQUE, Alfredo. "El precio del cambio". *Araucaria de Chile* nº 44. Madri: Ediciones Michay, 4º trimestre 1988, p. 11-13.

negociaram, individualmente, com o FMI e deram continuidade às políticas adotadas pelos militares.

4.6 IDENTIDADE LATINO-AMERICANA

No último número da revista *Araucaria*, foi publicado um longo especial sobre o 5º Centenário da chegada de Colombo à América.[37] O secretário de redação da revista, Orellana, pôde acompanhar de perto as comemorações da eféméride do "Descobrimento da América", pois havia cinco anos que a revista mantinha sua sede na Espanha.

Os escritores latino-americanos que escreveram sobre esse tema histórico salientaram a violência e os interesses que estavam por trás do "encontro dos dois mundos" e abordaram a questão da identidade "latina" ou "hispano" americana. Considero que o artigo mais original foi escrito pelo filósofo chileno exilado na França Hernán Neira,[38] que preparava uma tese sobre o tema. Neira pôs em evidência a diversidade do povo ameríndio, argumentando que, antes da chegada do europeu, não havia uma unidade entre eles, logo, comparar um asteca a um mapuche era o mesmo que comparar um espanhol a um finlandês. Afirmou que as diferenças foram ignoradas e tanto o discurso do "bom selvagem" quanto o do "mal selvagem a ser civilizado" acabaram aplastando a diversidade indígena e impuseram a representação do indígena a partir do olhar do europeu. Concluiu lembrando que a chegada dos espanhóis na América era um marco histórico construí-

---

37   O especial publicado pela *Araucaria* contou com a participação dos latino- -americanos Osvaldo Soriano, Miguel Rojas-Mix, Abel Posse, Carlos Ossandón, Eduardo Galeano, Roberto Fernández Retamar e Hernán Neira; e dos espanhóis Rafael Sánchez Ferlosio, Luis Yáñez Barnuevo e Manuel Vázquez Montalbán. Ver: Exámenes. *Araucaria de Chile* nº 47/48. Madri: Ediciones Michay, 4º trimestre 1989, p. 25-127.

38   NEIRA, Hernán. "La idea de origen en el concepto de America". Exámenes. *Araucaria de Chile* nº 47/48. Madri: Ediciones Michay, 4º trimestre 1989, p. 81-100.

do pelos próprios espanhóis que foi celebrado em toda a Europa, mas o real impacto que esse "encontro" teve para os ameríndios permanecia na obscuridade.

Neira propunha que a compreensão da identidade americana deveria levar em conta uma síntese diacrônica de diferentes culturas ao invés de se buscar "uma" longínqua origem dos ameríndios, sempre mais fantasiada do que conhecida. Para o filósofo, quem optava pelo caminho da busca das origens fugia dos problemas impostos pela reflexão sobre a justaposição dos povos na América, seus conflitos e a nova cultura oriunda dos enfrentamentos.

Nos textos dos autores espanhóis publicados na revista, a preocupação central era saber qual posição a assumir frente tal eféméride: se por um lado não podiam simplesmente "comemorar" este encontro que resultou num dos maiores genocídios da humanidade, por outro, a esquerda então no poder não podia permitir que os fascistas, que ainda lamentavam o falecimento de Franco, aproveitassem a ocasião para transmitir suas versões com proveito político.

A propósito do tema, os textos dos espanhóis Manuel Vazquéz Montalbán[39] e Luis Yáñez Barnuevo[40] caminhavam em direções bem diferentes. O primeiro intelectual não tinha comprometimento oficial algum, e o segundo presidia a comissão que organizava as comemorações do 5º Centenário como representante do governo espanhol. Montalbán expôs o desconforto da esquerda com relação a tal comemoração, e Yáñez Barnuevo, sem ignorar a delicada situação do

---

39 VÁZQUEZ MONTALBÁN, Manuel. "Las efemérides tienen dueño". Exámenes Especial: a propósito del quinto centenario. *Araucaria de Chile* nº 47/48. Madri: Ediciones Michay, 4º trimestre 1989, p. 47-50.

40 YÁÑEZ BARNUEVO, Luis. "El futuro comienza en 1992". Exámenes Especial: a propósito del quinto centenario. *Araucaria de Chile* nº 47/48. Madri: Ediciones Michay, 4º trimestre 1989, p. 50-52.

governo espanhol, procurou dar ênfase à obra de miscigenação resultante do "encontro dos dois mundos".

4.7 A SOLIDARIEDADE LATINO-AMERICANA

A revista *Araucaria* publicou textos que discutiam a situação específica de alguns países do continente que viviam um contexto de luta social e política. Em alguns, como o Chile, havia luta contra ditaduras militares, como era o caso da Argentina e do Uruguai; outros serviam de exemplo e inspiração por terem vencido, nas últimas décadas, governos ditatoriais e realizado revoluções socialistas, como era o caso de Cuba e Nicarágua.

A Nicarágua foi o país que mais recebeu atenção na revista *Araucaria*, através de artigos, entrevistas ou comentários variados publicados em onze edições da revista.[41] Esta atenção dada à Nicarágua se deve ao fato de a revolução vitoriosa ter sido contemporânea ao surgimento da revista. A intensa participação popular na libertação do país e a opção pela luta armada eram vistas de forma muito positiva por alguns membros do pcch e acabou por ser uma das referências para a formação do grupo guerrilheiro Frente Patriótica Manuel Rodríguez, no Chile.

A presença da Nicarágua na *Araucaria* teve início no número 8, quando foi publicado um longo "especial" sobre o país que contou com um poema de Neruda intitulado *Sandino*, escritos do próprio Augusto Cesar Sandino, uma carta de Gabriela Mistral protestando contra a caçada promovida a Sandino, que levou a seu assassinato, e um poema do líder sandinista Ernesto Cardenal.[42] No número 28 da

---

41 A Nicarágua foi tema de artigos ou ensaios nas *Araucaria* nº 8, 10, 22, 24, 28, 30, 31, 34, 37, 43 e 46.

42 Neste especial: NERUDA, Pablo. "Sandino". Nuestro Tiempo. *Araucaria de Chile* nº 8. Madri: Ediciones Michay, 4º trimestre 1979, p. 7-9; SANDINO, Augusto Cesar. "Escritos". Nuestro Tiempo. *Araucaria de Chile* nº 8. Madri: Ediciones Michay, 4º trimestre 1979, p. 11-17. MISTRAL, Gabriela. "La Caceria de Sandino". Nuestro Tiempo. *Araucaria de Chile* nº 8. Madri: Ediciones Michay, 4º

revista, outros textos de apoio à causa sandinista foram publicados. Cabe citar, como exemplo, o apelo do jurista espanhol e catedrático de direito na Universidade de Barcelona, Jordi Sole Tura ao governo de seu país, pedindo que se posicionasse contra a absurda política intervencionista estadunidense na revolução não alinhada que se desenrolava na Nicarágua.[43]

Dois ensaios publicados na revista dão a medida da influência da Revolução Nicaraguense na concepção da Política de Rebelião Popular de Massas defendida pelo pcch à época. Eles são de autoria do historiador chileno Vladmir Eichin, estabelecido na Universidade Karl Marx em Leipizig, RDA.[44] O primeiro, assinado com o pseudônimo Grago Darién, intitulado "Enseñanzas teóricas de la revolución nicaraguense" expunha as estratégias que os revolucionários lançaram mão para serem vitoriosos na dupla frente de batalha: contra as forças do ditador Somoza e contra a oposição burguesa.[45] Para o autor, a chave desta vitória esteve no fato de que a Frente Sandinista de Libertação Nacional conseguiu manter a hegemonia sobre os demais movimentos de oposição à ditadura e também de ter conseguido, com sucesso, articular a

---

trimestre 1979, p. 19-20 e CARDENAL, Ernesto. "Amanecer". Nuestro Tiempo. *Araucaria de Chile* n° 8. Madri: Ediciones Michay, 4° trimestre 1979, p. 21.

43 SOLE TURA, Jordi. "No dejar sola a Nicaragua". *Araucaria de Chile* n° 28. Madri: Ediciones Michay, 4° trimestre 1984, p. 13-15.

44 Devo lembrar que o grupo de chilenos estabelecidos nesta universidade, segundo o historiador Rolando Alvarez, foram os gestores do giro político do pcch quando surgiu a Política da Rebelião Popular de Massas. ÁLVAREZ, Rolando. "¿La noche del exilio? Los orígenes de la rebelión popular en el Partido Comunista de Chile". In: ÁLVAREZ, R. *et al. Su Revolución contra nuestra revolución: Izquierdas y derechas en el Chile de Pinochet (1973-1981)*. Santiago: LOM, 2006, p. 101-152.

45 DARRIÉN, Grago. "Enseñanzas teoricas de la revolución nicaraguense". *Araucaria de Chile* n° 31. Madri: Ediciones Michay, 3° trimestre 1985, p. 59-72 (pseudônimo de Vladmir Eichi).

luta armada aos movimentos populares de massa. Esta articulação das diversas formas de luta foi muito valorizada no discurso do pcch para justificar a criação da Frente Patriótica Manuel Rodríguez.

Pouco tempo depois, o mesmo autor, desta vez sem pseudônimo, publicou "La revolución sandinista en el debate ideologico internacional" onde respondeu às críticas que teriam sido feitas pelo estudioso alemão Michael Rediske, para quem a revolução sandinista, por sua espontaneidade, seria uma "exceção histórica". Eichin criticou esta afirmativa por considerar que ela tinha a intenção de isolar o movimento nicaraguense das outras lutas do continente ao considerá-la como uma experiência que não servia de modelo porque se afastava das tradições de lutas revolucionárias da América Latina. Acrescentou que a grande contribuição da Revolução Nicaraguense residia no fato de ter mostrado que a derrubada de uma ditadura não precisava ser seguida por um governo "democrático-burguês" ou "reformista", mas poderia resultar numa revolução socialista.[46] Era justamente esta a ideia temida pela oposição a Pinochet liderada pela Democracia Cristã, que, desde o início, queria negociar uma transição pelo alto, que impedisse a revolução social.

Depois da Nicarágua, Argentina e Uruguai foram os países que mereceram maior atenção da revista. Em ambos os casos, o tema central foi o processo de redemocratização, suas dificuldades e as transformações impostas pelas ditaduras.

Sobre a Argentina, a *Araucaria* nº 19 publicou um artigo de seu diretor e dirigente comunista Volodia Teitelboim sobre a Guerra das Malvinas. O escritor fez um balanço sobre o desfecho do conflito enfatizando o fato de os Estados Unidos terem abandonado a Doutrina Monroe (que defendia a tese da "América para os americanos")

---

46   EICHIN, Vladmir. "La revolución sandinista en el debate ideologico internacional". Exámenes. *Araucaria de Chile* nº 34. Madri: Ediciones Michay, 2º trimestre 1986, p. 55-70.

e o Tratado Interamericano de Assistência Recíproca para ficarem ao lado da Inglaterra. Volodia acreditava que esse ato significava o fim da doutrina Monroe. O escritor valorizou o aspecto anti-imperialista da luta contra a ocupação das Malvinas pela Inglaterra e minimizou o fato de a Argentina ter sido arrastada a este conflito por uma ditadura sanguinolenta que tentava, da pior maneira possível, sustentar-se por mais tempo no poder.[47] Com a derrota da ditadura, no final de 1984, a revista publicou o prólogo do relatório da Comisión Nacional sobre Desaparición de Personas, presidido pelo escritor Ernesto Sábato, na esperança de que, como na Argentina, a ditadura chilena fosse derrubada e os criminosos punidos.[48]

Na *Araucaria* nº 25 há dois ensaios sobre a Argentina. O primeiro é de autoria do historiador chileno Juan G. Torres e analisa a origem e as principais ações do grupo Liga Patriótica.[49] Esta organização, fundada em 10 de janeiro de 1919, era uma resposta dos setores conservadores da sociedade argentina à crescente organização da classe trabalhadora, que desde o final de 1918 orquestrava greves muito mobilizadas reivindicando melhores salários e condições de trabalho, além de uma carga de 8 horas de trabalho por dia; o ápice dos enfrentamentos ocorreu em janeiro de 1919 no episódio que ficou conhecido como "Semana Trágica" ou "Semana Vermelha". A Liga Patriótica defendia o fim do antagonismo de classes em nome da união em torno de valores nacionais contra os "estrangeiros perturbadores da ordem", e durante os anos 1920, no governo de Marcelo T. Alvear

---

47   TEITELBOIM, Volodia. "La guerra de las Malvinas". Cronicas. *Araucaria de Chile* nº 19. Madri: Ediciones Michay, 3º trimestre 1982, p. 183-184.

48   SÁBATO, Ernesto. "Argentina: informe sobre los desaparecidos". Documentos. *Araucaria de Chile* nº 28. Madri: Ediciones Michay, 4º trimestre 1984, p. 51-55.

49   TORRES, Juan G. "Argentina, años 20: la 'Liga Patriótica', expresión del fascismo". Nuestro Tiempo. *Araucaria de Chile* nº 25. Madri: Ediciones Michay, 1º trimestre 1984, p. 13-23.

agiu com anuência do Estado, contando inclusive com milícias armadas para intimidar os trabalhadores sindicalizados. Esta organização, liderada por Manuel Carlés, foi muito importante para a contenção e repressão da classe trabalhadora argentina, especialmente dos anarquistas e estrangeiros. Neste estudo, o autor buscou mapear as origens das práticas violentas de grupos paramilitares apoiados pelo Estado contra os trabalhadores, fenômeno que se repetiu durante a ditadura nos anos 1970.

O segundo ensaio sobre a Argentina na revista número 25 é do jornalista chileno Leonardo Cáceres.[50] Neste texto, o autor apoia os atos do presidente argentino Raul Alfonsín, eleito em 1983, para restabelecer o estado de direito através da investigação e punição dos crimes cometidos pelos militares. Cáceres reproduziu trechos de declarações e entrevistas de militares argentinos onde reconheciam torturas, assassinatos e desaparecimentos, e os justificavam como métodos legítimos de uma "guerra contra a subversão comunista". O autor procurou mostrar que, na Argentina, a tortura e a desaparição de pessoas foi um método de governo que, mesmo com toda sua brutalidade, foi derrubado pela população. O jornalista chileno observou que a Argentina trilhava um caminho que poderia ser também o de seu país: da investigação e punição dos crimes cometidos pela ditadura para que a democracia pudesse ser construída em bases sólidas e o tecido social restabelecido.

Em abril de 1985, a *Araucaria* passou a ser distribuída em Buenos Aires e em seu número 31 (3º trimestre de 1985) foram publicadas duas crônicas, uma de Volodia Teitelboim, sobre a retomada da vida

---

50 CÁCERES, Leonardo. "Argentina, años 80: 'un ejercicio en esperanza' ". *Nuestro Tiempo*. *Araucaria de Chile* nº 25. Madri: Ediciones Michay, 1º trimestre 1984, p. 25-34.

cultural bonaerense após o fim da ditadura,[51] e outra do escritor e jornalista chileno exilado Carlos Ossa, sobre sua volta à capital argentina.[52] A crônica de Volodia merece destaque por narrar um episódio de solidariedade entre chilenos e argentinos ocorrido durante a 11º Feira Internacional do Livro de Buenos Aires: na noite do dia 3 de abril, estava anunciada uma conferência do escritor argentino Enrique Campos Menéndez sobre literatura chilena. O problema era que as obras mais conhecidas deste escritor eram os Bandos Militares[53] de Pinochet. Segundo contou Volodia, o auditório repleto expulsou o "escritor" Campos Menéndez sob gritos de protesto e acusações dos crimes cometidos pelas ditaduras dos dois lados dos Andes.

No caso do Uruguai, o número 20 da revista publicou uma entrevista coletiva, coordenada por Luis Alberto Mansilla,[54] com o presidente da Frente Ampla Alberto Suárez, exilado, e com os jornalistas uruguaios Willi Israel, Irene Pinto e Mario Santos, também no exílio. Merece destaque o pedido do chileno para que seus entrevistados se referissem em linhas gerais à história uruguaia, para que o leitor (presumidamente chileno) pudesse entender o que aconteceu aos uruguaios. Este detalhe demonstra que, como o anunciado no editorial da primeira *Araucaria*, havia uma ignorância mútua entre países vizinhos que viviam experiências similares de governos ditatoriais. Os entrevistados fizeram um panorama da história uruguaia

---

51 TEITELBOIM, Volodia. "Crónica de Buenos Aires". Nuestro Tiempo. *Araucaria de Chile* nº 31. Madri: Ediciones Michay, 3º trimestre 1985, p. 39-49.

52 OSSA, Carlos. "Reencuentro con el pulso de Buenos Aires". Nuestro Tiempo. *Araucaria de Chile* nº 31. Madri: Ediciones Michay, 3º trimestre 1985, p. 49-56.

53 Conjunto de leis por meio das quais a ditadura governou o país desde o golpe em setembro de 1973 até a aprovação da Constituição de 1980.

54 ISRAEL, Willi; PINTO, Irene; SANTOS, Mario; SUÁREZ, Alberto. "Tras la huella extraviada de Artigas". Nuestro Tiempo. *Araucaria de Chile* nº 20. Madri: Ediciones Michay, 4º trimestre 1982, p. 21-35 (entrevista concedida a Luis Alberto Mansilla).

desde a derrota e exílio de Artigas[55] até o golpe militar de 1973. Para os exilados uruguaios, a repressão política instalada nos anos 1960 e institucionalizada em junho de 1973, quando os militares fecharam o Parlamento e ocuparam o aparato de Estado, tinha como objetivo impor uma lógica econômica neoliberal e acabar com o crescimento político da esquerda e com as políticas econômicas desenvolvimentistas dirigidas pelo Estado. Os exilados uruguaios avaliavam que o fim da ditadura estava próximo, pois os militares não haviam conseguido construir apoio na sociedade.

O fim da ditadura e as sequelas que deixou no Uruguai foram analisadas nas páginas de *Araucaria* pelo escritor uruguaio Eduardo Galeano e pelo jornalista de mesma nacionalidade Ricardo Moreno. Galeano apontou como continuidades entre a ditadura e a *"democradura"* o medo como política de manutenção da ordem, pois mesmo após a saída dos militares, estes não foram punidos por seus crimes e ameaçavam "sair dos quartéis" caso os governos civis decidissem investigá-los; outra continuidade apontada por Galeano era a obediência aos ditames econômicos de Washington e do Fundo Monetário Internacional, que resultavam no empobrecimento da maior parte da população e protegiam os lucros de banqueiros e latifundiários.[56] Galeano centrou sua análise na situação no Uruguai, mas fez menções às transições para governos civis que pouco mudaram as políticas impostas pelos militares, que foram comuns a todo o continente.

O tom de desilusão com o governo civil também esteve presente nos textos de Ricardo Moreno publicados em *Araucaria*. O jornalista

---

55 José Gervásio Artigas (1764-1850), político e militar, herói nacional do Uruguai.

56 GALEANO, Eduardo. La dictadura y después: las heridas abiertas. Temas. *Araucaria de Chile* nº 34. Madri: Ediciones Michay, 2º trimestre 1986, p. 109-112 e GALEANO, Eduardo. Las "democraduras" – Fuerzas Armadas y democracia "travestida"en America Latina. Nuestro Tiempo. *Araucaria de Chile* nº 38. Madri: Ediciones Michay, 2º trimestre 1987, p. 27-31.

uruguaio, que durante a ditadura exilou-se na Suécia, denunciou a destruição do país levada a cabo pelos militares, o aumento da dívida externa e do custo de vida que transformou livros em artigo de luxo num país que, antes do assalto ao poder dos militares, estava entre aqueles com a maior população leitora. Moreno destacou que as críticas ao governo civil uruguaio vinham tanto da esquerda quanto de setores tradicionalmente moderados como os religiosos. O jornalista explicou que a ausência de perspectiva de crescimento econômico para o país tinha como consequência o grande êxodo populacional de jovens bem qualificados, e esse quadro era gravíssimo para um país que contava então com apenas 3 milhões de habitantes.[57]

Em *Araucaria*, também houve menções a El Salvador, Guatemala e Colômbia. As nações da América Central foram lembradas pela eclosão de movimentos armados populares e nacionalistas que tiveram como objetivo derrubar os governos títeres impostos pelo imperialismo estadunidense. Nos casos de El Salvador e Guatemala, foram divulgados dados sobre as guerrilhas, mortos pelas ditaduras e exilados e também divulgados os índices da má distribuição de renda, das altíssimas taxas de mortalidade infantil e outros fatores que explicavam a revolta da população explorada pelas multinacionais estadunidenses. A intenção da revista era demonstrar solidariedade aos movimentos populares desses países e informar seus leitores sobre os crimes relacionados ao imperialismo estadunidense.

Sobre El Salvador, a revista *Araucaria* nº 16 publicou o documento de autoria de Joaquín Villalobos, um dos comandantes da Frente Farabundo Martí de Libertação Nacional (FMLN), com o objetivo de informar seus leitores sobre os enfrentamentos entre os guerrilheiros

---

57   MORENO, Ricardo. "Tras la larga noche – Fuerzas Armadas y democracia 'travestida' en America Latina". Nuestro Tiempo. *Araucaria de Chile* nº 38. Madri: Ediciones Michay, 2º trimestre 1987, p. 31-34, e *idem*. "Uruguay hacia fines de los ochenta". Nuestro Tiempo. *Araucaria de Chile* nº 44. Madri: Ediciones Michay, 4º trimestre 1988, p. 139-145.

e o exército regular do país.[58] Segundo o informe de Villalobos, o movimento guerrilheiro havia conseguido se organizar no bojo das manifestações de massa contra os desmandos da Junta Militar que dominava El Salvador. Para o autor, a guerrilha tinha contra si a alta densidade demográfica (5 milhões de habitantes distribuídos em 21 mil km²) num território inteiramente cortado por uma malha rodoviária que facilitava o deslocamento das tropas de repressão. Contudo, Villalobos informou que, com o apoio da população, os guerrilheiros haviam conseguido, em janeiro de 1981, impor derrotas significativas ao adversário e, apesar da desigualdade de forças (lembrou que as tropas regulares contavam com apoio logístico e material dos Estados Unidos), os guerrilheiros haviam conseguido sair de posições defensivas e estabelecer uma situação de equilíbrio até junho de 1981, quando foi redigido o informe.

O mesmo Joaquín Villalobos concedeu uma entrevista à socióloga chilena Marta Harnecker, publicada na *Araucaria* nº 22,[59] na qual destacou a importância da rádio Venceremos para a difusão das notícias do exército rebelde e que, após dois anos de combate, a FMLN conseguia variar suas táticas militares e impor reveses importantes ao exército regular. Em sua entrevista, Villalobos reconheceu que teve que adotar uma tática mais ofensiva diante dos esforços do governo ao realizar a eleição presidencial em março de 1982, contudo, os combates prosseguiam apesar das declarações do líder guerrilheiro de estar próximo da vitória.

A conjuntura da Guatemala foi tema de uma pesquisa realizada por Carlos Orellana e Raúl Pizarro Illanes e publicada na *Araucaria*

---

58   VILLALOBOS, Joaquín. "La situación militar en El Salvador". Documentos. *Araucaria de Chile* nº 16. Madri: Ediciones Michay, 4º trimestre 1981, p. 145-164.

59   *Idem.* "El Salvador: de la insurreción a la guerra revolucionaria". Nuestro Tiempo. *Araucaria de Chile* nº 22. Madri: Ediciones Michay, 3º trimestre 1983, p. 55-71 (entrevista concedida Marta Harnecker).

n° 19.[60] Esta pesquisa, organizada sob a forma de perguntas feitas a personalidades guatemaltecas exiladas (não identificadas na revista), traçava um panorama social e político do país desde o golpe que derrubou o governo democrático de Jacobo Arbenz em junho de 1954. A abertura do texto apresenta diversos dados para que o leitor pudesse compreender o que se passava no país, informando a impressionante cifra de 80 mil mortos e desaparecidos entre 1954 e 1981. As respostas informam que a violência do golpe de 1954 foi tamanha que a oposição apenas conseguiu organizar-se em 1962, e que desde então grupos civis formados pelos partidos políticos e pelo movimento estudantil e grupos militares de baixa patente que desertavam tiveram dificuldades de se unirem para combater a ditadura, resultando no fracasso das tentativas de organizar guerrilhas nos anos 1960. A revista informou que a oposição conseguiu compor uma unidade e combater em armas de modo eficaz a ditadura militar apenas na segunda metade dos anos 1970, quando perceberam que apenas incorporando as reivindicações dos povos indígenas (que eram 60% dos quase 8 milhões de habitantes do país) poderiam derrubar o regime. Segundo o texto, naquele momento – início dos anos 1980 – a oposição unificada lançava um programa de governo revolucionário, uma vez que afirmavam deter o controle de 70% do território da Guatemala.

Sobre este país, a *Araucaria* publicou ainda um ensaio de Arturo Taracena Arriola que conta a história da fundação do Partido Comunista na década de 1920, quando o Estado se punha a serviço dos lucros da United Fruit Company e os trabalhadores reivindicavam direitos básicos, como a liberdade de organização e salários dignos.[61]

60   ORELLANA, Carlos; PIZARRO, Raúl. "Guatemala: las líneas de la insurrección popular". Nuestro Tiempo. *Araucaria de Chile* n° 19. Madri: Ediciones Michay, 3° trimestre 1982, p. 13-34.

61   TARRACENA ARIOLA, Arturo. "El primer Partido Comunista de Guatemala". Examenes. *Araucaria de Chile* n° 27. Madri: Ediciones Michay, 3°

Infelizmente, o quadro de repressão e violência mostrado nos anos 1920 se parecia muito àquele dos anos 1980.[62] A Colômbia foi tema de textos de autoria do escritor e jornalista chileno Juan Jorge Faúndes,[63] que denunciou a Guerra Suja levada a cabo por paramilitares com a conivência do governo do tecnocrata Virgilio Barco (1986-1990) contra os camponeses. O autor informou que essa guerra teve início após a criação do movimento esquerdista Unión Patriótica, que em três anos de existência teve quase um militante assassinado por dia, sem que o mundo tomasse conhecimento. Faúndes observou que a Colômbia tinha uma história marcada pela violência social e política: depois das guerras de independência, o poder foi disputado de modo sangrento por 138 anos; nos anos 1940 teria surgido a primeira esperança de um presidente que corresponderia às demandas populares, Jorge Eliécer Gaitán, que foi assassinado em 1940, e, segundo o autor, desde então até 1958, teriam morrido 300 mil pessoas nos enfrentamentos entre liberais e conservadores. Nos anos 1960, no bojo dos movimentos anti-imperialistas e anticapitalistas que estremeceram o Terceiro Mundo, surgiram diversas guerrilhas no país: as Forças Armadas Revolucionárias da Colômbia (FARC), o Exército de Libertação Nacional (ELN), o Exército Popular de Libertação (EPL) e, nos anos 1970, o Movimento 19 de abril (M19).

Segundo Faúndes, entre 1978 e 1982, o governo colombiano então liderado por Julio Cesar Turbay combateu as guerrilhas de modo extremo: torturas, desaparições, esquadrões da morte, entre outros métodos,

---

trimestre 1984, p. 71-91.

62   Está em andamento a pesquisa de Amina Vergara sobre como as intervenções da United Fruit Company na Guatemala foram represnentadas nos romances de Miguel Ángel Asturias.

63   FAÚNDES, Juan Jorge. "Colombia alucinante". *Nuestro tiempo. Araucaria de Chile* nº 43. Madri: Ediciones Michay, 3º trimestre 1988, p. 55-67 e FAÚNDES, Juan Jorge. "Colombia: el precio de la vida y la muerte". *Araucaria de Chile* nº 45. Madri: Ediciones Michay, 1º trimestre 1989, p. 45-47.

172 Êça Pereira da Silva

foram institucionalizados; o governo seguinte de Belisario Betancur (1982-1986) foi marcado por tentativas de diálogo com as guerrilhas.

Foi neste momento que as FARC lançaram sua expressão política legal: a Unión Patriótica; contudo, a extrema direita, formada por grupos civis paramilitares, opôs-se violentamente ao processo de paz. Betancur foi sucedido por Vigilio Barco, que retomou a política de combate às guerrilhas por meio de combate às suas bases de apoio. O jornalista chileno afirmou que o governo reconheceu perante o Congresso a existência de 147 grupos paramilitares de "auto-defesa". Diante de tal quadro, Faúndes qualificou de "alucinante" a realidade colombiana permeada por violência, sem perspectiva de pacificação a curto prazo.

Cuba foi uma referência constante em *Araucaria* através de entrevistas ou menções de outra natureza. A Ilha foi sempre evocada pela solidariedade prestada ao povo chileno ou pela promoção de atividades culturais de importância continental, como o prêmio Casa de las Américas. Mas especialmente pela sua revolução vitoriosa. *Araucaria* publicou, no número 25, um especial dedicado à Revolução Cubana em seus 25 anos, que constava de um texto de Volodia Teitelboim rendendo homenagem à Fidel Castro,[64] da transcrição de uma entrevista concedida pelo ministro da cultura Armando Hart para jornalistas de diversos países, (as perguntas se concentraram na questão do dirigismo cultural por parte do Estado e no inevitável tema dos dissidentes),[65] de entrevistas com três personalidades da cultura cubana – o pintor Wilfredo Lam,[66] o etnógrafo e ensaísta Miguel

---

64 TEITELBOIM, Volodia. La vuelta a Santiago. 25 años de la Revolución Cubana. *Araucaria de Chile* nº 25. Madri: Ediciones Michay, 1º trimestre 1984, p. 91-98.

65 HART, Armando. "La cultura como exigencia popular". 25 años de la Revolución Cubana. *Araucaria de Chile* nº 25. Madri: Ediciones Michay, 1º trimestre 1984, p. 99-109.

66 LAM, Wilfredo. "Una pintura es también un acto político". 25 años de la Revolución Cubana. *Araucaria de Chile* nº 25. Madri: Ediciones Michay, 1º trimestre 1984, p. 112-115 (entrevista concedida a Virginia Vidal).

Barnet[67] e o *"cantautor de la revolución"* Carlos Puebla.[68] Ainda nesse especial, foram publicados três ensaios: sobre o "profeta" Jose Martí, do uruguaio Eduardo Galeano,[69] uma análise da obra de Alejo Carpenter feita por Luis Bocaz[70] e outro de Ramón de Armas sobre o internacionalismo revolucionário dos chilenos que cooperaram com a Guerra de Independência de Cuba em 1895.[71]

Apesar do tom comemorativo aos feitos dos revolucionários cubanos, *Araucaria* foi alvo de críticas por parte de leitores cubanos. No número 28 foi publicada uma carta de Havana[72] onde um leitor expôs sua irritação com um erro no nome de Célia Sánchez (que na publicação saiu Cecilia Sánchez[73]) e enviou à revista uma biografia resumida da revolucionária que, além de informações sobre seus feitos

---

67 BARNET, Miguel. "Una sola obra que intenta expresar la identidad cubana". 25 años de la Revolución Cubana. *Araucaria de Chile* n° 25. Madri: Ediciones Michay, 1° trimestre 1984, p. 116-123 (entrevista concedida a Luis Iñigo Madrigal).

68 PUEBLA, Carlos. "Carlos Puebla: cantar para vivir o vivir para cantar". 25 años de la Revolución Cubana. *Araucaria de Chile* n° 25. Madri: Ediciones Michay, 1° trimestre 1984, p. 123-131 (entrevista concedida Guillermo Haschke).

69 GALEANO, Eduardo. "Ventanas sobre Martí". 25 años de la Revolución Cubana. *Araucaria de Chile* n° 25. Madri: Ediciones Michay, 1° trimestre 1984, p. 141-146.

70 BOCAZ, Luis. "El arpa y la sombra de Alejo Carpentier". 25 años de la Revolución Cubana. *Araucaria de Chile* n° 25. Madri: Ediciones Michay, 1° trimestre 1984, p. 131-139.

71 DE ARMAS, Ramón. "El apoyo chileno a la revoución de 1895". *Araucaria de Chile* n° 25. Madri: Ediciones Michay, 1° trimestre 1984, p. 147-168.

72 "El homenage a Cuba. De los lectores". *Araucaria de Chile* n° 28. Madri: Ediciones Michay, 4° trimestre 1984, p. 8-9.

73 ORELLANA, Carlos. 25 años de la revolución cubana. *Araucaria de Chile* n° 25. Madri: Ediciones Michay, 1° trimestre 1984, p. 83.

públicos, agregou que ela era adepta da *santeria*.[74] Tal informação, segundo Orellana, causou problemas para a circulação da *Araucaria* em Cuba, onde os membros do PC cubano fizeram com que os chilenos riscassem essa informação dos 200 números da revista que foram enviados à Ilha.[75] Este problema, aparentemente banal, mostra como ainda havia dificuldades em Cuba em lidar com suas raízes africanas, e como uma breve informação pode causar inconvenientes para a circulação da revista, que dependia da militância comunista.

Cabe esclarecer que, nos textos referentes à análise conjuntural sobre América Latina, a revista *Araucaria* priorizou as questões relativas ao continente de forma genérica e as análises específicas sobre cada país apareceram em menor número; a única exceção foi a Nicarágua, devido à revolução que atraía a atenção da esquerda latino-americana e europeia pela originalidade da aliança entre marxistas e setores cristãos.

4.8 A CULTURA LATINO-AMERICANA

A revista publicou ilustrações, poemas, contos, trechos de romances e discussões sobre cinema produzidos por artistas de outros países latino-americanos, mas em quantidade muito menor que a produzida

---

74   *Santería* é um sistema de cultos que tem como elemento essencial a adoração de divindades surgidas do sincretismo entre crenças africanas e a religião católica (www.rae.es).

75   Segundo Orellana relatou em sua biografia, esta polêmica informação sobre Célia Sanchez estaria contida em alguma revista anterior a 1983, pois neste ano esteve em Havana e se inteirou que a revista que continha esta informação apenas pôde circular depois que ela foi riscada pelos membros do PC chileno que a distribuíam. Contudo, a única referência à "santería de Célia Sanchez" está contida nesta carta de um leitor cubano contida na *Araucaria* 28 publicada no 4º trimestre de 1984, logo acredito que houve alguma confusão na data da viagem informada por Orellana em sua biografia. A informação sobre a revista censurada está em ORELLANA, *Penúltimo Informe... op. cit.*, p. 283.

por chilenos. Isto se deve ao fato de que o objetivo da revista era divulgar a cultura chilena.

Nos anos de publicação da *Araucariam*, ainda se vivia o *boom* da literatura hispano-americana, e as colaborações de Julio Cortázar, Mario Benedetti, Eduardo Galeano, Carlos Fuentes, Gabriel García Márquez, Roberto Fernández Retamar, Arturo Arias, Roberto Armijo, entre muitos outros, contribuíram para aumentar seu prestígio.

O ponto alto deste movimento de descoberta da literatura hispano-americana pelo Velho Mundo foi o Prêmio Nobel de 1982, dado a García Márquez. *Araucaria* número 21 dedicou um longo "especial" ao escritor colombiano, com o cuidado de reproduzir integralmente o discurso engajado proferido por ele na ocasião de recebimento do prêmio, quando se referiu aos muitos crimes cometidos pelo imperialismo estadunidense em nosso continente, entre os quais o golpe sofrido pelos chilenos em 1973.[76] Contudo, nem sempre as declarações de García Márquez eram aplaudidas pelos chilenos: numa entrevista publicada na *Araucaria* número 5, o escritor colombiano provocou polêmica ao acusar a esquerda chilena de ter abandonado Allende à sua sorte, de certa forma responsabilizando-a pelo sucesso do golpe.[77]

O diretor de *Araucaria*, Volodia Teitelboim, escreveu sobre um personagem que povoou a literatura hispano-americana dos anos 1970: o ditador. Comparando os ditadores criados por Roa Bastos (*Yo, el supremo*, 1974), García Márquez (*El otoño del Patriarca*, 1975), Alejo Carpentier (*El recurso del método*, 1976) e René Depestre (*El palo ensebado*, 1975), Volodia concluiu que os autores construíam seus ditadores valendo-se ainda da ideia do velho caudilho latino-americano e que

---

76   GARCÍA MÁRQUEZ, Gabriel. "La soledad de América Latina". Temas. *Araucaria de Chile* nº 21. Madri: Ediciones Michay, 1º trimestre 1983, p. 97-100.

77   *Idem.* "Solo cuento cosas que pasan a la gente". Nuestro Tiempo. *Araucaria de Chile* nº 5. Madri: Ediciones Michay, 1º trimestre 1979, p. 7-21 (entrevista concedida a Ligea Balladares).

os ditadores pós-revolução cubana, atrelados ao imperialismo estadunidense, ainda não haviam sido representados no mundo da literatura. Contudo, a constância com a qual este personagem apareceu indicava que seguia, além de intrigante, tristemente contemporâneo em todo o continente em plenos anos 1970.[78] A escritora uruguaia Graciela Mantaras Loedel publicou em *Araucaria* um balanço sobre a literatura de seu país.[79] Para a autora, o processo de desertificação populacional iniciado durante a ditadura e que teve continuidade no governo civil era fundamental para compreender a literatura uruguaia que havia resistido aos anos de censura e desterro; e findada a ditadura, o desafio dos escritores – e artistas em geral – era produzir cultura num país cuja própria existência estava ameaçada pelo imenso êxodo dos jovens.

O cinema produzido na América Latina também teve espaço na revista *Araucaria*. Mereceram destaque os cinemas mexicano, cubano, argentino e boliviano. México e Cuba foram os destinos de muitos cineastas exilados pelas ditaduras que devastaram o continente naqueles anos. Estes dois países contavam com uma industria cinematográfica estabelecida graças à ação do Estado no setor.[80] Cuba, especificamente, foi destacada na *Araucaria* por sediar, naqueles anos, os festivais de cinema latino-americano que eram plataforma para as produções do continente.[81] Mereceu nota também a abertura na Ilha,

---

78   TEITELBOIM, Volodia. "Las novelas del dictador". Temas. *Araucaria de Chile* nº 2. Madri: Ediciones Michay, 2º trimestre 1978, p. 79-91.

79   MATARAS LOEDEL, Graciela. "Uruguay: la resistencia y después...". Temas. *Araucaria de Chile* nº 44. Madri: Ediciones Michay, 4º trimestre 1988, p. 147-156.

80   PARANAGUA, Paulo Antonio. "Diez razones para amar o odiar el cine mexicano (y para excluir toda indiferencia)". Temas. *Araucaria de Chile* nº 23. Madri: Ediciones Michay, 3º trimestre 1983, p. 85-92.

81   Para mais detalhes sobre a indústria cinematográfica cubana procurar: VILLAÇA, Mariana. *O Instituto Cubano de Arte e Indústria Cinematográficos*

em 1987, da Escuela Internacional de Cine y Television, que acolhia estudantes latino-americanos, africanos e asiáticos.[82]

A *Araucaria* noticiou também que o cinema argentino havia triplicado sua produção entre 1982 e 1984: o fim da guerra das Malvinas e da ditadura militar, criou um clima de efervescência cultural no qual era impossível excluir a política das reflexões. O filme *Historia oficial*, de Luis Puenzo, foi o símbolo desta retomada do cinema argentino, não só por ter causado grande impacto nas plateias do mundo inteiro, mas também por ter sido vencedor de prêmios internacionais.[83]

Contrastando com o florescimento do cinema argentino pós-ditadura, o cinema boliviano dependia da vontade férrea de seus poucos diretores, roteiristas e técnicos, que nunca tiveram a proteção de uma legislação e tampouco o apoio de uma indústria cinematográfica estabelecida, sofrendo ainda com a implacável censura e repressão instalada pelo governo ditatorial de Hugo Banzer (1971-1978). O cineasta boliviano exilado na RDA Oscar Zambrano publicou um "Guión breve para una historia del cine boliviano" na *Araucaria* 41, no qual mostrou que a produção cinematográfica neste país surgiu vinculada às lutas

---

(Icaic) e a política cultural em Cuba. (1959-1991). Tese de doutorado. São Paulo, Departamento de História, FFLCH-USP, 2006.

82 ALEA, Tomas Gutiérrez. "Confesiones de un cineasta". Temas. *Araucaria de Chile* n° 37. Madri: Ediciones Michay, 1° trimestre 1987, p. 79-89; AYMARÁ, Sol. "Breve mirada al cine cubano". Temas. *Araucaria de Chile* n° 37. Madri: Ediciones Michay, 1° trimestre 1987, p. 90-93; AYMARA, Sol. "Cine latinoamericano: una perspectiva nueva". *Araucaria de Chile* n° 41. Madri: Ediciones Michay, 1° trimestre 1988, p. 128-130. Sol Aymará era um pseudônimo utilizado por Jacqueline Mouesca e Carlos Orellana. JILES, Pamela. "La fiesta del cine pobre". Temas. *Araucaria de Chile* n° 37. Madri: Ediciones Michay, 1° trimestre 1987, p. 93-95.

83 RIOS, Humberto. "El renacimiento del cine argentino". Nuestro tiempo. *Araucaria de Chile* n° 32. Madri: Ediciones Michay, 4° trimestre 1985, p. 83-90 e AYMARA, Sol. "La historia oficial". *Araucaria de Chile* n° 32. Madri: Ediciones Michay, 4° trimestre 1985, p. 90-93.

populares da Revolução Nacionalista de 1952, resultando em produções que tinham como questão principal as lutas dos camponeses indígenas e dos mineiros de estanho.[84]

O mesmo cineasta escreveu sobre as transformações ocorridas no cinema latino-americano como um todo no início da década de 1980. Para Zambrano, até a década de 1970 os cineastas faziam o cinema possível: sem recursos, não abriam mão dos questionamentos e da crítica social, e sabiam de antemão que teriam um público restrito, que se dispunha a trocar o cinema *holywoodiano* pelo cinema *latinoamericano*. Zambrano considerava que, com o surgimento das classes médias (ou *clase a medias*) na década de 1980, os cineastas latino-americanos poderiam fazer esforços no sentido de dialogar com este novo público, que ocupava um lugar cada vez mais importante no cenário político continental, mas sem abrir mão do questionamento e da crítica social.[85]

Os músicos de outros países do continente também tiveram espaço na revista *Araucaria* quando muito conhecidos, como foi o caso dos argentinos Atahualpa Yupanqui, Carlos Gardel e Mercedes Sosa e dos cubanos Leo Brouwer, Sílvio Rodríguez e Pablo Milanês.

Em relação aos músicos argentinos, a revista focou a popularidade e a influência de seus trabalhos em todo o continente. Na *Araucaria* nº 34, o musicólogo chileno Alfonso Padilla, exilado da Finlândia, destacou a influência do argentino Atahualpa Yupanqui para a valorização da musicalidade folclórica e de letras que tivessem como tema o cotidiano dos trabalhadores em todo o continente ainda nos anos 1930, o que teria sido decisivo, décadas mais tarde, para o *"boom"* da

---

84   ZAMBRANO, Oscar. "Guión breve para una historia del cine boliviano". Temas. *Araucaria de Chile* nº 41. Madri: Ediciones Michay, 1º trimestre 1988, p. 119-127.

85   *Idem.* "Del cine necesario al cine posible". Nuestro tiempo. *Araucaria de Chile* nº 32. Madri: Ediciones Michay, 4º trimestre 1985, p. 90-92.

Nova Canção Latino-americana.[86] Uma das vozes mais conhecidas deste movimento, a também argentina Mercedes Sosa, teve uma entrevista publicada na *Araucaria* nº 21, onde analisou os trabalhos no exterior e expôs sua expectativa em voltar a viver em seu país após o fim da ditadura.[87]

O cantor argentino Carlos Gardel foi homenageado pela revista *Araucaria* quando comemorou-se 90 anos de seu nascimento e no 50º aniversário de seu falecimento.[88] Em ambas as ocasiões, os artigos de *Araucaria* destacaram o papel de Gardel para elevar o tango de um ritmo marginal, associado à vida noturna do porto, ao patamar de um folclore urbano, e para os mais entusiastas ao status de "ritmo nacional argentino", aplaudido nas casas de espetáculo mais badaladas da Europa.

Os músicos cubanos Leo Brouwer, Sílvio Rodríguez e Pablo Milanes, pertencentes ao movimento da Nova Trova Cubana,[89] foram entrevistados por *Araucaria*. O tema da relação entre arte e revolução era constante nos textos sobre os cubanos e nas entrevistas que concederam à *Araucaria*. As entrevistas gravitaram em torno da busca de uma estética musical revolucionária e, no caso de Rodríguez e Milanes, também

---

86   PADILLA, Alfonso. "Atahualpa Yupanqui: la voz mayor americana". *Araucaria de Chile* nº 34. Madri: Ediciones Michay, 2º trimestre 1986, p. 171-173.

87   BRAVO, Irma e GASCÓN, Felip. "Mercedes Sosa vuelve a Tucumán". Varia Intencion. *Araucaria de Chile* nº 21. Madri: Ediciones Michay, 1º trimestre 1983, p. 207-209.

88   OSSA, Carlos. "Gardel: un fantasma del viejo pasado?" Temas. *Araucaria de Chile* nº 13. Madri: Ediciones Michay, 1º trimestre 1981, p. 137-146; SCHULTZ, Agustín; RAMÍREZ, Warren. *50 años no es nada.* (Especial sobre Gardel). *Araucaria de Chile* nº 31. Madri: Ediciones Michay, 3º trimestre 1985, p. 189-193.

89   Para mais informações sobre a Nova Trova Cubana, VILLAÇA, Mariana Martins. *Polifonia Tropical – experimentalismo e engajamento na canção popular no Brasil e em Cuba (1967-72).* São Paulo: Humanitas/FFLCH-USP, 2004.

sobre o impacto da experiência chilena para os dois artistas cubanos que visitaram o país andino durante o governo Allende.[90] O único artista plástico não chileno cuja obra foi tema de um ensaio na *Araucaria* foi o pintor equatoriano Oswaldo Guayasamín.[91] O ensaísta argentino Hector Agostí analisou detidamente o estilo do pintor equatoriano enfatizando sua habilidade em unir elementos "universais" (europeus) e "específicos" (indígenas, equatorianos e americanos) em seu trabalho; esta união de elementos, para o crítico, resultava numa eficácia em transmitir significados pela arte sem torná-la um panfleto. Deste modo, a arte de Guayasamín resultava num realismo "dinâmico e suprassubjetivo", que, para o autor, permitia adentrar numa realidade viva em infinitos movimentos. Curiosamente, a publicação deste ensaio em *Araucaria* nº 6 não foi acompanhada por reproduções de obras de Oswaldo Guayasamín, que apenas foram publicadas na revista nº 45. A seguir, uma das obras do equatoriano reproduzidas na revista, que apresenta características cubistas; nela se destaca a expressão de tristeza das figuras, acentuada pelo fundo escuro que direciona a atenção para elas.

---

90   MÉLLAC, Regine. "Con Silvio Rodriguez y la canción política". Varia Intencion. *Araucaria de Chile* nº 13. Madri: Ediciones Michay, 1º trimestre 1981, p. 198-199; RODRÍGUEZ, Sílvio. "Conversación con Silvio Rodríguez". *Araucaria de Chile* nº 16. Madri: Ediciones Michay, 4º trimestre 1981, p. 61-77 (entrevista concedida a Isabel Parra); MILANES, Pablo. "Nueva trova cubana: la lucha por el cambio en el lenguage musical". *Araucaria de Chile* nº 29. Madri: Ediciones Michay, 1º trimestre 1985, p. 127-135 (entrevista concedida a Carlos Orellana); PINO RODRÍGUEZ, Martín. "Leo Brouwer y la guitarra". Temas. *Araucaria de Chile* nº 42. Madri: Ediciones Michay, 2º trimestre 1988, p. 135-136; WISTUBA ALAVAREZ, Wladmir. "La musica de Leo Brouwer". Temas. *Araucaria de Chile* nº 42. Madri: Ediciones Michay, 2º trimestre 1988, p. 129-134.

91   AGOSTI, Hector. "La universalidad americana de Guayasamin". Temas. *Araucaria de Chile* nº 6. Madri: Ediciones Michay, 2º trimestre 1979, p. 87-97.

Ilustração 10: pintura do equatoriano Oswaldo Guayasamín
que ilustra a *Araucaria* n° 45, p. 4

Os demais pintores latino-americanos marcaram presença na revista a partir de reproduções de suas obras que ilustraram a revista. Foram capas de cinco números de *Araucaria*: os argentinos Delia del Carril (n° 28), Luis Felipe Noé (n° 31) e Antonio Seguí (n° 34); o uruguaio Jose Gamarra (n° 16), o cubano Mariano Rodríguez (n° 25) e o brasileiro Gotan Neto (n° 41).

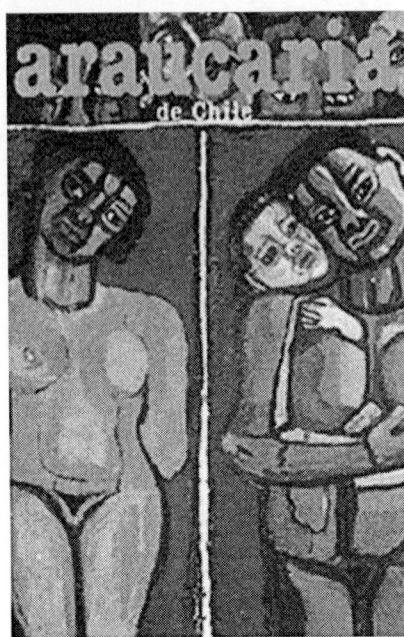

Ilustração 11: capa da *Araucaria* n° 28 – autoria da pintora argentina Delia del Carril

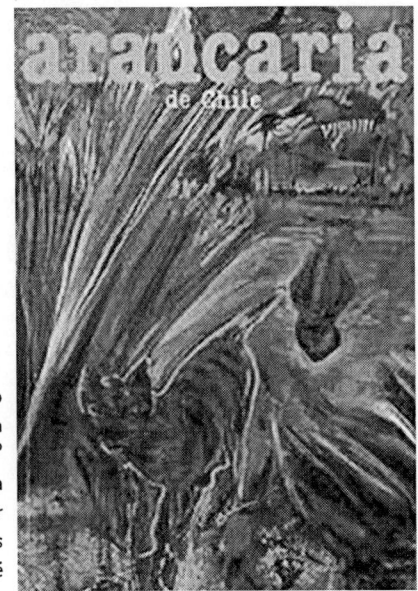

Ilustração 12: Capa da *Araucaria* n° 31 – autoria do pintor argentino Luis Felipe Noé

A pintura da artista argentina Delia del Carril, valoriza a estética latino-americana pelas cores fortes que utiliza, as peles escuras e os traços corporais marcados por narizes e lábios largos. Nota-se em seu quadro a presença das três etnias que povoaram o continente: o indígena, o negro e o europeu, representados em figuras geometrizadas, pintadas em expressivas linhas grossas valorizadas pelo fundo azul.

A pintura escolhida para a capa da *Araucaria* nº 31, de autoria do argentino Luis Felipe Noé, apresenta características fouvistas, pois a força da obra está na explosão de cores que utiliza para explorar o dualismo entre sensação e construção: a sensação é dada pelo conjunto das cores, a construção com o volume e o espaço. Esta obra valoriza a função da cor na obra plástica para a partir dela formar a cena: um gato caminhando em um pântano, e ao fundo uma figura escura flutuando num lago, onde se pode fazer a inferência que se trata de um desaparecido.

A capa da *Araucaria* nº 16 é de autoria do pintor uruguaio Jose Gamarra, que brincou com a pintura de cenas de narrativas históricas. Em sua versão, a chegada dos europeus ao Novo Mundo, no século XVI, está repleta de elementos oníricos, como um anjo indígena que aponta sua flecha em direção ao "descobridor" e a uma serpente marinha gigante, fazendo alusão, talvez, à serpente do paraíso terrestre ameaçado pelos conquistadores.

Ilustração 13:
capa da *Araucaria*
n° 16 – autoria
do uruguaio Jose
Gamarra

Ilustração 14: capa
da *Araucaria* n° 25
– autoria do cubano
Mariano Rodríguez

O artista cubano Mariano Rodríguez foi o responsável pela capa da *Araucaria* n° 25, que contava com um especial em homenagem aos 25 anos da Revolução Cubana, por isso foi totalmente ilustrada por artistas da Ilha. Na obra escolhida para ser capa da revista, há um galo pintado em cores quentes (tons de vermelho, amarelo e laranja). Este é um animal cuja simbologia é muito forte em toda a América Latina, associado à masculinidade, à virilidade, à força, à valentia e à arrogância.

A capa da *Araucaria* n° 41 é a reprodução de parte de uma pintura do brasileiro Gotrán Neto, que pode ser vista em sua totalidade na contracapa. A obra do brasileiro apresenta pessoas com característi-cas de trabalhadores – os chapéus para os homens, os lenços para as mulheres –, indicam o trabalho no campo – à frente destes trabalha-dores há crianças, e todos juntos com suas cabeças erguidas. A esco-lha desta imagem para capa demonstra uma homenagem às classes trabalhadoras.

Ilustração 15: capa da *Araucaria* n° 41 – autoria do brasileiro Gotrán Neto

Ilustração 16: contra-capa da *Araucaria* n° 41 –autoria do brasileiro Gotrán Neto

Acredito que os temas continentais foram sendo destacados na revista *Araucaria* à medida que seus editores percebiam que os problemas chilenos eram comuns aos de seus vizinhos, ou, como no caso da Nicarágua, que as soluções adotadas poderiam servir de inspiração para outras experiências revolucionárias.

Nas análises publicadas foi possível constatar a ênfase na ideia de que as democracias em construção, por carregarem o pesado fardo das dívidas externas, não seriam capazes de resolver os graves problemas sociais na medida em que se comprometiam a honrar os acordos feitos pelos militares. A grande novidade estava na Teologia da Libertação, que apontava a possibilidade de enraizar o pensamento revolucionário nas camadas sociais cristãs. A Revolução Nicaraguense representava o maior êxito da aliança entre marxistas e cristãos para a transformação social.

Há uma ausência notável na revista *Araucaria*: o Brasil. Aqui, sofremos o primeiro golpe militar em 1964, da onda de tiranias que afogou o continente durante vinte anos. Além disso, assim como no Chile e outros países americanos, atravessamos uma grave crise econômica nos anos 1980 e o retorno dos civis ao poder foi pactuado com os militares. O Brasil apenas apareceu na *Araucaria* em comentários esparsos ou quando havia referência a algum brasileiro como Leonardo Boff, D. Helder Câmara, Glauber Rocha ou na reprodução da obra de Gotan Neto. Acredito que tal ausência se explique pelo distanciamento que historicamente o Brasil tomou da América Latina,[92] de certa forma como os chilenos, como foi explicado no início deste capítulo.

Cabe a seguir verificar como a esquerda chilena se comportou durante os anos da ditadura e como o PCCH, em suas discussões internas, respondeu às mudanças e, principalmente, qual postura foi assumida pelo grupo de *Araucaria* frente à saída negociada da ditadura de Pinochet.

---

92 Sobre a inserção do Brasil na América Latina ver CAPELATO, Maria Helena Rolim. "O 'gigante brasileiro' na América Latina: ser ou não ser latino-americano". In: Carlos Guilherme MOTA, (org.). *Viagem incompleta: a experiência brasileira (1500-2000) – a grande transação.* São Paulo: Editora Senac, 2000, p. 285-316.

5

ARAUCARIA: NEM PELA GUERRILHA, NEM PELO ACORDO. POR UM CHILE DEMOCRÁTICO

Neste capítulo serão expostas as discussões políticas dos anos 1980, quando o PCCH lançou a plataforma da Política de Rebelião Popular, registrada na revista *Araucaria*; caberá mostrar quais foram as posições assumidas pelo grupo de *Araucaria* nas discussões internas do PCCH que levaram à adoção de sua nova linha. Para tanto, terei que me remeter às mudanças ocorridas no regime Pinochet e à reconstrução das alianças no campo da oposição, principalmente depois da crise econômica do início dos anos 1980, quando a ditadura teve de enfrentar as manifestações de rua, que demonstraram, nas Jornadas de Protesto, que não se podia manter sob o medo um país inteiro por muito tempo.

5.1 OS INTELECTUAIS E A CULTURA NO PCCH

Como já foi esclarecido, a decisão de fundar uma revista cultural no exílio partiu da direção do Partido Comunista Chileno; tal iniciativa se pautou por uma tradição de luta que começou com o seu fundador, Luis Emílio Recabarren, autor de peças teatrais e poesias, fundador de jornais com o objetivo de, através da cultura, despertar os trabalhadores para a luta política.[1] Não era a proposta da revista transformar a cultura em instrumento de discussão política; ao contrário, o projeto consistia na integração entre cultura e política, e como procurei mostrar até o momento, esta relação foi a característica principal do periódico.

Segundo Orellana, assim como os PC's de França, Espanha e Itália, o PC chileno contou com uma grande presença de intelectuais e artistas em suas fileiras, para citar apenas alguns: os historiadores Hernán Ramírez Nechocea e Fernando Ortiz, o cientista Alejandro Lipschutz, os músicos Víctor Jara e Sérgio Ortega e o poeta Pablo Neruda, entre outros. Este diferencial fez com que o Partido estivesse aberto aos debates culturais e, antes de 1973, financiado outras publicações culturais como *Aurora*, *ProArte*, *Ultramar* e *La Gaceta de Chile*.[2] Contudo, isso não significa que não houvesse dirigentes e militantes dogmáticos, simpatizantes do zhadnovismo ou realismo socialista, zelosos da pureza doutrinária do partido.[3]

---

1   BRAVO ELIZONDO, Pedro. "El despertar de los trabajadores 1912-1922". Calas en la Historia de Chile. *Araucaria de Chile* n° 27. Madri: Ediciones Michay, 3° trimestre 1984, p. 15-28.

2   ORELLANA, Carlos. *Penúltimo Informe... op. cit.*, p. 319.

3   O zhadnovismo foi uma doutrina lançada em 1934, durante o I Congresso dos escritores Soviéticos, pelo teórico Zhadanov, que afirmava que a arte deveria retratar "exatamente"a realidade dos trabalhadores e colocar-se à serviço do governo revolucionário soviético. Esta doutrina legitimou o patrulhamento ideológico e a perseguição política, tornando-se uma lei que os artistas revolucionários deveriam seguir, sob pena de sofrerem censura, prisão e morte. Como o stalinismo em geral, essa doutrina foi criticada e abandonada em geral depois da denuncia dos crimes de Stalin no XX Congresso em 1956, o que não significa que seus simpatizantes tenham mudado de ideia. VER: STRADA, Vittorio. "Do realismo socialista ao zhadnovismo". In: HOBSBAWM, Eric (org.). *História do Marxismo*. Rio de Janeiro: Paz e Terra, 1987, p. 151-220 e NAPOLITANO, Marcos. "A relação entre arte e política: uma introdução teórico-metodológica". *Temáticas* (Unicamp), vol. 37-38, p. 25-56, 2011.

Um dos principais representantes deste setor era Orlando Millas. Orellana relatou que no início dos anos 1960 sofreu repreensões de Millas através da imprensa, por ter aplaudido a chegada ao Chile do livro *Asalto a la razón* de Georgy Lukács, que na época era mal visto em Moscou, e ter elogiado o trabalho do sociólogo estadunidense C. Wright Mills numa coluna que escrevia no jornal do PCCH *El Siglo*.[4]

Em 1981, houve o já referido episódio da carta anônima[5] como uma tentativa de forçar uma intervenção do Partido no comitê editorial da revista; esse ataque à publicação, segundo Mansilla e Orellana, teria partido de Orlando Millas. Durante o governo da UP, Orlando Millas foi ministro da Economia e da Fazenda; depois do golpe, conseguiu asilo na embaixada da Holanda, onde se exilou. Em 1974, foi para a República Democrática Alemã (RDA) para exercer o cargo de encarregado local do Partido Comunista Chileno.[6]

O fato de o Partido ser mantenedor de uma revista intelectual independente incomodava um importante setor dos dirigentes, o que significava que a relação entre arte/cultura e teoria/política era problemática. Pouco depois deste episódio da carta, o Comitê Editorial formulou um questionário sobre o marxismo no Chile e enviou para diversas personalidades da esquerda, cujas respostas seriam publicadas.[7] Com base neste questionário, foi realizada uma entrevista com Orlando Millas, na qual participaram Mansilla, Orellana, Bocaz e Fernández, ou seja, o núcleo editorial da *Araucaria*, apenas com a ausência de Alberto Martínez. O eixo

---

4   *Ibidem*, p. 271.

5   Ver Capítulo I, p. 38 e 39.

6   MILLAS, Orlando. *Una Digresión 1957-1991* (vol. IV). Santiago: CESOC, 1996, p. 203-204.

7   Com o título de *El marxismo en Chile*, foram publicadas apenas entrevistas com Millas e Clodomiro de Almeyda do Partido Socialista, nas revistas número 15 e 16, respectivamente.

da entrevista foi a relação entre intelectuais/elaborações teóricas/ linha política do partido.

Embora os entrevistadores tocassem em uma série de pontos que julgavam polêmicos dentro do PCCH, tais como a relação entre as elaborações teóricas e as atividades políticas, o legado de Recabarren, a ausência de criação teórica pelo partido no período da UP e o papel da Internacional e dos intelectuais na difusão do marxismo no Chile, o entrevistado evitou polemizar e tampouco defendeu posições "dogmáticas". Ao contrário, quando perguntado por Orellana acerca de certa relutância sua em aceitar novas conceituações teóricas, afirmou justamente o contrário: que o Partido seria um inovador, e exemplificou relatando que o PCCH foi o primeiro a apontar a existência de uma oligarquia financeira ainda nos anos 1950. Como se pode notar, esta entrevista revelou mais as inquietudes dos entrevistadores com relação ao dirigente do que o contrário. Contudo, Millas deixou deslizar sua opinião acerca do mundo intelectual quando elogiou os trabalhos de Corvalán desprovidos do "apego formal" às citações, nem escritos "em difícil". Claro que ao referir--se ao Secretário Geral e ao repudiar, sem analisar, a ultrapassagem teórica que o partido sofreu durante a UP, Millas demonstrava sua postura de não polemizar com as lideranças.[8]

A disputa política entre Millas e Volodia no Comitê Central do PCCH pode ter tido na carta anônima contra a *Araucaria* um de seus episódios; foi relatada por Orellana em sua biografia e Volodia sequer fez referência a este evento em suas memórias. Millas, em suas memórias, atribuiu a Volodia, que era o Coordenador do Comitê Exterior do PCCH, a responsabilidade pela imposição de regras que dificultaram ainda mais a experiência do exílio para os militantes comunistas, tais

---

8   MILLAS, Orlando. "El marxismo en Chile I". Examenes. *Araucaria de Chile* nº 15 Madri: Ediciones Michay, 3º trimestre 1981, p. 69-84. (Entrevista concedida a Luis Bocaz, Osvaldo Fernandez, Luis Alberto Mansilla e Carlos Orellana).

como: a proibição de deslocamento sem autorização prévia, a proibição de compra de imóveis e automóveis e ainda a proletarização de quadros qualificados, especialmente na RDA.[9] No final da biografia de Millas foi publicada uma carta endereçada a Volodia em 1990, na qual respondeu a uma série de críticas que teriam sido dirigidas contra ele e publicadas no "Boletim" do Partido referente ao XV Congresso Nacional do PCCH, realizado em maio de 1989.

Volodia era bacharel em direito, mas nunca exerceu a profissão. Foi um escritor que priorizou em sua vida o "casamento" com a política, afirmava condenar qualquer tipo de ditame vindo do Comitê Central para a produção artística, como aconteceu com Zhdanov na URSS, e negou a existência de tais práticas no PCCH.[10] Segundo Orellana, este posicionamento antidogmático *não era regra na direção do* PCCH, e evocou a vigência de uma "lei" tácita de que apenas *obreros* – no máximo professores normalistas – podiam ocupar o cargo de Secretário Geral do Partido, da qual Volodia foi uma exceção, pois ocupou tal cargo entre 1989 e 1994. É possível, portanto, inferir que a manutenção da *Araucaria* durante os quase 12 anos em que circulou se deveu ao prestígio de Volodia no Partido, pois a revista não contava com apoio de todos os dirigentes.

Na ocasião em que o PCCH comemorou 60 anos,[11] a revista *Araucaria* publicou uma entrevista coletiva com a Comissão Política, que era então formada por Volodia Teitelboim, Orlando Millas, Luis Corva-

---

9   MILLAS, Orlando. "Una Digresión"... *op. cit.*, p. 173-174 e 204.

10   TEITELBOIM, "Un hombre de edad media"... *op. cit.*, p. 308.

11   Comemorou 60 anos em 1982, pois era considerada então sua data de fundação o ano de 1922, ou seja, quando se filiou à Internacional Comunista e deixou de ser Partido Socialista Obrero de Recabarren, fundando em 1912. A preferência de uma data por outra indica a preferência pela filiação à Internacional às origens específicas do comunismo no país. Contudo, em sua biografia Luis Corvalán demonstrou arrependimento por ter proposto e aprovado o reconhecimento de 1922 como oficial (CORVALÁN, *op. cit.*, p. 60).

lán, Manuel Canteiro, Jorge Insunza, Gladys Marin, Mário Navarro, Rodrigo Rojas e Americo Zorrilla. Houve uma parte da entrevista especialmente dedicada à relação do Partido com os intelectuais, cuja primeira questão era sobre a debandada de quadros intelectuais do Partido nos anos 1960, após a Revolução Cubana, quando a via armada ganhou projeção em todo o continente. Volodia respondeu recordando a histórica relação do PC com o universo cultural através de personagens como Recabarren, Elias Lafertte, Neruda, entre outros, e que a cultura chilena naquele momento era um corpo com braços dentro e fora do país, citando a revista *Araucaria* como um elo entre eles. Corvalán o complementou refutando a ideia de que houve "decadência" cultural do PCCH nos anos 1960, afirmou que essa era uma inverdade, pois naquela década teria ocorrido justamente o *boom* cultural do Partido, quando os militantes criaram mais de 135 conjuntos folclóricos, seus atores montaram peças premiadas em diversos países e que todos os prêmios literários nacionais de 1965 foram ganhos por escritores comunistas. Outra questão polêmica, dentro do mesmo tópico, dizia respeito à intervenção do Partido no trabalho artístico de seus filiados, à qual Corvalán respondeu que o PCCH nunca havia ditado normas estéticas a ninguém, e que unir forma e conteúdo era uma questão de talento individual. E encerrando o item sobre os intelectuais, foi perguntada a opinião de Corvalán sobre a *Araucaria* em seus quatro anos de existência; a essa pergunta ele respondeu afirmando ser a melhor revista cultural já publicada pelo Partido, pois a amplitude e abertura para diversas opiniões repercutiam em todo o exílio chileno, indo além do PCCH e dando a este um grande prestígio.[12] A emissão de uma opinião tão positiva da *Araucaria* teria significado

---

12 ORELLANA, C; VARAS, J. M.; VARGAS, G. "Sesenta años del PCCH. Mesa redonda con la Comisión Política del PCCH". Examanes. *Araucaria de Chile* n° 17. Madri: Ediciones Michay, 1° trimestre 1982, p. 23-76.

para Volodia a vitória sobre o grupo de Millas, que era contra sua publicação dentro do PCCH.[13]

5.2 O USO POLÍTICO DO PASSADO: A DITADURA DEFINIDA COMO "FASCISTA"

As análises políticas da revista se concentraram nas seções "Examenes, Nuestro Tiempo, Documentos" e – claro – nos Editoriais. A denúncia do regime pinochetista como fascista apareceu na primeira revista em seu editorial e no ensaio do historiador Hernán Ramírez Necochea, El fascismo en la evolución política de Chile.[14] Uma elaboração teórica mais profunda acerca do caráter fascista do regime apenas surgiu com a análise do filósofo Osvaldo Fernández, El discurso de la repressión.[15]

Neste ensaio, Fernández explicou que o uso do conceito de fascismo se aplicava ao caso chileno devido à violência do golpe, à repressão desatada contra os resistentes utilizando a censura, ao discurso de repúdio à "política e aos políticos", à estruturação de uma polícia política (DINA/CNI), o emprego de campos de concentração, torturas, assassinatos e outras práticas similares aos regimes de Hitler na Alemanha (1933-1945) e Mussolini na Itália (1922-1943). Para Fernández, o questionamento do caráter fascista da ditadura era um "reducionismo" típico de uma "burguesia liberal" que não relacionava este fenômeno ao imperialismo justamente porque defendia a manutenção do capitalismo. Além disso, o autor

---

13 ORELLANA, Carlos. *Penúltimo Informe... op. cit.*, p. 290.

14 Editorial. *Araucaria de Chile* nº 1. Madri: Peralta Ediciones, 1º trimestre 1978, p. 6; RAMÍREZ NECOCHEA, Hernán. "El fascismo en la evolución política de Chile". Exámenes. *Araucaria de Chile* nº 1. Madri: Peralta Ediciones, 1º trimestre 1978, p. 9-33.

15 FERNÁNDEZ, Osvaldo. "El discurso de la represión". Exámenes. *Araucaria de Chile* nº 3. Madri: Ediciones Michay, 3º trimestre 1978, p. 11-33.

apontava outros traços de similaridade entre o regime ditatorial chileno e os fascismos europeus: definição do "estrangeiro" como inimigo a ser destruído em nome da "conquista do espaço vital", a formulação do "inimigo interno" identificado a uma parcela da população, vista como contaminada com o "vírus forâneo" do marxismo, a serviço do imperialismo soviético. A especificidade apontada pelo filósofo era o fato de se tratar de um fascismo dependente, submetido ao imperialismo estadunidense. Portanto, a classificação do pinochetismo como fascismo significava também expressar a solidariedade internacional com a causa democrática chilena.

O manifesto *Llamamiento de los intelectuales comunistas chilenos*, publicado na *Araucaria* 21 (1º trimestre de 1983), e que estava em circulação no Chile desde julho de 1982, conclamava a luta intelectual contra o regime mesmo que fosse apenas no uso do vocabulário empregado para se referir a este, cabendo aos trabalhadores da cultura, no mínimo, classificar o regime de fascista e bárbaro. Neste manifesto, havia também um chamado à resistência e a referência a exemplos de artistas engajados, além de uma sugestão de programa de pesquisa para os cientistas das humanidades, que consistia em escrever a história de uma perspectiva nacional e popular, analisar as transformações promovidas na sociedade sob o "fascismo", analisar em profundidade a cultura e tecer relações com a luta política e apoiar o programa democrático do povo do Chile. Muitos textos identificados com esta proposta foram publicados na *Araucaria*.

O apelo à entrada na luta simbólica dos intelectuais, pela classificação do pinochetismo como fascismo, se relaciona com a luta política da época. É preciso esclarecer que a qualificação da ditadura de Pinochet como um regime "fascista" foi constante nas páginas da revista.

Considero que o apelo ao termo "fascismo" consistiu sobretudo num artifício de linguagem que visava despertar a solidariedade internacional e deslegitimar o governo golpista. Trata-se, pois, de uso político do conceito[16] que não leva em conta as diferenças históricas entre a ditadura de Pinochet e os regimes definidos como fascistas. Esta constatação não visa amenizar a violência da ditadura, apenas separar duas experiências históricas de regimes opressores, mas de naturezas distintas. Não se trata aqui de entrar na discussão sobre a validade ou não do conceito "fascismo", pois há grande polêmica em torno do assunto, que não cabe recuperar porque este não é o objetivo da pesquisa.

As análises publicadas na *Araucaria* indicam que, após cinco anos de dura repressão e implantação do modelo neoliberal, o ano de 1978 foi o início da crise do modelo pinochetista. Para Luis Maira,[17] da Izquierda Cristiana, os fatores de tal crise foram: a ofensiva da ditadura contra a Democracia Cristã iniciada em 1974, sua incapacidade de eliminar do cenário político os movimentos populares que se reorganizavam desde 1976, a retomada das discussões sobre as fronteiras com a Bolívia e Argentina (sendo que beirou a guerra com esta última), as condenações internacionais e o pedido de extradição pelos EUA de três membros da DINA acusados pelo assassinato de Orlando Letelier em Washington, que somados às disputas internas na Junta Militar, levaram à saída de Gustavo Leigh e de todo alto comando da Força Aérea. Todos esses fatores resultaram numa crise que deveria ser aproveitada pela esquerda.

---

16   RUIZ TORRES, Pedro. "Les usages politiques de l'histoire em Espagne. Formes, limites et contradictions". In: HARTOG, François; REVEL, Jacques. (dir.). *Les usages politiques du passé*. Paris: Enquête Éditions de L'École des Hautes Études en Sciences Sociales, 2001, p. 129-156.

17   MAIRA, Luis. "Elementos de la crisis politica chilena". Exámenes. *Araucaria de Chile* nº 4. Madri: Ediciones Michay, 4º trimestre 1978, p. 7-33.

5.3 PCCH X PS X DC: A IMPOSSÍVEL UNIDADE DA OPOSIÇÃO À DITADURA

A retomada das organizações sindicais foi objeto de análise publicada na revista *Araucaria*. Héctor Toro verificou que a "unidade histórica" do movimento sindical sofria ataques desde o governo Frei e que durante o governo da UP, uma parte dos dirigentes sindicais, especialmente do sindicato dos mineiros de *El Teniente* e dos caminhoneiros, fizeram oposição aberta ao governo Allende graças ao dinheiro pago pela CIA; contudo, depois do golpe, apenas os caminhoneiros continuaram defendendo a ditadura. Toro criticou o excesso de identificação entre os partidos e sindicatos por ter dificultado a participação e a organização dos trabalhadores durante a UP. Anunciou ainda que o trabalho de solidariedade realizado pelos representantes da CUT no exílio frutificava e que, desde 1976, havia conseguido restabelecer os vínculos com os trabalhadores que permaneceram no país. Para Toro, a grande luta dos trabalhadores naquele momento era impedir a reforma trabalhista imposta por Pinochet, e que a vitória dependia de uma aliança entre sindicalistas comunistas e democratas cristãos, no entanto, estes recusavam a aliança por temor de que a ditadura militar fosse substituída pela ditadura do proletariado.[18] Como se pode notar, mesmo antes da adoção e declaração da política de "todas as formas de luta", que serviu de pretexto para a exclusão do PCCH do acordo que originou a *Concertación*, o partido já percebia a recusa da DC em estabelecer uma aliança; esta mesma recusa que havia empurrado à crise institucional chilena de setembro de 1973 que resultou no golpe militar.

Um importante testemunho da reorganização do movimento sindical chileno foi publicado na seção "Cartas de Chile" da *Araucaria* nº 15, onde se pode acompanhar o diário de um membro do comando de greve de *El Teniente* de quarta-feira 20 à sexta-feira 22 de maio de

---

18   TORO, Héctor. "Movimiento sindical chileno: ¿Unidad o división?" Examenes. *Araucaria de Chile* nº 5. Madri: Ediciones Michay, 1º trimestre 1979, p. 71-89.

1981. No trecho publicado, destaca-se a solidariedade dos estudantes que cantavam nos ônibus para arrecadar fundos para a greve, o trabalho conjunto entre estudantes e grevistas para explicar à população os motivos da greve e furar a censura da imprensa, as disputas dentro do movimento sindical, onde havia aqueles que chamavam a polícia, em plena ditadura militar, para reprimir os considerados "radicais," e o clima tenso das assembleias e votações.[19]

A *Araucaria* publicou o ensaio "Acerca de la democraci", do sociólogo Ernesto Ottone, que foi dirigente estudantil comunista, e anos mais tarde, tornou-se "socialista renovado". Seu ensaio consistia numa análise das tentativas comunistas de diálogo com a Democracia Cristã e outros setores católicos que, naquele momento, opunham uma democracia "sem sobrenomes" aos "totalitarismos",[20] justificando deste modo a recusa a uma aproximação com os comunistas. Ottone respondeu a esta justificativa simplista estendendo a ideia de democracia a todas as instâncias (econômica, social, política) e, além disso, recordou diversos momentos em que o PCCH bateu-se na defesa da democracia: durante os governos de Ibañez (1927-1931), Videla (1946-1952) e no episódio conhecido como *Tancazo*, quando o exército se sublevou contra o governo da própria DC com Eduardo Frei no poder em 1969. O sociólogo criticou a vulgarização de documentos e teorias marxistas que levava à dicotomia simplista "totalitarismo versus democracia", para justificar que o pluripartidarismo não era o único termo válido para medir democracia. Citou o caso da África do Sul, onde havia pluripartidarismo e *apartheid*.

Outra tentativa de unificar a oposição à ditadura foi publicada na *Araucaria* 8. O comitê editorial publicou um documento intitulado

---

19   "Tres días de la huelga de cobre". Cartas de Chile. *Araucaria de Chile* nº 15. Madri: Ediciones Michay, 3º trimestre 1981, p. 14-17.

20   OTONNE, "Ernesto. Acerca de la democracia". Examenes. *Araucaria de Chile* nº 8. Madri: Ediciones Michay, 4º trimestre 1979, p. 37-44.

"Carta Chilena",[21] produzido por Jacques Chochol, dirigente da "Izquierda Cristiana" (IC), Rafael A. Gumuncio, também dirigente da IC, e Armando Uribe (poeta e escritor), todos exilados em Paris. A revista explicou que, apesar de tal documento ser uma exceção à sua linha de publicação, era uma contribuição importante recebida de seus autores para os debates que aconteciam no Chile sobre uma futura institucionalidade democrática. O documento consistia numa pauta mínima para a reconstrução democrática no Chile composta por três pontos: a) compromisso com o respeito aos Direitos Humanos, conforme uma série de tratados internacionais citados, dos quais o Chile era signatário, apesar de não cumpri-los; b) apuração das responsabilidades individuais dos crimes cometidos contra as pessoas, destacando a recusa de medidas de vingança generalizada que, segundo o documento, não restituiriam o clima de paz, nem respeitariam a justiça, e também recusa veementemente uma anistia geral (cita exemplos da França colaboracionista, Espanha e Portugal fascistas). Sugere que fosse estabelecida uma comissão de juristas membros da ONU e que, baseados na Constituição Chilena de 1925, válida até 10 de setembro de 1973, investigariam tais responsabilidades; c) restituir a legitimidade da magistratura nacional, pois o poder judiciário estava sendo cúmplice da ditadura e não seria legítimo que esse poder comprometido com ela a julgasse posteriormente e saísse incólume sem assumir suas próprias responsabilidades; propõe que o presidente e os ministros da Suprema Corte fossem eleitos por voto popular, observando que os candidatos a tais cargos deveriam cumprir certos requisitos.

É importante enfatizar que tal documento continha uma pauta mínima com vistas a ser acordada entre a oposição, quando, na verdade, o que se "discutia" era a Constituição de Pinochet plebiscitada em 1980, num pleito no qual a oposição foi proibida de fazer campanha,

---

21   CHOCHOL, J; GUMUCIO, R.; URIBE, A. "Carta Chilena". Documentos. *Araucaria de Chile* n° 8. Madri: Ediciones Michay, 4° trimestre 1979, p. 71-80.

exceto por uma manifestação pública do ex-presidente Eduardo Frei, que foi utilizada pela imprensa cúmplice da ditadura como uma "ameaça" de retorno da UP. Nesta Constituição, aprovada com fortes indícios de fraude, foi previsto outro plebiscito para 1988, que poderia estender a ditadura até 1997, e então seria instalada a democracia protegida e autoritária arquitetada na nova Constituição.[22] A ditadura pinochetista entrou num período de estabilidade após a aprovação de sua Constituição em 1980. Naquele momento, Pinochet transferiu-se para o La Moneda e retomou a ofensiva contra a DC, proibindo seu presidente Andrés Zaldívar e Eduardo Frei de retornarem ao país. O discurso de legitimação da ditadura baseava-se em três argumentos: a comparação constante da crise de abastecimento que antecedeu o golpe (provocada pelos próprios empresários com intuito de desestabilizar o governo) com a "fartura" presente, o medo da repressão e o "sucesso" da política econômica neoliberal implementada. Entretanto, no início dos anos 1980 o modelo neoliberal já demonstrava suas mazelas: o câmbio fixo adotado e as facilidades de crédito levaram ao superendividamento, as baixas tarifas de importação levaram à invasão de produtos chineses, provocando a quebra de parte da indústria e por consequência a altíssimas taxas de desemprego, e privatização dos fundos de pensão (apenas as aposentadorias das Forças Armadas continuaram sob responsabilidade do Estado) não garantia o pagamento de aposentadorias mais altas do antigo sistema. A bomba-relógio armada pelos Chicago Boys, especialmente pelo ministro da Economia Sergio Castro, não tardou a explodir: no segundo semestre de 1982, os grupos financeiros Javier Vial e Manuel Cruzat (que atualmente administram fundos de pensão) declararam

---

22   HUNEEUS, *op. cit.*, p. 152.

insolvência, desencadeando a quebra do sistema financeiro chileno e a crise mais grave de todo o século xx.[23]

A revista *Araucaria* denunciou em suas páginas a mercantilização do que antes eram direitos, como acesso à saúde e educação, o crescente empobrecimento da maioria da população chilena, em contrapartida ao surgimento de verdadeiras "bolhas" de riqueza para uma minoria.[24] No 3º trimestre de 1981, *Araucaria* publicou os depoimentos da presidente da Asociación Nacional de Pensionados de Chile,[25] Teresa Carvajal, e de Ernesto, operário de construção. A aposentada relatou a repressão sofrida por sua Associação por denunciar a diminuição das aposentadorias a valores irrisórios depois que a ditadura transferiu o sistema previdenciário para bancos privados. O operário comparou o consumismo, incentivado pela facilidade de crédito, ao alcoolismo, por sua capacidade de entorpecer os trabalhadores e em pouco tempo arrastá-los ao endividamento e à miséria. Para este trabalhador chileno que vivia em seu país, o comportamento consumista e individualista, o desemprego que tinha como consequência o abismo entre milionários e miseráveis eram resultado da política neoliberal implantada pelos militares.[26]

---

23   HUNEEUS, *op. cit.* e PURYEAR, Jeffrey. *Thinking politics: intelectuals and democracy in Chile – 1973-1988*. Baltimore/Londres: The Johns Hopkins University Press, 1994.

24   No número 26, com o pseudônimo de Pedro de Santiago, Carlos Orellana denunciou a recém-inaugurada residência do ditador com 600m² de área construída, num terreno de 140 km², obtido de forma ilegal. Este é apenas um dos exemplos publicados na *Aracuaria* da concentração de riqueza proporcionada pela ditadura. DE SANTIAGO, Pedro. "La casa em la padrera". Cartas de Chile. *Araucaria de Chile* nº 26. Madri: Ediciones Michay, 2º trimestre 1984, p. 11-13.

25   Esta Associação cuidava dos interesses tanto de pensionistas como de aposentados.

26   "Chile 1981: Sus anhelos y sus luchas. Testimonios de Teresa, pensionada y Êrnesto, obrero de la construcción". La historia vivida. *Araucaria de Chile* nº

Em meio à situação cada vez mais caótica do país, um grupo de intelectuais membros ou próximos ao Partido Socialista realizou o Encuentro de Chantilly (cidade nas proximidades de Paris, França) entre 3 a 5 de setembro de 1982. Esta reunião tinha o duplo objetivo de estabelecer bases políticas e teóricas para refazer o "tecido social" rompido com o golpe e, ao mesmo tempo, reunificar o partido dividido em diversos grupos e até mesmo em outros partidos. Nesta ocasião estiveram presentes importantes intelectuais como Eugenio Tironi, Tomas Moulian, Jorge Arrate, Manuel Antonio Garretón, José Joaquín Brunner, Sergio Spoerer, Ernesto Otonne, entre outros. O impacto deste encontro se deveu ao fato de que muitos dos presentes estavam estabelecidos no Chile como pesquisadores, em entidades financiadas por ONG's no exterior, pela Igreja, pelos próprios partidos DC e PS; por exemplo, a FLACSO,[27] onde pesquisava Brunner, era mantida pela Unesco, o Centro de Estudios para el Desarrollo (CED) mantido por doadores estrangeiros, onde pesquisava Gabriel Valdés, entre outros. Dentro de instituições como estas, estes intelectuais começaram a tecer críticas "técnicas" ou "acadêmicas" à ditadura, pautados pelos resultados de suas pesquisas, que gradualmente ganharam repercussão na imprensa da época, como a revista *Mensaje, Apsis* e outras.

De Chantilly saíram as primeiras proposições a respeito do abandono do marxismo-leninismo pelo Partido Socialista, que se baseava no seguinte argumento: desde o golpe militar a classe trabalhadora estaria diminuindo e, em contrapartida, havia um crescimento da classe média. Esta mudança na sociedade tornaria o conceito de "luta de classes" ultrapassado, e o socialismo passou a ser entendido como resultado de uma expansão gradual da democracia.[28] O diagnóstico da

---

15. Madri: Ediciones Michay, 3º trimestre 1981, p. 19-31.

27 Faculdade Latino-Americana de Ciências Sociais.

28 *ENCUENTRO DE CHANTILLY I. Chile 80 Movimientos, Escenarios y Proyectos.* Santiago: Instituto para un Nuevo Chile/Asociación para el Estudio de la

sociedade chilena proposta por estes intelectuais teve muita repercussão por estar pautado em "pesquisas científicas" e principalmente por terem uma visão de "dentro" do país.

Apesar do fato de que os comunistas apenas constituíram alianças sólidas com os socialistas em 1938 por ocasião da Frente Popular Anti-fascista (e ainda assim não conseguiram manter a coalizão até o final do governo), nas eleições de 1964 e 1970, eles perceberam que naquele momento a esquerda poderia perder um espaço importante na luta política se o Partido Socialista se reagrupasse ao redor do grupo que propunha a "renovação socialista", o que significava sua aproximação a posições sociais-democratas e aceitação de reformas impostas pela ditadura. Além disso, a proposta de "renovação socialista" implicava no abandono do marxismo e da leitura de uma sociedade de classes, pois o marxismo-leninismo seria incompatível com a democracia para os renovados, abandono do Estado como lugar importante na sociedade e aprovação do neoliberalismo pinochetista sob a justificativa do aumento da classe média e consequente ampliação do mercado consumidor.

Os comunistas responderam em textos publicados em seu *Boletín del Exterior* (órgão oficial do PCCH), e na revista *Araucaria* foram publicados dois textos que respondiam às proposições de Chantilly;[29] ambos argumentaram a favor da vigência do marxismo naquele momento. A primeira reposta de Hugo Fazio foi publicada na homenagem ao centenário da morte de Marx, e a segunda era de Jorge Insunza, ambos dirigentes do Partido Comunista.

Fazio, na *Araucaria* número 22, argumentou que as mudanças mostradas em Chantilly, na verdade, diziam respeito à orientação daqueles que interpretavam os números, e citando o texto apresentado

---

Realidad Chilena (ASER Chile), 1982.

29   Ocorreram dois encontros em Chatilly com o mesmo teor de Renovação Socialista, o primeiro em 1982 e o segundo em 1983.

por Javier Martínez em Chantilly, refutou os dados sobre o crescimento da classe média alegando que eles incluíam trabalhadores do setor de serviços como "classe média" e não como assalariados, e contabilizavam vendedores ambulantes como "empresários".[30] Além disso, Fazio questionou como poderia haver crescimento dos setores médios com um dos maiores índices de desemprego da história do país, alta inadimplência e outros problemas mostrados pela própria imprensa cúmplice do regime. Sua resposta a Chantilly é muito interessante pois recorre a textos de Marx e de Lenin para verificar a validade das análises de ambos para pensar o Chile, concluindo que o proletariado, composto por todos os trabalhadores assalariados, e o campesinato (este, sim, reconheceu numericamente diminuído) continuavam sendo os sujeitos históricos da transformação da sociedade chilena. Alegou ainda que Marx reconhecia que uma classe social era formada por distintos grupos; deste modo, as transformações que ocorreram no Chile pós-golpe não invalidavam o marxismo como eixo de análise da realidade.

A segunda resposta a Chantilly, de Jorge Insunza publicada na *Araucaria* número 23,[31] baseou-se em clássicos do marxismo, como Marx, Lenin, Rosa Luxemburgo e Gramsci, para criticar a "renovação" proposta pelos socialistas, cuja argumentação pautava-se na contraposição do conceito de hegemonia de Gramsci ao conceito de vanguarda de Lenin, na crítica de Rosa Luxemburgo ao papel da vanguarda na Revolução Russa e principalmente na crítica repetitiva e fácil ao "socialismo real" que invalidaria o marxismo-leninismo. Insunza apontou que fazia parte do marxismo-leninismo renovar-se, principalmente depois de uma derrota como a que sofrera a esquerda

---

30   FAZIO, Hugo. "Vigencia y actualidad de Carlos Marx". Aniversarios. *Araucaria de Chile* nº 22. Madri: Ediciones Michay, 2º trimestre 1983, p. 31-44.

31   INSUNZA, Jorge. "Renovar y no renegar". Tribuna. *Araucaria de Chile* nº 23. Madri: Ediciones Michay, 3º trimestre 1983, p. 139-170.

chilena em 1973, contudo, o que os renovados faziam era renegar a revolução social como objetivo para adequar-se ao cenário institucional chileno que a Junta Militar desenhara com a Constituição de 1980.

5.4 O INÍCIO DOS PROTESTOS E A ESTRATÉGIA DA INGOVERNABILIDADE DO PCCH

A retomada da luta pela redemocratização dentro do país a partir do movimento sindical foi possível graças à existência de alguns sindicatos, necessários para a estabilidade do modelo econômico, pois eram meios de controlar os trabalhadores e possibilitavam a associação para a compra de ações (de proletários passariam a ser proprietários, segundo o discurso da ditadura). Os sindicatos foram rapidamente (desde 1974) controlados por quadros ligados à Democracia Cristã, ao Partido Socialista e ao Partido Comunista, mantendo-se, na maioria, organizados, apesar da forte repressão e da ilegalidade daqueles mais combativos e da Central Única dos Trabalhadores (CUT), estreitamente ligada ao governo da UP. Assim, o jovem sindicalista e politicamente desconhecido membro da DC Rodolfo Seguel que havia sido eleito presidente do Confederação de Trabalhadores do Cobre (CTC) chamou publicamente, em meio à desconfiança geral, o Primeiro Protesto Nacional, para o dia 11 de maio de 1983.

Neste 11 de maio de 1983, as pessoas voltaram a ocupar as ruas, dando importante sinal de que perderam o medo, inclusive em bairros tradicionalmente dominados por apoiadores da ditadura. A partir das 20h, o som das buzinas e das panelas que soavam por toda a Santiago demonstravam que não se podia amordaçar um país inteiro por tanto tempo.[32] Na *Araucaria* número 24, Carlos Ossandon publicou uma crônica sobre os Protestos Nacionais datada de julho de 1983, na qual opinava que estes provaram que a ditadura não havia acabado com o sentimento de comunidade do povo, que sobrevivera graças a peque-

---

32   PURYEAR, *op. cit.*, p. 76.

nas iniciativas culturais onde eram aprendidas e ensinadas canções e poesias, pintar muros e produzir uma cultura de resistência.[33] Os protestos passaram a ser realizados mensalmente, numa onda ascendente desde maio de 1983 até o quarto grande protesto entre 11 e 12 de agosto de 1983, que contou com certa unidade das forças opositoras. Houve outros protestos até 1986, que já não contavam com a unidade da oposição à ditadura. A divisão entre os opositores foi construída, em parte, como estratégia da própria ditadura e também resultado do acúmulo de tensões entre os partidos desde a eleição de Allende.

Ao primeiro protesto, a ditadura respondeu com repressão generalizada, que incluiu invasões de *poblaciones*, prisões de líderes sindicais, assassinatos de jornalistas e outras práticas de força. Contudo, percebendo a ineficácia de tais meios de repressão, Pinochet, um dia antes do grande protesto, em 10 de agosto de 1983, promoveu uma mudança no gabinete e nomeou Ministro do Interior Sergio Onofre Jarpa, direitista e defensor de um Estado interventor.

Nesta ocasião, Jarpa organizou uma duríssima repressão, dirigida especialmente contra as *poblaciones*, que contou com 18 mil soldados apenas na cidade de Santiago entre os dias 11 e 12 de agosto, cujo resultado foram 26 mortos e centenas de feridos. Depois desta demonstração de força, chamou os setores dos manifestantes que eram tradicionalmente apoiadores da ditadura para a negociação, como os caminhoneiros, que haviam aderido aos protestos pelo grau de deterioração que chegara o país devido à crise econômica; convocou também a DC, cujos líderes haviam apoiado o golpe. A DC havia sido o maior partido do Chile até 1973, e não tinha interesse em incentivar a política de levar o Chile ao desgoverno social para derrubar a ditadura, pois vislumbrava, numa transição negociada,

---

33   OSSANDON, Carlos. "Las jornadas de protestas o los tesoros de las cuevas de Aladino". *Cartas de Chile. Araucaria de Chile* nº 24. Madri: Ediciones Michay, 4º trimestre 1983, p. 7-8.

ocupar o *La Moneda* em pouco tempo, sem ter o "inconveniente" de ter de negociar com a esquerda. O Partido concordava com as práticas econômicas neoliberais de Pinochet, opondo-se apenas ao excesso de violência da ditadura.

A outra parte da estratégia de Jarpa consistiu na publicação de listas que permitiam o retorno ao país de alguns exilados e na diminuição dos recursos destinados aos programas de emprego mínimo (pois os totalmente desempregados não iriam às manifestações), abrandou a repressão contra os setores médios, ao passo que começou a criminalizar os setores mais pobres da população, tradicionalmente allendistas, criando e divulgando amplamente a figura do *delincuente*: jovens desempregados capazes dos piores crimes, especialmente contra a propriedade, que povoam os noticiários, infelizmente até a atualidade.

Naquele momento, a possibilidade de negociar com a ditadura foi aceita pela Aliança Democrática (DC mais alguns setores do PS), que se manteve em diálogo com a ditadura até final de setembro de 1983, quando Pinochet desautorizou Jarpa a negociar. Do outro lado, os comunistas, junto com o Movimiento de Izquierda Revoluvionario (MIR) e o PS – setor Almeyda – formaram o Movimiento Democratico Popular, que continuou organizando os protestos, com o intuito de provocar uma situação de ingovernabilidade que levaria a um governo de transição, capaz de convocar eleições para uma Assembleia Constituinte. Defendiam um movimento contra a ditadura que ficou conhecido como Política de Rebelião Popular de Massas.

A revista *Araucaria* publicou em suas páginas entrevistas, artigos e ensaios sobre o delicado momento que o Chile atravessava, principalmente de autores que defendiam a saída proposta pelo MDP, cuja maior força era o PCch; publicou também muitos testemunhos de pessoas que estavam no país e denunciavam o clima de mobilização e medo da repressão. A revista também denunciou os partidos como a DC e o PS que optaram por pactuar com a ditadura. Contudo, apesar da clareza da revista em sua posição, Orellana, em sua biografia, relatou que naquele período nenhum dos dois caminhos no qual se dividiu a oposição à ditadura (o pacto ou a guerrilha) representava as suas expectativas.

O posicionamento da revista pode ser ilustrado por esta foto de Fernando Orellana, publicada na *Araucaria* 29.

Ilustração 17: fotografia de Fernando Orellana, publicada na *Araucaria* nº 29, p. 12

5.5 A POLÍTICA DE REBELIÃO POPULAR DE MASSAS

Quando começaram os primeiros protestos contra a falência a que a política econômica neoliberal arrastara o país, o PCCH já havia percorrido um árduo trajeto desde o fatídico 11 de setembro. A avaliação feita pelo PCCH em agosto de 1977, em sua primeira reunião depois do golpe, foi que havia um "vazio histórico" em relação ao conhecimento que tinham das Forças Armadas e também em relação ao desenvolvimento de uma política militar do Partido. Certamente pesou nesta avaliação a dura crítica feita por comunistas de outros países de que "os chilenos não souberam defender sua revolução" e também o assassinato quase seguido de todos os membros de dois comitês centrais clandestinos estabelecidos no Chile; o primeiro dirigido pelo sindicalista Víctor Díaz, em maio de 1976, e o segundo pelo historiador Fernando Ortíz Letelier, em dezembro do mesmo ano. A perda destas duas direções fez com que o partido suspendesse por quase um ano os retornos clandestinos. Deve ser lembrado que o PCCH, dirigido por Díaz, ainda em outubro de 1973 chamou desde a clandestinidade a unidade da oposição contra a ditadura,[34] e antes mesmo do golpe era o partido da Unidade Popular que insistiu até o último momento por um acordo com a DC que evitasse uma solução de força.[35]

Logo na virada dos anos 1970 para os 1980 a política de alianças levada a cabo pelo PCCH ao longo de toda sua história não resultava eficaz, pois a DC queria garantias impossíveis naquelas condições de uma transição que estivesse sob seu controle, e o Partido Socialista estava mergulhado em disputas internas. Neste clima teve início o processo no PCCH que o historiador Rolando Álvarez chamou de "rebelião dos funcionários", que resultou na criação do grupo guerrilheiro Frente Patriótica Manuel Rodríguez (FPMR).

A primeira alusão à política "de todas as formas de luta" adotada contra a ditadura aparece na *Araucaria* no final do editorial da revista 12, que entrou em circulação no final de 1980, fazendo referência à libertação do Chile:

> Habrá que transitar para ello "los más duros caminos", tomando la expresión nerudiana, incluso los de la "violencia aguda", cuya

---

34   CORVALÁN, *op. cit.*, p. 198, 206, 214 e 247.

35   GARCÉS, Joan. *Allende e as armas da política*. São Paulo: Scritta, 1993 (tradução Emir Sader).

vigencia necesaria se ha hecho más nítida para la conciencia pública a contar de la pantominia plebiscitaria, y del intento dictatorial de perpetuación em el poder hasta el umbral del tercer milenio.[36]

O giro tático do PCCH para a "política de rebelião popular de massas", segundo o historiador Rolando Álvarez,[37] foi fruto de um momento de criatividade teórica e de intenso debate político dentro de um partido que havia sofrido uma dura derrota em 1973 e, em 1976, fora quase exterminado fisicamente. Alguns elementos contribuíram para a construção desta nova política, como a existência de grupos "internos", especialmente um aparato de inteligência que foi constituído depois do *Tancazo* em 1969, que havia previsto o golpe militar e alertado as altas esferas do PCCH, que preferiram acreditar na tradição constitucionalista do Exército. Os membros destas equipes "secretas" ou "semissecretas", todos militantes intelectuais com formação universitária, ficaram no Chile após o golpe, e alguns deles passaram pelas prisões da ditadura antes de saírem para o exílio. Outro elemento foi a existência de uma equipe de intelectuais comunistas em Leipzig na RDA, estabelecida na Universidade Karl Marx que estudou a fundo questões como o militarismo dentro do marxismo-leninismo, o imperialismo na América Latina, o desenvolvimento histórico das forças armadas chilenas, o desenvolvimento da linha política do PCCH, a questão militar, a experiência da UP e o desenvolvimento do problema militar. Do encontro destes dois grupos e de uma necessidade coletiva de recuperar a mística da militância comunista, muito abalada pela

---

36   Editorial. *Araucaria de Chile* nº 12. Madri: Ediciones Michay, 4º trimestre 1980, p. 7. "Haverá que transitar para isso "os mais duros caminhos", tomando a expressão nerudiana, inclusive os da "violência aguda", cuja vigência necessária se tem feito mais nítida para a consciência pública a contar da farsa plebiscitária, y do intento ditatorial de perpetuação no poder até o umbral do terceiro milênio."

37   ÁLVAREZ, *op. cit.*, p. 101-152.

acusação feita por Moscou de não terem defendido a revolução, surgiu a Política de Rebelião Popular. Álvarez ressaltou duas características importantes: que esta política foi formulada por quadros médios
do Partido e se impôs apesar da resistência da "velha guarda" estabelecida em Moscou, e que ela era uma continuidade da linha de
massas adotada pelo Partido até então e não uma inovação "foquista
guerrilheira", pois nesta nova linha as ações armadas da FPMR deveriam estar acompanhadas de grandes manifestações de massas e levar
à desobediência generalizada do mando da ditadura.

Um dos principais dirigentes de então, Orlando Millas, em sua
biografia, expôs sua versão sobre as origens desta nova linha. Ele
afirmou que Volodia Teitelboim, fortemente influenciado por Fidel
Castro, fora seu mentor. Todavia, o que torna sua versão no mínimo
questionável é o fato de um assunto como este, que implicou na ar-
regimentação e envio de centenas de jovens comunistas para treinamento militar em Cuba e na Nicarágua para depois lutarem contra a
ditadura pinochetista, não ter passado por profundas discussões dentro da Comissão Política, pois Millas alegou apenas ter se adaptado
"passivamente" à ideia.[38] Ele qualificou, em sua biografia, a mudança
da linha nos anos 1980 de "intento terrible de renovar" o Partido, atri-
buindo a esta mudança a pouca influência de seu Partido nos anos
1990.[39] Segundo Orellana, Volodia defendeu abertamente a "violência
aguda", o que não significa que tenha sido o seu mentor.[40]

Em meio à convulsão social que o Chile se encontrava em 1983, a 14
de dezembro deste ano foi produzido o primeiro apagão nacional, que
teve sua autoria reivindicada pela Frente Patriótica Manuel Rodríguez.

A nova linha partidária apareceu na revista *Araucaria*, primeiro de modo alusivo, no editorial da revista número 15, quando foi

---

38   MILLAS, Orlando. "Una Digresion"... *op. cit.*, p. 190-194.

39   *Ibidem*, p. 285.

40   ORELLANA, *Penúltimo Informe*... *op. cit.*, p. 265-266.

denunciado o assassinato do pintor Hugo Riveros, explicando que não era o povo quem buscava a violência.[41] Na revista número 29, apareceu pela primeira vez de modo claro, quando Volodia Teitelboim, utilizando o pseudônimo de Gilberto Linares, discutiu a recusa da Aliança Democrática[42] em fazer um acordo de unidade na luta contra a ditadura com aqueles que defendiam "todas as formas de luta".[43] Em sua argumentação, citou São Tomás de Aquino e a Declaração Universal dos Direitos do Homem para justificar o direito à rebelião contra a tirania, e afirmou ainda que tal rebelião englobava todas as atitudes desde pacíficas até violentas, que desrespeitassem a tirania, e que o povo chileno estava apenas se defendendo das agressões sofridas. Ao final, acusou o grupo da AD de não almejar a unidade e utilizar a política de "todas as formas de luta" como uma justificativa.

O editorial da *Araucaria* número 34 versava sobre o ânimo de luta da população no decorrer do mês. Referia-se às mobilizações sociais convocadas pela Asemblea de la Civilidade que culminou com o Paro Geral convocado para 2 e 3 de julho de 1986.[44] Seguia-se uma apresentação dos fotógrafos que publicaram naquela edição; a grande surpresa ficou por conta do texto do fotógrafo Jorge Triviño, no qual explicava as condições em que conseguiu as fotos publicadas dos guerrilheiros da Frente Patriótica Manuel Rodríguez, tiradas em território chileno.[45] Triviño contou que ingressara no Chile junto com uma equi-

---

41   A los lectores. *Araucaria de Chile* n° 15. Madri: Ediciones Michay, 3° trimestre 1981, p. 5.

42   Coletivo formado pela DC e algumas facções do PS, PR.

43   LINARES, Gilberto. "El derecho de rebelión: teoría y práctica". Cartas de Chile. *Araucaria de Chile* n° 29. Madri: Ediciones Michay, 1° trimestre 1985, p. 13-16.

44   A los lectores. *Araucaria de Chile* n° 34. Madri: Ediciones Michay, 3° trimestre 1986, p. 5.

45   TRIVIÑO, Jorge. "Las fotos del F.P.M.R". *Araucaria de Chile* n° 34. Madri: Ediciones Michay, 3° trimestre 1986, p. 8-9.

pe de jornalistas da produtora francesa Colimason para a filmagem de um documentário sobre os mapuches, e que fora procurado por um membro da FPMR para que tomasse imagens e declarações dos guerrilheiros e, após diversas peripécias, conseguiram entrevistá-los e filmá-los.[46] A revista *Araucaria* publicou sete fotografias distribuídas nas primeiras cem páginas da revista, nas quais os guerrilheiros aparecem segurando suas armas numa região de floresta e também fazendo planejamentos numa mesa dentro de uma casa. Há também, nesta edição, um ensaio assinado por Tito Tricot no qual desconstruiu os argumentos da "não violência" e da "violência legítima do Estado", verificando que a violência era utilizada em determinados momentos da luta política, sendo sempre política, apesar de ser interpretada como legítima apenas quando praticada pelos grupos detentores do poder para defendê-lo.[47]

---

46   Pelos incidentes narrados, provavelmente se trata da mesma equipe com a qual o cineastaMiguel Littín rodou clandestinamente o seu Acta General de Chile, comentado no capítulo 2 deste livro.

47   TRICOT, Tito. "Reflexiones sobre la violencia politica". Exámenes. *Araucaria de Chile* nº 34. Madri: Ediciones Michay, 3º trimestre 1986, p. 77-95.

Ilustração 18: fotografia de Jorge
Triviño, publicada
na *Araucaria* n° 34, p. 3

Ilustração 19: fotografia de Jorge Triviño, publicada na *Araucaria* n° 34

Em outras duas ocasiões, depois do atentado realizado em 7 de setembro de 1986 que quase pôs fim à vida de Pinochet, Volodia utilizou as páginas de *Araucaria* para apelar pela unidade da oposição contra a ditadura. Na revista número 36, condenou a tentativa de diálogo com a ditadura e lembrou que estes setores que buscavam o acordo com o regime eram os mesmos que em 1973 apoiaram os militares na expectativa de que estes "extirpassem o câncer marxista" e lhes devolvessem prontamente o poder, apesar de não nomear a clara a alusão à DC.[48] Na revista seguinte, assinando como Víctor Valentín, seguiu clamando pela unidade da oposição e criticando aqueles que acreditavam que a ditadura promoveria eleições livres em 1989. Desta vez nomeou a DC e acusou líderes moderados de darem fôlego para a ditadura ao desistirem dos protestos de rua.[49]

Apesar do apoio explícito de Volodia à FPMR, esta nova frente adotada pelo Partido não contava com unanimidade entre os membros da *Araucaria*.

Houve outros momentos de discordância de intelectuais ligados à *Araucaria* frente às posições do PCCh: em 1981, durante a "eleição" do representante do PCCh na França, e durante as discussões sobre a participação do Partido no Plebiscito chileno. Na primeira ocasião, no início de 1981, houve uma reunião na França, entre os comunistas chilenos, para decidir a nova direção do Partido neste país. O conflito ocorreu quando o plenário sugeriu para ser um dos dirigentes do Partido no Hexágono o nome de Luis Alberto Mansilla, que era abertamente um crítico do socialismo

---

48   TEITELBOIM, Volodia. "El dialogo necesario y el dialogo imposible". *Araucaria de Chile* nº 36. Madri: Ediciones Michay, 4º trimestre 1986, p. 11-16.

49   VALENTIN, Victor. "Mirar el 87 con los ojos abiertos". *Araucaria de Chile* nº 37. Madri: Ediciones Michay, 1º trimestre 1987, p. 9-12 (pseudônimo de Volodia Teitelboim).

real. O enfrentamento entre a base, formada na maioria por intelectuais e artistas, e a direção do Partido no exílio, representada por Volodia, apenas terminou quando o próprio Mansilla retirou sua candidatura.[50] O episódio demonstrou que a construção da democracia deveria ser feita não só no Chile, mas no interior do Partido.

A discordância de membros da *Araucaria* da política de Rebelião Popular foi expressa na revista número 41 (1º trimestre de 1988), através da entrevista de um dirigente da FPMR, Sergio Buschmann, sem identificação da autoria.[51] As perguntas enfatizaram as contradições entre a histórica luta democrática do PCCH e o trabalho artístico com a nova orientação armada, o perigo de que a luta armada provocasse imobilismo popular, porque os movimentos de base ficariam à espera de seus libertadores, e sobre as consequências da divisão interna na FPMR. Demonstram que o entrevistador pouco simpatizava com a luta armada e com a Política de Rebelião Popular.[52]

Os participantes da reunião de Chantilly eram contra o uso da violência para combater a ditadura, mas viam nos Protestos um meio

---

50 ORELLANA, *Penultimo Informe... op. cit.*, p. 284-289.

51 O entrevistado Sergio Buschmann, ator chileno e militante comunista desde 1962, que passou pelas prisões da ditadura antes de exilar-se em 1976 na Suécia, depois de algum tempo soube da adoção da Política de Rebelião Popular através de um documento lido por Corvalán nesta cidade. Pouco tempo depois, decidiu integrar-se à luta, foi para a Nicarágua em 1979 e para o Chile em dezembro de 1983. De volta a seu país, participou de diversas ações e foi um dos dirigentes do fracassado desembarque de armas em Carrizal; ficou detido em Valparaíso até agosto de 1987 quando fugiu, de modo espetacular, pelo telhado da prisão, permanecendo clandestino no país até sair em janeiro de 1988. BUSCHMANN, Sergio. "Testimonio de un combatiente. Entrevista con un dirigente del Frente Patriótico Manuel Rodríguez". La historia vivida. *Araucaria de Chile* nº 41. Madri: Ediciones Michay, 1º trimestre 1988, p. 15-46 (entrevistador não foi identificado, mas pelo ano e local da entrevista – Madri –, há grandes chances de ter sido Orellana que a realizou).

52 *Ibidem.*

de pressioná-la para estabelecerem uma negociação pelo alto. O sociólogo da SUR (Centro para Estudos Sociais e Educação) Javier Martínez publicou um artigo na revista *Proposiciones*, que circulava no Chile no final de 1986, intitulado "Miedo al Estado, Miedo a la sociedad", onde argumentou que até o grande protesto de agosto de 1983, os protestos massivos tinham a vantagem de demonstrar que a sociedade havia perdido o medo do Estado, sem a necessidade de sacrifícios individuais, pois se tratavam de atos massivos; e a partir do quinto protesto (setembro de 1983), com a saída da Aliança Democrática, os protestos teriam perdido em amplitude e aumentado em magnitude das ações individuais, e fazendo com que a sociedade passasse a temer suas próprias tendências "autodestrutivas". Além disso, para o autor, a retomada de símbolos allendistas nos meios populares fez com que setores que se opuseram à UP, mas que queriam o fim da ditadura, se afastassem dos protestos.[53]

5.6 A TRANSIÇÃO ACORDADA, O ISOLAMENTO DO PCCH E O FIM DE *ARAUCARIA*

1986 deveria ser o ano decisivo para o fim da ditadura, segundo os comunistas. Não foi. No dia 2 de setembro, a polícia descobriu um arsenal que seria utilizado para iniciar ações mais intensas contra a ditadura, e cinco dias depois a FPMR falhou em sua tentativa de tiranicídio. Estes dois eventos serviram de justificativa para que, temendo uma "escalada da violência", o PS acertasse definitivamente um acordo com a DC.

Até aquele momento, apesar do fracasso das negociações com a ditadura, nenhuma força opositora havia proposto publicamente respeitar a Constituição pinochetista: o primeiro a fazê-lo foi o sociólogo da FLACSO (Faculdade Latino-americana de Ciências Sociais),

---

53 MARTÍNEZ, Javier. "Miedo al Estado, miedo a la sociedad". *Proposiciones* n° 12, ano 6., out.-dez. 1986, p. 34-42.

que esteve em Chantilly no lançamento da "renovação" socialista, José Joaquín Brunner. Em 26 de setembro, foi publicado no diário pró--Pinochet *La segunda* um documento de sua autoria, que antes havia circulado entre os líderes da AD, recomendando o rompimento definitivo com o MDP e reconhecendo as condições de transição impostas pela Constituição de Pinochet.⁵⁴ O plebiscito sobre a continuidade de Pinochet no cargo de Presidente da República estava previsto na Constituição aprovada pelo ditador sob fortes indícios de fraude em 1980, por pressão de grupos civis que apoiavam a ditadura, mas que tinham seus próprios projetos de poder. A proximidade do pleito deixou o PCch diante da seguinte disjuntiva: a participação no plebiscito implicaria o reconhecimento da legitimidade da Carta Magna pinochetista e em acordos sucessórios que comprometeriam os próximos governos com a institucionalidade imposta, e a não participação levava ao aprofundamento do isolamento no campo político e à quebra de uma tradição democrática do Partido Comunista Chileno. As discussões foram intensas e, inicialmente, o PCch colocou-se contra a participação no plebiscito para não legitimar a Constituição de 1980 e porque não havia garantias de que não haveria fraude.

Nesse intervalo, Orellana, teve a letra "L" de "listado" apagada de seu passaporte e logo viajou para o Chile (1986), depois do atentado a Pinochet, ocasião em que percebeu nitidamente a divisão do Partido quanto à adoção da linha insurrecional, sendo ele próprio contra tal linha por acreditar que rompia com a tradição democrática do PCch. Além disso, sua estada no país o fizera perceber, por um lado, o altíssimo grau de conservadorismo que a ditadura criara na sociedade (temas que eram discutidos com naturalidade fora do Chile, como o direito ao aborto, não podiam sequer ser mencionados), por outro lado, havia um clima de ódio diante das duras represálias empreendidas

---

54 PURYEAR, *op. cit.*, p 107.

pelo regime depois do atentado. Diante de tal quadro, uma saída insurrecional parecia distante da realidade para o redator.[55] Em 1987, o PCCH ainda defendia uma ruptura com a ditadura, apesar de seu isolamento cada vez maior. Na *Araucaria* número 39, na seção "Cartas de Chile", foi publicada uma carta de um pai que estava dentro do Chile para sua filha no exílio datada de meados de 1987, na qual conta que era cada vez mais difícil retomar os protestos, e que a vitória de Patrício Alwyn (que apoiara o golpe militar) nas eleições internas da DC tornava quase impossível um acordo; conta ainda que sentia o crescimento de setores que se contentavam com a manutenção do regime sem a figura de Pinochet; além disso, a ambiguidade e a demora em posicionar-se frente ao plebiscito aumentavam o isolamento da esquerda, comenta o missivista.[56]

O isolamento a que estava sendo submetido o PCCH atingiu também a revista *Araucaria*. No número 37 da revista, Carlos Orellana publicou uma crônica chamada "Homenaje a un pueblo pertinaz", sobre a exposição *Chile Vive*, realizada em Madri.[57] Esta exposição se propunha a reunir o que de melhor havia produzido a cultura chilena dentro e fora do país desde o golpe. Segundo narrou Orellana, todas as expressões artísticas estiveram presentes: literatura, pintura, escultura, cinema, música, fotografia, teatro, publicações literárias e algumas mesas redondas com a presença de artistas e sociólogos sobre o tema "arte e sociedade", tudo isso distribuído em quatro espaçosos andares, com uma ausência: a revista *Araucaria* e os livros editados pelo selo Del Meridión. Então com quase 10 anos de existência e com um trabalho cultural reconhecido por intelectuais além do arco co-

---

55   ORELLANA, Carlos. *Penúltimo Informe… op. cit.*, p. 298.

56   "Invierno de 87". Cartas de Chile. *Araucaria de Chile* nº 39. Madri: Ediciones Michay, 3º trimestre 1988, p. 18-20.

57   Esta exposição, realizada no Círculo de Belas Artes de 19 de janeiro a 18 de fevereiro de 1987, foi financiada pelo governo espanhol.

munista, aquela ausência somente poderia ser interpretada como uma identificação clara do governo espanhol, organizador do evento, com as posições da Aliança Democrática, e que se recusava até mesmo a reconhecer o trabalho cultural desenvolvido por membros do Partido Comunista Chileno no exílio. O título da crônica era uma homenagem a uma escultura da exposição, de autoria de Mario Irrázaval, cuja mão saindo do chão fazia clara alusão aos mortos e desaparecidos que insistiam em não serem esquecidos, mas esse "povo pertinaz", título do artigo de Orellana, também pode ser lido como aquele que se recusava a pactuar com a ditadura, ou ainda que se recusava a ser conivente com a opressão da ditadura, fosse no Chile ou em outra parte.[58]

Os editorias da *Araucaria* número 31 (3º trimestre de 1985) até o 39 (3º trimestre de 1987) criticaram duramente o fato de alguns partidos da oposição, não nomeados naquele momento, almejarem fazer acordos com a ditadura e não com a esquerda e se oporem ao uso da violência contra uma ditadura violenta. Apesar de, no início, não nomear os partidos, fica clara a cobrança ética em relação ao PS por estar "costurando" o acordo com a DC, mas antes do golpe de 1973 havia sido radicalmente contra que o PC o fizesse para preservar a democracia, chegando inclusive defender a luta armada, que agora criticavam o PC por aderir.

Esses editoriais contêm também denúncias de crimes praticados pela ditadura, como o degolamento de Jose Manuel Parada, Manuel Guerrero e Santiago Nattino[59] (*Araucaria* nº 32), os policiais que queimaram vivos os adolescentes Rodrigo Rojas e Carmen Gloria Quintana (*Araucaria* nº 37)[60] e a prisão seguida de tortura de dois jovens

---

58   ORELLANA, Carlos. "Homenaje a un pueblo pertinaz". Cronicas. *Araucaria de Chile* nº 37. Madri: Ediciones Michay, 1º trimestre 1987, p. 189-193.

59   A los lectores. *Araucaria de Chile* nº 32. Madri: Ediciones Michay, 4º trimestre 1985, p. 5.

60   A los lectores. *Araucaria de Chile* nº 37. Madri: Ediciones Michay, 1º trimestre 1987, p. 5.

escritores, além das duas filhas (de 16 e 17 anos) do colaborador da revista Jose Miguel Varas, que haviam retornado ao país (*Araucaria* nº 39).[61] Depois de muitas discussões, finalmente o PCch aceitou participar do plebiscito, sendo o último a aderir e instruir seus militantes a se inscreverem nos registros eleitorais. Orellana, desde o início, defendeu a participação no pleito e, segundo ele, estava disposto a participar, mesmo que isso implicasse em desobediência à disciplina partidária que havia seguido por mais de quarenta anos.[62]

Em sua biografia, o então secretário-geral do PCch, Luis Corvalán, reconheceu que foi um erro não ter apoiado o plebiscito desde o início.[63] Porém, havia setores no partido, principalmente aqueles que participaram da luta armada, que consideraram uma "traição" a chamada do Partido para que seus militantes se inscrevessem nos registros eleitorais, segundo contou Orellana.[64] Deste modo, a política de "todas as formas de luta" abalou a unidade do partido.

Em sua biografia, Volodia Teitelboim reconheceu a intensidade das discussões internas no PCch sobre a participação no plebiscito, mas não revelou qual foi seu posicionamento pessoal nestas discussões. Contudo, as defesas de todas as formas de luta publicadas em *Araucaria*, seus alertas sobre o risco de fraudes na imprensa chilena e o fato de reproduzir em sua biografia a versão de que Pinochet apenas acatou a derrota no plebiscito porque os demais membros da Junta Militar não aceitaram dar um segundo golpe, são indícios de que foi contra a participação do Partido no Plebiscito.[65]

---

61 A los lectores. *Araucaria de Chile* nº 39. Madri: Ediciones Michay, 3º trimestre 1987, p. 5.

62 ORELLANA, Carlos. Entrevista concedida à autora deste livro. Santiago, 1º de outubro de 2007.

63 CORVALÁN, *op. cit.*, p. 313.

64 ORELLANA, *Penúltimo Informe... op. cit.*, p. 302-303.

65 TEITELBOIM, *Un soñador ... op. cit.*, p. 241-259.

O tema da campanha pelo "Não" apareceu apenas no editorial da revista número 41, sob a justificativa de que significava o rebaixamento das aspirações e das possibilidades de luta. O editorial propunha que o "não", mais que uma palavra, fosse materializado em ações. Na mesma revista, foi publicado um texto de Jose Cademartori sobre as linhas possíveis para o Chile pós-ditadura, no qual mostra que o Acordo Nacional proposto pela AD não era claro em relação a diversos pontos, como as mudanças necessárias no poder judiciário que havia sido conivente com a ditadura, não exigia a punição dos crimes cometidos, aceitava a manutenção da Constituição de 1980 e das políticas neoliberais. Cademartori citou diversos documentos anteriores onde líderes da DC como Andrés Zaldivar afirmavam a impossibilidade de negociar com a ditadura, evidenciando a clara incoerência deste Partido.[66]

A campanha do "Não" foi marcada pelo clima de "despolitização da política", quando os líderes da *Concertación* evitaram o enfrentamento político com a ditadura e optaram por *jingles* suaves como *"a alegría ya viene"*. Para alguns estudiosos do tema, como Jeffrey Puryeard, esse novo modo de fazer política foi consequência de uma "intelectualização da política", resultado da intervenção cada vez maior de acadêmicos nas disputas político-partidárias; esses acadêmicos, através de diversas pesquisas, "interpretavam" a vontade da população de pôr fim aos conflitos de modo ameno. Mas cabe esclarecer que, segundo informou Puryeard, tais pesquisas eram financiadas por magnatas do sistema financeiro, como o estadunidense George Soros, a quem pouco interessava um rompimento profundo com a política econômica da ditadura.[67]

---

66   CADEMARTORI, Jose. "Las transformaciones necesarias: líneas posibles a una nueva democracia en Chile". Nuestro Tiempo. *Araucaria de Chile* nº 41. Madri: Ediciones Michay, 1º trimestre 1988, p. 59-73.

67   Importantes intelectuais que dirigiram a campanha do Não foram: Juan Gabriel Valdés (filho de Gabriel Valdés presidente da DC), Eugenio Tironi,

A revista *Araucaria* ironizou os intelectuais que "pesquisavam para derrubar a ditadura". Ao final de cada artigo da revista, sempre havia uma curta nota humorística, geralmente ridicularizando a direita chilena ou o imperialismo *yankee*. Ao final do artigo que abre o número 46, há uma piada de um sociólogo que, ao pesquisar para derrubar a ditadura, havia conseguido casa e carro de luxo. Através do humor, a *Araucaria* denunciava as celebridades acadêmicas da transição ligadas à *Concertación* e as reais utilidades de suas pesquisas.[68]

INTELECTUALES «INSTITUCIONALIZADOS»

«El director de un centro de investigación invita a su madre provinciana a visitarlo a Santiago. Llega a recogerla al aeropuerto con su nuevo Peugeot.
— ¿De dónde sacaste este hermoso auto? —exclama ella mientras mira todos los chiches del tablero.
—Lo financió el Instituto. Lo necesitaba en mi investigación para derrocar a la dictadura —contesta a su madre.
Cuando llegan al hogar del hijo en una zona residencial, la madre queda con la boca abierta.
—¿De dónde sacaste esta hermosa casa?
—El Instituto la financió. Debemos vivir en condiciones adecuadas para seguir nuestra investigación para derrocar a la dictadura.
Entran al comedor, donde los espera el almuerzo: una mesa cubierta de mariscos, carnes, ensaladas, fruta y buen vino. Mientras come con entusiasmo, ella pregunta:
—¿De dónde sacaste semejante almuerzo?
—El Instituto lo financia. Necesitamos alimentarnos bien para continuar nuestra investigación sobre el derrocamiento de la dictadura.
A esa altura la madre se rasca la nariz y susurra:
—Cuida, hijo, de que no derroquen a la dictadura y pierdas todo esto.

(James Petras en «La metamorfosis de los intelectuales latinoamericanos». Revista *Contrarios*, n.° 2, Madrid, 1989.)

12

Ilustração 20: nota humorística de *Araucaria* n° 46, ironizando intelectuais institucionalizados (p. 12)

Manuel Antonio Garretón, Carlos Vergara, Carlos Huneeus entre outros. George Soros, conhecido especulador foi um dos financiadores do *Centro de Investigaciones Sociales* (cis), um consórcio que reuniu importantes centros acadêmicos (sur, cid, ilet) com uma finalidade claramente política: fazer pesquisas com o objetivo de intervir no processo de transição. puryear, *op. cit.*, p 138-149.

68   Intelectuales "institucinalizados"*Araucaria de Chile* n° 46. Madri: Ediciones Michay, 2° trimestre 1989, p. 12.

No editorial da *Araucaria* nº 43, o adjetivo utilizado para qualificar a vitória do "não" é "fulminante", mas adverte que a transição estava apenas em seu início e que não havia razões para confiar que Pinochet não utilizaria de outros meios para se manter no poder, e portanto a oposição deveria manter sua capacidade de mobilização alerta.[69] Na revista seguinte, Luis Maira (presidente do Partido Amplio de la Izquierda Socialista – PAIS –, que reuniu o PCCh, a Izquierda Cristiana e outros grupos de esquerda) analisou o significado da derrota de Pinochet, o momento após o plebiscito e o que se deveria fazer para chegar à plena transição democrática.[70] Maira avaliou que Pinochet era diferente de outros ditadores do continente, pois havia conseguido concentrar o poder em suas mãos (diferente dos ditadores do Brasil e Argentina, que foram designados por grupos de militares). Segundo Maira, Pinochet pôde contar ainda com a divisão da esquerda para permanecer no poder. Avaliou ainda que as jornadas de protesto de 1986 quase tiveram êxito, mas, após o fracasso do atentado e da descoberta das armas, alguns setores da oposição recuaram. Assim restou apenas a alternativa do plebiscito, que, segundo Maira, apesar da união de todos os os setores, da direita à esquerda, conseguiu uma vitória apertada; lembrou que o PCCh foi o último a decidir pela participação. Argumentou que a oposição, do mesmo modo que participara do plebiscito, deveria participar das eleições presidenciais, e como tarefa posterior deveria alterar, via plebiscito, alguns mecanismos da Constituição para alcançarem plena democracia, tais como: eliminar o 8º artigo (que proibia o marxismo); eliminar senadores indicados pela ditadura (que eram mais de um terço); investigar os crimes con-

---

69   A Los lectores. *Araucaria de Chile* nº 43. Madri: Ediciones Michay, 3º trimestre 1988, p. 5.

70   MAIRA, Luis. "Caminos para la conquista de la democracia en Chile". *Nuestro Tiempo. Araucaria de Chile* nº 44. Madri: Ediciones Michay, 4º trimestre 1988, p. 99-113.

tra os direitos humanos (sendo que já havia uma vasta documentação produzida pela Vicaria de Solidariedad). E como herança da ditadura, Maira apontou dois graves problemas a serem resolvidos pelos governos democráticos: a má distribuição de renda e a violência social. Depois do resultado do plebiscito, alguns setores dentro do próprio Partido Socialista apontaram como exageradas as concessões feitas à ditadura. Segundo os dirigentes socialistas Jorge Arrate e Eduardo Rojas, os acordos que resultaram nas alterações constitucionais foram tecidos em meio à indiferença geral, além de outros realizados entre a ditadura e a *Concertación* que nunca foram a público.[71] Lembraram que, naquela conjuntura, os vencedores do plebiscito tinham capital político para exigir muito mais do que os 54 itens reformados na Constituição pinochetista.

Em maio de 1989, aconteceu o xv Congresso do Partido Comunista Chileno, onde Luis Corvalán deixou o cargo de Secretário Geral. Para substituí-lo, não escondeu sua preferência por Gladys Marin e não por Volodia, que acabou sendo eleito pela maioria dos votos no Comitê Central.[72] Segundo Orlando Millas, este congresso foi marcado pela crítica da nova direção ao posicionamento "pacífico" que o Partido teve durante o governo Allende, e pela denúncia da luta pelo poder como fator desagregador do Partido. Na ocasião deste congresso, Millas estava internado em Roterdã, Holanda, e apenas pôde manifestar-se por uma carta enviada posteriormente a Volodia.[73]

Neste momento, já estava selado o fim da revista *Araucaria*. Apesar de ocupar o cargo de Secretário Geral do Partido, Volodia não conseguiria manter aquela publicação, pois vendia cada vez menos, devido ao retorno ao país de grande parte dos exilados, e para aqueles

71   ARRATE, Jorge e ROJAS, Eduardo. *Memoria de la Izquierda chilena*. Tomo II 1970-2000. Santiago: Javier Vergara Editor, 2003, p. 411.

72   CORVALÁN, *op. cit.*, p. 330-332.

73   MILLAS, *op. cit.*, p. 45-52 e 571-574.

que defenderam a saída insurrecional, exceto Volodia, uma revista cultural era não apenas prescindível como um estorvo, segundo o secretário de redação.[74] Orellana retornou definitivamente ao Chile no início de 1990; nesta ocasião, grande parte dos chilenos exilados já haviam retornado ao país. Ele, Mansilla e Bocaz se afastaram do PCCH logo após o plebiscito, mas se mantiveram politicamente à esquerda, permanecendo críticos às continuidades de políticas entre a ditadura e os governos civis. Para a decisão de afastamento pesaram fatores como as críticas ao que viram no Leste Europeu, a falta de alternativas no PCCH para enfrentar os muitos desafios deixados no Chile pós-ditadura e o dogmatismo imperante. Osvaldo Fernández permaneceu no Partido e Volodia se tornou seu Secretario Geral entre 1989 e 1994. Orellana contou que ao chegar no Chile propôs a Volodia que abandonasse o cargo, justificando que o PCCH havia deixado de ser alternativa naquele momento, pois além do isolamento político no Chile, também havia sido gravemente abalado com o fim do "socialismo real" e o Partido não conseguia construir alternativas factíveis. A proposta de Orellana era formar o Partido dos Trabalhadores da Cultura (PTC), para que sem concorrer a cargos, tivesse como proposta a reconstrução cultural de um país em que tudo fora convertido em mercadoria pela ditadura e onde imperava uma mentalidade fortemente conservadora. Desnecessário explicar a recusa de tal proposta por Volodia, um homem que então tinha quase sessenta anos apenas de militância comunista.

Provavelmente, esse reconhecimento da derrota das causas e dos valores que defenderam durante décadas com a transição pactuada com a ditadura e a consequente saída do PCCH de três dos quatro principais articuladores da revista tenha sido o motivo do silêncio de Volodia sobre a *Araucaria* em sua biografia.

---

74 ORELLANA, Carlos. *Penúltimo Informe… op. cit.*, p. 302.

CONSIDERAÇÕES FINAIS

A tentativa de revolução socialista pela via democrática foi frustrada e seguida de um brutal golpe de Estado que resultou no exílio de milhares de pessoas: esta foi a contingência que deu origem à revista *Araucaria de Chile* e que pautou os trabalhos nela publicados. Poemas, contos, romances, filmes, pinturas e outras manifestações artísticas tiveram como ponto de partida a reflexão sobre quais os significados do trágico desfecho da Unidade Popular, a denúncia dos crimes cometidos pela ditadura, as vivências no exílio e a luta pela democracia. A proposta da revista *Araucaria* era dar a conhecer aos chilenos toda essa produção, servindo como um meio de comunicação entre os de "dentro" e os de "fora". Através das cartas, contos, poesias e outros textos publicados, constatei que a revista conseguiu cumprir este propósito, apesar das dificuldades de obter matérias e de enviar a revista para o Chile.

Procurei mostrar que a proposta de reflexão cultural e intelectual de *Araucaria* enfrentou duras resistências, inclusive dentro do pcch, responsável pela publicação. O grupo que produziu a revista era formado por membros do Partido Comunista Chileno (Orellana, Fernández, Mansilla, Martínez e Volodia) ou próximos (como Luis Bocaz), mas nem por isso a revista tornou-se órgão oficial do pcch:

constatei que em entrevistas, artigos e ensaios eram expostas ideias de intelectuais que destoavam daquelas do Partido, o que demonstra não se tratar de uma publicação de doutrinação ideológica baseada na ortodoxia comunista, mas de uma revista feita por intelectuais que se propunham o livre exercício da reflexão no espaço público e a defesa de determinadas causas, como entendem a função do intelectual Antonio Gramsci e Norberto Bobbio.

No entanto, alguns membros da direção do PCch acreditavam que a revista, assim como a editora Del Meridión, deveriam funcionar como organismos partidários e por isto se opuseram à linha da publicação, o que motivou tentativas de intervenção frustradas pelo prestígio adquirido pela revista e pelo lugar ocupado por seu diretor Volodia Teitelboim dentro do PCch. Volodia dirigiu a *Araucaria* em seus primeiros números; depois, com o passar do tempo, afastou-se dessa função e apenas aprovava os índices. No entanto, como procurei mostrar, sua influência na orientação política da revista persistiu até o final. Tal influência se revelou, sobretudo, a partir do momento em que houve divergência entre as forças políticas de oposição a Pinochet. Volodia e a direção do PCch eram contrários a uma saída negociada com a ditadura, manifestando-se a favor da luta armada e massiva, mas o núcleo de redação da revista, especialmente Orellana – principal responsável por sua publicação –, discordava da guerrilha como método de luta. No entanto, nesse contexto de divergência entre os oposicionistas da ditadura, a defesa da luta armada se fez cada vez mais presente nos editoriais da *Araucaria*, o que demonstra predomínio das posições de Volodia e da direção do PCch sobre as contrárias a elas.

Cabe esclarecer que Orellana, por um lado, discordava das posições mais radicais, mas por outro, não acreditava que a transição pactuada defendida pelo Partido Socialista e a Democracia Cristã levasse a um Estado realmente democrático. Ao observar a postura de Orellana ao longo do trabalho, acabei por concluir que é possível aproximá-lo das concepções expostas por Edward Said, de intelectual *out sider*, que defendia a necessidade dos intelectuais lutarem por princípios políticos, sobretudo em relação às injustiças, preconceitos e denúncia dos abusos de poder.

Mais que lamentar o afastamento da terra pátria e o fim de um projeto de país, a *Araucaria* procurou difundir uma imagem do exílio como um lugar de reflexão e continuidade da luta política. A revista refutava a ideia do "exílio covarde", disseminada pela esquerda que permaneceu no país lutando "in loco" contra a ditadura, procurando mostrar que a denúncia da violência política chilena no exterior a partir da mobilização política, com vistas a angariar apoio internacional para pressionar a volta do Estado de direito no Chile, ou seja, a luta externa pela democracia, era complementar e tão importante quanto a que se travava no campo interno. Portanto, o exílio, como afirmavam vários articulistas e editorialistas, não poderia ser definido como uma derrota, mas como uma possibilidade de seguir a luta por outros meios.

A cultura chilena relacionada à luta política, como procurei mostrar, foi o foco da publicação. A ideia era lutar contra o "apagão cultural" promovido pela Junta Militar. Segundo artigos publicados na revista, este "apagão" teria durado até por volta de 1976; depois deste ano, os produtores culturais dentro do Chile passaram a criar arte utilizando metáforas e outros recursos para escapar da censura; além disso, a própria situação de repressão enfrentada no país politizava as manifestações culturais. Já os artistas e intelectuais exilados fizeram uso da liberdade e da solidariedade encontrada no exterior para denunciar os crimes da ditadura e lutar pelo seu fim. Os artistas chilenos encontraram um campo fértil para sua produção, principalmente nos países onde a "via chilena para o socialismo" foi acompanhada com entusiasmo, como era o caso da França e da Suécia. Portanto, o engajamento – no sentido sartriano do termo, de fazer da arte uma possibilidade de reflexão sobre a sociedade com a finalidade de transformá-la – fazia parte da luta política devotada à causa democrática que, no caso, significava o fim da ditadura chilena.

Com relação às manifestações culturais publicadas na *Araucaria*, procurei mostrar que a luta pela democracia impulsionou artistas de diversos campos a lançar o "holofote" sobre a cultura, jogando luz sobre o cenário de repressão e horror no qual o Chile estava imerso. Este florescimento da cultura chilena no exílio pode ser explicado a partir da observação feita por Edward Said de que, muitas vezes, o afastamento dos combates na terra natal torna a compreensão destes, em muitos casos, uma obsessão para o intelectual. Pela análise da produção intelectual e artística publicada na revista, em grande quantidade e com qualidade, é possível concluir que tal obsessão estimulou os chilenos no exílio a produzirem reflexão sobre a cultura chilena tendo como mote a luta política. A revista *Araucaria* foi, ao mesmo tempo, fruto e difusora da intensa produção cultural pós-1976, ano que seus articulistas consideravam marco da retomada da produção cultural depois do golpe; portanto, esta publicação foi um espaço para que os intelectuais chilenos se engajassem – no sentido mais *sartriano* do termo – na luta contra a ditadura.

Após o golpe, os intelectuais chilenos se deram conta de que a longa tradição de estabilidade democrática era uma falácia e que tal crença era resultado da ignorância das experiências passadas de autoritarismo e violência: elas deixaram marcas na sociedade chilena que as esquerdas e os democratas se recusavam a ver. Conforme os governos ditatoriais se espalhavam pelo Cone Sul, os exilados perceberam que o autoritarismo, a violência e a luta constante pela democracia representavam um componente importante na história do continente latino-americano e que o Chile não se diferenciava de seus vizinhos neste aspecto, como acreditavam os chilenos até o golpe. Como a luta pela democracia, naquele momento, era um fenômeno continental, foi reservado espaço, na revista *Araucária*, para a publicação de muitos textos referentes à América Latina, principalmente sobre temas políticos (revolução e resistência às ditaduras), econômicos (dívida externa) e culturais de outros países do continente. O olhar para a América Latina esteve focado nos movimentos revolucionários vistos como inspiração para a luta antipinochetista. Neste aspecto, a Revolução Nicaraguense mereceu atenção especial dos pesquisadores ligados ao PCCh, por ter sido fruto de uma aliança entre cristãos e grupos marxistas, que, através de uma interação original entre movimentos populares e a guerrilha, logrou pôr abaixo uma ditadura. A Frente Sandinista de Libertação Nacional foi uma referência muito importante para os comunistas chilenos que colocaram em prática a "Política de Rebelião Popular de Massas".

O PCCh, em nome de seus militantes presos, torturados e mortos optou por lançar-se à luta contra a ditadura, radicalizando o movimento de protestos. A ideia era conjugar ações armadas e massivas para desestabilizar o regime. Foi nesse contexto que muitos militantes do PCCh, como Orellana e Mansilla manifestaram-se contrários a tais ações por acreditarem que tal opção significava mandar para o sacrifício jovens militantes. Além deste motivo, os dois comunistas se afastaram do PCCh devido à decepção com o Leste europeu, principalmente após a tragédia de Chernobill (1986). Os dois intelectuais, membros importantes da revista, optaram por manter a independência de suas posições e se desvincularam de um partido que não correspondia mais a suas aspirações em relação à sociedade chilena.

As divergências políticas internas explicam, em parte, o fim da revista. Mas, além dos motivos políticos, os novos valores da sociedade chilena modernizada pela ditadura através de uma política neoliberal individualista e antisocial, também contribuíram para que *Araucaria* deixasse de existir, até mesmo porque uma revista cultural com um perfil político claro não teria público, nem anunciantes nessa nova sociedade, na qual imperava a lógica do consumo e a defesa do esquecimento: a memória do golpe e da repressão, ao invés de ser entendida como uma questão de justiça, passou a ser vista como ressentimento e desejo de vingança dos derrotados. Naquela conjuntura, não havia mais espaço nem mesmo para o intelectual *out sider* que denunciava os abusos do poder no espaço público, pois neste espaço mercantilizado as vozes críticas eram cada vez menos ouvidas.

O diagnóstico de Norberto Bobbio de que a expansão das democracias significava também expansão dos espaços para atuação dos intelectuais não se confirmou no Chile. Ao contrário, o consumo de produtos culturais críticos "encolheu" na mesma proporção do aumento de consumo de outros produtos com maior aceitação no mercado e que exigiam concordância com os interesses de editores, "marchand" de arte e proprietários dos meios de comunicação. Neste novo cenário, o intelectual e os produtores de cultura comprometidos com causas políticas e sociais se recolheram aos espaços e meios de comunicação alternativos ou às universidades que mantinham projetos de pesquisa desvinculados de interesses mercadológicos. Orellana e Mansilla foram trabalhar em editoras e abandonaram as intervenções no espaço público; Luis Bocaz aposentou-se como professor universitário na França, e depois voltou ao Chile onde passou a lecionar em Valvídia; Osvaldo Fernández voltou a lecionar em Valparaíso e, assim como Volodia, manteve-se filiado ao PCCH, cuja força política diminuiu consideravelmente no Chile pós-ditadura.

O fim de *Araucaria* coincidiu com o arrefecimento (não o fim, certamente) do pensamento crítico, não só no Chile, mas em toda a América Latina atingida pela onda de governos neoliberais que ascenderam ao poder a partir de transições democráticas, em vários casos pactuadas com governos ditatoriais. Neste contexto, os intelectuais sartreanos engajados numa causa política ou social, como observou Helenice Rodrigues, não tiveram mais aceitação, pois espera-se que a categoria se manifeste de modo independente e objetivo com vistas a promover "apenas" o conhecimento.

No entant, o a diminuição dos espaços para o intelectual engajado e o fim de *Araucaria*, seu produto, não desmerecem essa trajetória pois, além de a revista ter sido, na expressão de Sirinelli, um "viveiro" de intelectuais/artistas, eles produziram "não máquinas, mas ideias", como sugeriu Bobbio a propósito dos intelectuais críticos que refletem sobre a sociedade, a política e a cultura, caso dos que foram objeto desta análise. Os participantes da revista denunciaram o poder ditatorial chileno e os de outros países latino-americanos, compromisso que Said atribuiu ao intelectual na contemporaneidade; a revista representou também uma possibilidade de contato com intelectuais e artistas de várias partes do mundo que apoiaram as causas nela defendidas. *Araucaria* representou, além do mais, um espaço de sociabilidade, marcado por cumplicidades e desavenças, mas que, acima de tudo, permitiu aos que precisaram abandonar o país sobreviver ao drama do exílio.

No Índice de *Araucaria* lançado em 1994, Orellana revelou que, desde o projeto da revista, ela foi pensada como um testemunho para as gerações futuras do que foi a experiência do exílio chileno. Dizia-se surpreso com o fato de, até aquele momento, não ter sido alvo de análise histórica. Talvez o clima de "reconciliação" nacional explique tal desinteresse. Este trabalho pretendeu contribuir para o conhecimento dessa produção editorial que teve enorme importância na história chilena recente, marcada pela luta em prol da redemocratização país e pela preservação da cultura chilena. Fazer a história do "tempo presente", como advertem vários historiadores que se debruçaram sobre esta temporalidade, é uma tarefa complexa porque o sujeito historiador vive o dilema de, ao mesmo tempo, se identificar e ter que se distanciar do seu objeto. Esta tarefa foi ainda mais difícil no caso do tema escolhido para análise, porque se trata de uma história que foi construída a partir de memórias traumáticas, no caso, as memórias do exílio. Como bem colocou Denise Rollemberg, o exílio tem sempre uma natureza política, pois a necessidade de abandonar o país decorre normalmente do enfrentamento com o poder constituído. Uma revista cultural feita por exilados não poderia, portanto, deixar de ser uma revista política. Analisar este objeto que se situa nestes dois campos foi uma experiência muito enriquecedora, mas também desafiadora para quem enfrenta um primeiro trabalho de pesquisa historiográfica mais ampla. Neste sentido, os autores mencionados na Introdução me ajudaram muito neste percurso

A revista foi, em suma, o retrato da experiência dos chilenos no exílio. O exílio acabou, a revista terminou, mas a história das lutas que nela foram travadas permanece em suas páginas para ser conhecida e compreendida pelas gerações atuais e vindouras. Espero ter contribuído, ainda que parcialmente, para esta finalidade.

BIBLIOGRAFIA

AGGIO, Alberto. *Democracia e Socialismo: a experiência chilena.* São Paulo: Annablume/Unesp, 2002.

ALBUQUERQUE JÚNIOR, Durval Muniz. De amadores a desapaixonados: eruditos e intelectuais como distintas figuras do conhecimento no Ocidente. *Trajetos* – Revista de História da UFC. Fortaleza, Departamento de História da Universidade Fedral do Ceará, vol. 3, nº 6, p. 43-66, 2005.

ÁLVAREZ, Rolando; PINTO, Julio; VALDIVIA, Verónica. *Su revolución contra nuestra revolución: izquierdas y derechas em el Chile de Pinochet (1973-1981).* Santiago: LOM, 2006.

ARRATE, Jorge; ROJAS, Eduardo. *Memoria de la izquierda chilena.* Tomo II (1970-2000). Santiago: Javier Vergara, 2003.

AYLWIN, Mariana *et al. Chile en el siglo XX.* Santiago: Planeta Chile, 2005.

BARRERA, Luis. *Notas sobre el reecuentro cultural de Chile con todos los chilenos del mundo.* In: Barudy, Jorge *et al* (org.). *Exílio, derechos humanos y democracia: el exílio chileno en Europa*. Santiago: Caupolicán, 1993, p. 52-67.

BARUDY, Jorge *et al. Exílio, derechos humanos y democracia: el exilio chileno en Europa.* Santiago: Servicios Graficos Caupolicán, 1993.

BOBBIO, Noberto. *Os intelectuais e o poder.* São Paulo: Editora Unesp, 1997.

BOURDIEU, Pierre. Três estados do campo. In: BOURDIEU, Pierre. *As regras da arte.* São Paulo: Companhia das Letras, 1996, p. 63-199.

BRAVO VARGAS, Viviana. *El tiempo de los audaces: la politica de Rebelión Popular de Masas y el debate que sacudió al Partido Comunista de Chile (1973 – 1986).* In: ÁLVAREZ, Rolando. SAMANIEGO, Augusto; VENEGAS, Hernán (ed.). *Fragmentos de uma historia: El Partido Comunista de Chile en el siglo xx. Democratización, clandestinidad, rebelión (1912-1994).* Santiago: ICAL, 1998, p. 151-176.

CAJKA, Rodrigo. *Páginas de resistência: intelectuais e cultura na revista Civilização Brasileira.* Dissertação de mestrado. Campinas, Departamento de Sociologia/Unicamp, 2005.

CAPELATO, Maria Helena. "O 'gigante brasileiro' na América Latina: ser ou não ser latino-americano". In: MOTA, Carlos Guilherme Mota. (org.). *Viagem incompleta: a experiência brasileira (1500-2000). A Grande Transação.* São Paulo: Editora Senac, 2000, p. 285-316.

_____. Cuadernos Hispanoamericanos. Idéias políticas numa revista de cultura. *Varia História.* Belo Horizonte, UFMG, vol. 21, nº 34, p. 344-370, jul. 2005.

CARRASCO, Eduardo. *La revolución y las estrellas.* LiteraMúsica, 2000, 2º ed. Disponível em: <www.cancioneiros.com> Acesso em 22 nov. 2002.

COLLIER, Simon. *"O Chile da Independência à Guerra do Pacífico"*. In: BETHELL, Leslie (org.). *História da América Latina: da Independência a 1870*, vol. 3. São Paulo: Edusp, 2004, p. 591-624.

CORREA SUTIL, Sofia. "El pensamiento en Chile en el siglo XX bajo la sombra de Portales". In: TERÁN, Oscar (org.). *Ideas en el siglo XX latinoamericano*. Buenos Aires: Siglo Veintiuno, 2004.

CORTÉS, Verônica Patrícia. *Chilenos em São Paulo: trajetória de uma imigração*. Tese de doutorado. São Paulo, Departamento de Sociologia, FFLCH-USP, 2000.

CHARTIER, Roger. "Introdução e História intelectual e história das mentalidades: uma dupla reavaliação". In: *A história cultural: entre práticas e representações*. Lisboa: Difel, 1990, p. 13-67.

DALMAS, Carine. *Brigadas muralistas e cartazes de propaganda da experiência chilena (1970-1973)*. Dissertação de mestrado. São Paulo, Departamento de História, FFLCH-USP, 2006.

DE LUCA, Tânia Regina. *Revista do Brasil: um diagnóstico para a (n) ação*. São Paulo: Unesp, 1999.

_____. "História dos, nos e por meio dos periódicos". In: PINSKY, Carla Bassanezi (org.). *Fontes Históricas*. São Paulo: Contexto, 2005, p. 113-153.

FU RODRIGUEZ, Mariela. *Impacto comunicacional del exilio chileno: combatiendo la dictadura desde el exterior* (Memoria para obtención del titulo de periodista). Escuela de Periodismo, Instituto de Comunicación y Imagen, Universidad de Chile, Santiago, 2003.

GARCÉS, Joan. *Allende e as armas da política*. São Paulo: Scritta, 1993.

GARCIA, Tânia. *Música popular e identidade nacional: um estudo comparado entre Chile e Brasil no pós-Segunda Guerra Mundial (1946-1968)*. Projeto de Pós-doutorado. São Paulo, Departamento de História Social, FFLCH-USP, 2007.

GARRETÓN, M. A.; SOSNOWSKI, S.; SUBERCASEAUX, B. (orgs.). *Cultura, autoritarismo y redemocratización em Chile*. Santiago: Fondo de Cultura Econômica, 1993.

GONZALEZ, Horácio. *O que são intelectuais*. São Paulo: Brasiliense, 2001.

GOMES, Caio de Souza. *Canção pela unidade latino-americana: conexões e circulação de idéias entre os movimentos de música engajada na América Latina (1960-1970)*. Relatório de Iniciação Científica Fapesp, São Paulos, FFLCH-USP 2008.

GRAMSCI, Antonio. *Os intelectuais e a organização da cultura*. 6ª ed. Rio de Janeiro: Civilização Brasileira, 1988.

HUNEEUS, Carlos. *El régimen de Pinochet*. Santiago: Editorial Sudamericana, 2005.

LAKEMORE, Harold. "O Chile da Guerra do Pacífico à Guerra do Chaco, 1880-1932". In: BETHELL, L. (org.). *História da América Latina: da Independência a 1870*, vol. 3. São Paulo: Edusp, 2004, p. 413-474.

LOPES, Marco Antonio (org.). *Grandes nomes da História Intelectual*. São Paulo: Contexto, 2003.

MISKULIN, Silvia Cezar. *Cultura ilhada: imprensa e Revolução Cubana (1959-1961)*. São Paulo: Xamã, 2003.

MOREJÓN ARNAÍZ, Idalia. *Política e polêmica na América Latina: Casa de las Américas e Mundo Nuevo.* Tese de doutorado. São Paulo, Literatura Hispanoamericana, FFLCH-USP, 2004

MORLINA, Fábio Claus. *Teologia da Libertação na Nicarágua Sandinista.* Dissertação de mestrado. São Paulo, Departamento de História, FFLCH-USP, 2009.

NAPOLITANO, Marcos. "A relação entre arte e política: uma introdução teórico-metodológica". *Temáticas* (Unicamp), vol. 37-38, p. 25-56, 2011.

OLIVEIRA, Ana Luiza Martins Camargo de. *Revistas em Revista... Imprensa e práticas culturais em tempos de república – 1890-1922.* Tese de doutorado. São Paulo, Departamento de História, FFLCH-USP, 1997.

OLMÓS, Ana Cecília. *Revistas culturales de la transición: prácticas politicas y estrategias de intervención cultural – uma lectura comparada de Punto de Vista y Novos Estudo Cebrap.* Tese de doutorado. São Paulo, Literatura Hispanoamericana, FFLCH-USP, 2000.

OÑADE, Rody *et al. Exilio y retorno.* Santiago: LOM, 2005.

ORELLANA, Carlos. *El siglo em que vivimos. Chile: 1900-1999.* Santiago: Planeta, 1999.

PATIÑO, Roxana; SCHWARTZ, Jorge. "Introducción". *Revista Iberoamericana. Revistas literárias/culturales latinoamricanas del siglo XX*, n° 208-209, julio-deciembre, 2004.

POZO ARTIGAS, Jose del. *Exiliados, emigrados y retornados: chilenos em América y Europa (1973-2004)*. Santiago: RIL, 2006.

PUCCIO, Osvaldo H. " La politica del Partido Comunista de Chile: elementos de su evolución y permanencia en el ultimo periodo. In: VARAS, Augusto (comp.). *El partido comunista de Chile*. Santiago: FLACSO, 1988, p. 403-438.

PURYEAR, Jeffrey. *Thinking politics: intelectuals and democracy in Chile 1973-1988*. Baltimore/Londres: The Johns Hopkins University Press, 1994.

PUZ, Amanda. *Última vez que me exilio*. Santiago: Catalonia, 2006.

REBOLLEDO, Loreto. *Memorias del desarraigo: testimonios de exilio y retorno de hombres y mujeres de Chile*. Santiago: Catalonia, 2006.

RIOS ÁLVAREZ, Lautaro. "El exilio chileno". *Revista de Ciencias Sociales*. Faculdad de Ciências Jurídicas, Económicas y Sociales, Universidad de Valparaíso, nº 29, 2º semestre 1986.

RIOUX, Jean Pierre. "Introdução: um domínio e um olhar". In: RIOUX, Jean Pierre; SIRINELLI, Jean François (dir.). *Para uma História Cultural*. Lisboa: Estampa, 1998, p. 11-22.

RIVERA TOBAR, Francisco. "Las lecciones de la Historia: el Partido Comunista de Chile y la desintegración de la Unión Soviética (1985-1994)". In: ÁLVAREZ, Rolando; SAMANIEGO, Augusto; VENEGAS, Hernán (eds.). *Fragmentos de uma historia: el Partido Comunista de Chile en el siglo XX – Democratización, clandestinidad, rebelión (1912-1994)*. Santiago: ICAL, 1998, p. 177-192.

ROLLEMBERG, Denise. *Exílio: entre raízes e radares*. Rio de Janeiro: Record, 1999.

RUIZ TORRES, Pedro. "Les usages politiques de l'histoire em Espagne. Formes, limites et contradictions". In: HARTOG, F.; REVEL, J. (dir.). *Les usages politiques du passé*. Paris: Enquête Éditions de L'École des Hautes Études en Sciences Sociales, 2001, p. 129-156.

SAID, Edward. *Reflexões sobre o exílio e outros ensaios*. São Paulo: Companhia das Letras, 2003.

_____. *Representações do Intelectual: as conferências de Reith de 1993*. São Paulo: Companhia das Letras, 2005.

SARTRE, Jean-Paul. *Que é a literatura?* São Paulo: Ática, 2004.

SEBRIAN, Raphael Nunes Nicoletti. *Intelectuais, cultura, política e história em Punto de Vista* (1978-1994). Relatório de Qualificação de doutorado, São Paulo, FFLCH-USP 2009.

SILVA, Antônio Ozaí. "Os intelectuais diante do mundo: engajamento e responsabilidade". *Revista Espaço Acadêmico*, nº 29, out. 2003. Disponível em <http://www.espacoacademico.com.br>. Acesso em 10 jan. 2009.

SILVA, Êça Pereira. *La nueva Canción Chilena: um encontro entre a arte e a política*. Relatório de Iniciação Científica Fapesp, São Paulo, FFLCH-USP, 2003.

SILVA, Helenice Rodrigues. *Fragmentos da História Intelectual*. Campinas: Papirus, 2002.

_____. "Os exílios dos intelectuais brasileiros e chilenos, na França, durante as ditaduras militares: uma 'história cruzada' ". *Nuevo Mundo-Mundos Nuevos*, vol. 7, 2007, p. 57-91.

SIRINELLI, Jean-François. "Os intelectuais". In: RÉMOND, R. (org.). *Por uma História Política*. 2ª ed. Rio de Janeiro: Editora FGV, 2003.

STRADA, Vittorio. "Do realismo socialista ao zhadnovismo". In: HOBSBAWN, Eric (org.). *História do Marxismo*. Rio de Janeiro: Paz e Terra, 1987, p. 151-220.

SUAREZ DE LA TORRE, Laura. "José Mariano Lara: interesses empresariales, inquietudes intelectuales, compromisos políticos". In: _____ (org.). *Constructores de un cambio cultural: impresores-editores y libreros em la ciudad de Mexico, 1830-1855*. México: Intituto Mora, 2003, p. 183-251.

YOCELEVZKY, Ricardo A. *Chile: partidos políticos, democracia y dictadura 1970-1990*. Santiago: Fondo de Cultura Economica, 2002.

VACCARO, Victor (ed.). *Seminario Exilio-retorno de Academicos/Intelectuales: El reecuentro es posible* (6-7 dez. 1990). Santiago: Prisma, 1991.

VARAS, Augusto. *Los militares em el poder: régimen y gobierno militar en Chile – 1973-1986*. Santiago: Pehuén/FLACSO, 1987.

VILLAÇA, Mariana Martins. *Polifonia Tropical – experimentalismo: e engajamento na canção popular no Brasil e em Cuba (1967-72)*. São Paulo; Humanitas/FFLCH-USP, 2004.

_____. *O Instituto Cubano de Arte e Indústria Cinematográficos (Icaic) e a política cultural em Cuba (1959-1991)*. Tese de doutorado. São Paulo, Departamento de História, FFLCH-USP, 2006.

FONTES

Araucaria de Chile. Paris-Madri: Ediciones Michay, n° 1 – 47/48, 1978-1989. Disponíveis em <www.memoriachilena.cl>. Acesso em jun. 2005.

A seis meses de la liberacion nacionaL. Mesaje al pais del presidente de la junta de gobierno, gal. Don Augusto Pinochet Ugarte, pronunciado el dia 11 de marzo de 1974. Editora Nacional Gabriela Mistral, s/d.

Catálogo do museu de solidariedade Salvador Allende: e*stéticas, sonhos e utopias dos artistas do mundo pela liberdade.* São Paulo: Associação Museu Afro Brasil/Imprensa Oficial do Estado, 2007.

CORVALÁN, Luis. *De lo vivido y lo peleado.* Santiago: LOM, 1997.

"Declarración del Partido Comunista de Chile". Partido Comunista de Chile. *Boletín del Exterior.* N° 42, jul./ago. 1980.

"DEL PAIS". Partido Comunista de Chile. *Boletín del Exterior.* N° 66, jul./ago. 1984, p. 9-19.

PARTIDO COMUNISTA DE CHILE. *Boletín del Exterior.* N° 71, maio/jun. 1985.

Encuentro de Chantilly i. Chile 80 Movimientos, Escenarios y Proyectos. Santiago: Instituto para un Nuevo Chile/Asociación para el Estudio de la Realidad Chilena (ASER Chile), 1982.

Manifesto del comite central del Partido Comunista de Chile. Partido Comunista de Chile. *Boletín del Exterior.* N° 65 maio/jun. 1984.

MARTÍNEZ, Javier. "Miedo al Estado, miedo a la sociedad". *Proposiciones,* n° 12, ano 6, out.-dez. 1986, p. 34-42.

MILLAS, Orlando. *Una Digresión* – *1957-1991* (vol. IV). Santiago: CESOC, 1996.

ORELLANA, Carlos. *Índice General de la Revista Araucaria de Chile, 1978-1989*, Santiago: Ediciones del Litoral, 1994.

_____. *Penúltimo Informe: memória de un exilio*. Santiago: Sudamericana/Señales, 2002.

PINOCHET, Augusto. *Pinochet: patria y democracia*. Santiago: Editorial Andres Bello, 1983.

TEITELBOIM, Volodia. *Un muchacho del siglo XX (Antes del Olvido I)*. Santiago: Sudamericana/Señales, 1997.

_____. *Un hombre de edad media (Antes del Olvido II)*. Santiago: Sudamericana/Señales, 1999.

_____. *La vida, una suma de historias (Antes del Olvido III)*. Santiago: Sudamericana/Señales, 2003.

_____. *Un soñador del siglo XXI (Antes del Olvido IV)*. Santiago: Sudamericana/Señales, 2004.

AGRADECIMENTOS

A gradeço à Fapesp (Fundação do Amparo à Pesquisa do Estado de São Paulo), cujo financiamento foi fundamental para realização desta dissertação. Agradeço à Profa. Dra. Maria Helena Rolim Capelato por ter acreditado na graduanda que, no início de 2002, bateu em sua porta pedindo uma bibliografia sobre a relação entre arte e política na América Latina – o pedido se tornou uma Iniciação Científica, que abriu caminho para esta dissertação de mestrado.

Neste espaço não caberia o nome de todos os professores que, desde a Escola Estadual Caetano de Campos (Aclimação) até o Liceu de Artes e Ofícios, foram fundamentais para minha formação, mas peço para que se sintam representados pela profa. Valdite, que me alfabetizou; pela profa. Hilda, que sugeriu a leitura da *Odisséia* (claro que na versão infanto-juvenil) e mudou minha relação com a História; pelo prof. Ismael (apesar de nunca ter aprendido o que eram os diedros), com sua história e profunda preocupação com o Humano que me ajudaram numa fase decisiva; e pelo prof. Ronaldo, que me encorajou a desistir da "necessidade" da Engenharia Civil e optar pela "liberdade" da História. A todos minha profunda gratidão.

Agradeço ao professor da Universidade de São Paulo (USP), Dr. Marcos Napolitano, por ter me apresentado à revista *Araucaria de Chile* e pelo incentivo a fazer esta pesquisa de mestrado. Esta dissertação foi enriquecida ainda pelas sugestões dadas pela Profa. Dra. Gabriela Soares Pelegrino, em seu curso de Pós-Graduação, e também pelas leituras atentas em minha qualificação da Profa. Dra. Laura Houasson Janine e da Profa. Dra. Maria Lígia Coelho Prado. Acrescenta-se a esta última, juntamente com a Profa. Tânia Regina de Lucca (Unesp), a meticulosidade e a generosidade de suas arguições na banca de defesa desta dissertação. Agradeço ainda à Profa. Dra. Sílvia Miskulin pelas ricas sugestões dadas durante a apresentação deste trabalho no grupo Temático de Américas e o incentivo da profa. Dra. Mariana Villaça. Agradeço a toda equipe da editora Alameda pela atenção, generosidade e paciência dedicadas a este trabalho.

Durante a pesquisa no Chile, contei com a ajuda e as sugestões dos professores Dr. Eduardo Devés (Centro de Estudos Avançados da Universidade do Chile) e Dr. Rolando Álvarez (Instituto de Ciências Alejandro Lipschutz – ICAL). Ao sul do mundo tive o privilégio de contar com o auxílio de Angela Vergara e Jose Eduardo Donoso, além da sorte de ter conhecido Jose Luis Garcia. Agradeço a gentileza de terem me recebido e as valiosas informações dadas pelos membros da revista *Araucaria*: Carlos Orellana, Volodia Teitelboim, Luis Alberto Mansilla, Luis Bocaz e Jose Miguel Varas. Aos funcionários da Biblioteca Nacional do Chile que escanearam e disponibilizaram on-line todas as mais de dez mil páginas da revista Araucaria e, assim, fizeram esta dissertação possível.

Em São Paulo, agradeço aos amigos que suportaram tudo: Viviane Alves de Morais, pela força, pelos ouvidos e pelas sugestões sempre geniais; a Luciana Akemi Fujita e Alex Roda Maciel pela generosidade e paciência. À Carine Dalmás minha gratidão por compartilhar, mais que o interesse, a paixão pela experiência chilena de construção do socialismo pela via democrática. A Clarissa Suzuki agradeço a generosidade em me ajudar com seus amplos conhecimentos em Artes Plásticas. Devo muito aos amigos que, ao longo desta caminhada, cada um ao seu modo, contribuiu para que eu conseguisse terminar estas linhas: Malu Andrade, Angela Artur Teixeira, Fernanda Moraes, Rafael D`Ollio, Daniel Lara Oliveira, Daniel "Pizza" Esteves, Amina Vergara, Rosângela Veríssimo, Gilmar Pozo, Renata França, Camila Aguiar, Gizele Santos, Eulália Brasil, Simony Carvalho, Meire Ribeiro, Priscila Xavier, a família "MalawaRosaLiAve". Aos meus irmãos Juna e Pedro e aos meus pais Ivoneide Pereira de Souza e Cícero Alves da Silva sou grata por tudo.

Esta obra foi impressa em São Paulo no inverno de 2013. No texto foi utilizada a fonte Adobe Caslon Pro, em corpo 10,5 e entrelinha de 15 pontos.